Understand Your Child

读懂孩子

心理学家实用教子宝典（12~18岁）

边玉芳 ◎ 著

北京师范大学出版集团
BEIJING NORMAL UNIVERSITY PUBLISHING GROUP
北京师范大学出版社

图书在版编目（CIP）数据

读懂孩子——心理学家实用教子宝典（12~18岁）／边玉芳著. —北
京：北京师范大学出版社，2014.2（2025.9重印）
　　（读懂孩子——心理学家实用教子宝典）
　　ISBN 978-7-303-17260-3

　　Ⅰ. ①读…　Ⅱ. ①边…　Ⅲ. ①青少年心理学
Ⅳ. ①B844.2

中国版本图书馆CIP数据核字（2013）第263058号

DUDONG HAIZI

出版发行：北京师范大学出版社 https://www.bnupg.com
　　　　　北京市西城区新街口外大街12-3号
　　　　　邮政编码：100088
印　　刷：鸿博睿特（天津）印刷科技有限公司
经　　销：全国新华书店
开　　本：889 mm × 1194 mm　1/16
印　　张：16.5
字　　数：335 千字
版　　次：2014 年 2 月第 1 版
印　　次：2025 年 9 月第 16 次印刷
定　　价：98.00 元

策划编辑：胡　苗　尹莉莉　　　　责任编辑：尹莉莉　刘　冬
美术编辑：袁　麟　　　　　　　　装帧设计：尚世视觉　锋尚设计
责任校对：陈　民　　　　　　　　责任印制：李汝星

序

我国亿万儿童、青少年今天的健康成长，不仅影响着其一生的发展，而且也影响着我们家庭明天的幸福和生活质量，影响着我们国家明天的综合实力和竞争力。孩子能不能得到更健康的发展，不仅取决于学校教育和社会教育，也取决于家庭教育，取决于家庭教育的质量，取决于父母的素质。家庭教育是一切教育的起点和基础，对孩子的成长起着无可替代的作用。家庭教育不仅直接影响儿童青少年的发展，也在学校和社会对儿童产生影响的过程中起到中间调节作用。我们应该把家庭教育放在和学校教育同等重要的位置。

随着社会的发展，家长们对孩子的教育越来越重视，但面临的困惑也越来越多。大量的调查研究表明，今天的孩子虽然生活物质条件等方面比原来好得多，但是他们在身体素质、心理品质、人格发展等方面都存在许多需要关注的不足。很多家长在孩子教育中花费了大量的时间、精力和金钱，但效果并不理想，且难以得到有效的帮助与指导。孩子感冒、发烧、胃疼的时候可以到医院得到帮助，但是儿童、青少年成长过程中的各种问题从哪儿得到帮助？家长为这些问题感到十分困惑，常常感到求助无门。

家长们从未接受过系统的教育和训练。我们做家长的教育、理念、方法，常常来自于我们自己的领悟，来自于父辈们对我们的言传身教，来自于不同渠道并不系统的信息。家庭教育是一门艺术，更是一门科学。要做好家庭教育，家长首先必须了解自己的教育对象，也就是自己的孩子，就像教师了解学生一样。1岁和5岁孩子，7岁、10岁和14岁孩子的身心发展不一样，大脑发育也不一样。一两岁的孩子，很难做到七八岁孩子所做的运动和认知活动。一个只会爬的孩子，让他走是很困难的，同样，每个孩子不经过爬和走的阶段是很难进入奔跑阶段的。家庭教育如何促进儿童、青少年的健康发展，是一个非常重要的研究任务，是众多学科如生理学、脑科学、心理学、教育学等共同研究的重要内容。要让家庭教育有好的效果，家长首先要不断学习，学会了解孩子、理解孩子，并在此基础上科学育儿。

该书作者边玉芳教授是我校认知神经科学与学习国家重点实验室的研究人员，该实验室以"为满足促进我国亿万儿童青少年的智力和心理健康发展、提升我国人口素质和综合国力的国家重大需求"为宗旨。我高兴地看到她能根据国家和社会的需要写作这样一套作品。

边玉芳教授多年来承担了国家社科基金"中小学生心理危机及其干预研究"、国家科技部重大基础性项目"6~15岁中国儿童青少年心理发育特征调查"的学生学业成就子课题、北京市教委"基于发展性评价的义务教育阶段学生的成长规律与育人策略研究"等多个研究项目，有为广大中小学教师和家长提供学生心理健康教育的丰富经验，因此她既有我国儿童青少年成长发展的第一手资料，又有促进儿童青少年成长的宝贵经验。该套书是她在很好地总结百年来心理学、脑科学的研究成果与我国儿童青少年发展特点基础上，结合自己的丰富实践写作而成的。她带领其研究团队系统梳理了0~6岁、6~12岁、12~18岁儿童青少年的成长规律，提出了科学的育人策略。书稿完成后，她又先后组织不同年龄段的家长进行试读，并根据家长的反馈意见反复修改，精心打磨，整个过程历时近五年。

我相信，在这样扎实的理论研究和广泛实践基础上编写出来的《读懂孩子》系列丛书，一定会得到家长朋友的喜欢。阅读本书，如同聆听众多心理学家将心理学的研究成果"娓娓道来"，让家长朋友们更了解自己的孩子、"读懂"自己的孩子。该书有别于以往众多的家庭教育书籍，它不是某一个专家的育儿经验，而是基于儿童青少年成长普遍规律得出的育人策略。单一的经验往往具有偶然性。教育一个孩子的个别成功经验常常难以被千千万万个家长所复制，只有遵循儿童成长普遍规律的教育才有真正的生命力和可迁移性。此书的出版，可谓是为推进我国的家庭教育做了一件大实事，一件大好事。特此推荐，是为序。

北京师范大学校长　董奇

2013年11月于北京师范大学

　　有人说，天下最简单的就是为人父母，家长是不需要培训的职业，生来就会。把孩子养大成人，这是和其他动物一样与生俱来的本能。也有人说，天底下最难做的也是为人父母。从没经过系统培训，在没有现成的经验与方法的情况下，要把孩子培养成杰出的人才。

　　家庭是孩子在漫漫人生中汲取爱和力量的第一站，也是孩子人生的终生课堂，这是学校教育和社会教育无法替代的。随着社会的发展，家庭教育变得越来越重要。现在的家长，比以往任何时候都重视家庭教育，但有许多家长却发现自己越来越不会教育孩子了。家长们都有共同的困惑：今天，我们应该怎么当父母？

　　要回答这个问题，就需要先思考以下的若干问题。

　　家庭教育的目的是什么？许多家长说，让孩子成功、有出息。为了让孩子有光鲜的职业、将来能挣大钱、做大官、成名成家，家长从孩子出生不久就在各种各样的培训班中奔波。家庭教育的目的究竟是什么？应该是让孩子成人，为孩子一生的幸福奠基，为孩子储存下一生需要的内心资源。

　　是不是不能让孩子输在起跑线上？这是目前家庭教育中说得最多的一句话。这话又对又不对。对，就是孩子确实要从小开始培养。不对，就是目前这句话被大大地误解了。孩子的有些能力和品质要从小培养，有些能力和品质要到适合其受教育的年龄去培养，在对的时间里做对的事，家庭教育才能事半功倍。

　　有没有教育子女的金科玉律？可以说有也可以说没有。尽管对大部分家长而言，由于第一次做父母，往往没有自己以往的经验可以借鉴，但心理学家已经有了大量的研究成果，无数的家长也已经摸索出了许多成功经验供后来人参考。孩子普遍性的成长规律和家庭教育的普遍性策略也可以说是教育子女的金科玉律。

　　做家长难不难？家庭教育难不难？既难又不难。难就难在人要成长为一个社会人、对社会有贡献的人，一个幸福的人，不仅要有较好的能力和技能，还要有健全的心智、良好的品德与行为。要让孩子学会做人、做事，家长就必须承担起家庭教育的责任。但家庭教育也可以不难。不难就在于人的成长是有规律的，掌握了规律、按规律教育孩子就能让孩子健康成长。

　　好的家庭教育是不是就不会产生问题？任何父母，在孩子成长的岁月中都会碰到家庭教育的问题。重要的不是碰到问题，而是如何解决问题。人总是在不断地发现问题和解决问题的过程中成长的。解决问题的过程也是家长与孩子一起成长的过程。当然，好的家庭教育不会让孩子出大问题，比如孩子有一天离家出走、走上犯罪道路或自杀，家长最好永远不要碰到这样的问题。

家庭教育最先要做的是什么？读懂孩子。有的家教书说"家长不用懂为什么，只要按我说的方法去做就可以了"。许多家长"求招若渴"，总希望能获得一张"万能的药方"。事实上这是不可能的。家长只有读懂了孩子，理解了孩子，才如同手握一把万能钥匙可以打开不同的锁、解开不同的结。

家庭教育最重要的是什么？爱孩子，与孩子建立良好的关系。家庭教育与其他教育最不同的地方，是这种教育一定有情感的投入。所以成功的家庭教育一定是利用父母与孩子之间这种情感联结，与孩子建立起良好的关系。当然，也要警惕无原则的、无理性的爱。好的家庭教育是理性和情感的平衡。

今天我们怎么做父母？亲爱的家长，请你打开这套书吧，相信你会从中找到答案。

为了更好地让家长朋友们读懂孩子，了解孩子的成长规律，掌握科学的育人策略，本书系努力体现以下特点。

一是科学性与普适性。该书系以众多心理学研究成果为基础。这些心理学研究成果都是通过实验等科学方法得出，具有重复性和可验证性。我们希望读者阅读本书如同聆听众多心理学家讲孩子的成长轨迹与科学育儿方法，从研究成果中学到教育孩子的普遍规律而不是教育某一个孩子的成功经验。

二是全面性和关键性。该书系在内容的选择上不但涉及孩子的学习、能力与品质等发展的重要方面，而且包括对影响孩子发展重要因素的阐述，内容全面。同时该书系也突出不同年龄阶段孩子成长过程中重要的、关键性的问题，让家长有重点地培养孩子在该阶段的重点能力和品质。

三是操作性和实用性。该书系着重于教会家长具体的家庭教育方法。我们希望本书系能克服一些家教书那种"读着句句在理，做着却无从下手"的感觉，努力做到给予家长的策略和方法是简单易行的，而不是抽象空洞的大道理。书系每篇内容均包括成长规律和养育策略两部分。在成长规律部分，基于心理学的研究成果，充分阐述孩子的发展特点和影响因素，帮助家长读懂孩子。在养育策略部分，基于孩子的发展规律，为家长提供教养孩子的具体策略和措施。

四是可读性和趣味性。为了让家长理解比较难懂的心理学术语，本书系在可读性和趣味性方面下了许多功夫。每篇文章中设置了一些小栏目，如特别提示、知识库、实验室、测试吧、心灵加油站等。

五是工具性。该书系具有明显的工具特性，从目录的编排、索引的设计到体系的构成、栏目的安排，都是为了便于读者阅读和使用。这套书适合家长们逐页阅读，也适合家长们在遇到问题时查找所需信息。

要特别指出的是，这套书尽管是为家长朋友们所写，但它也非常适合于广大教师与教育工作者阅读。衷心希望家长们和老师们能从本书系中收获正确的教育理念和实用的教子方法，并祝愿全天下每一个孩子健康、快乐地成长。

说 明

为了方便读者阅读，在每个篇章中设置了一些小栏目，包括主题漫画、案例和概述、特别提示、知识库、实验室、测试吧、心灵加油站、边博士直播间。下面具体介绍了所有小栏目的内容。

心灵加油站

分享有趣、有用的名人名言，小短文和家教故事，让读者从中慢慢体会和领悟科学的教子方法、观念。

心灵加油站

善学者师逸而功倍，又从而庸之；不善学者，师勤而功半，又从而怨之。

——《礼记·学记》

知识库

理想自我与现实自我

理想自我是指理想中自己的样子，包括"我想成为怎样的一个人"，"我应该是怎样的一个人"。

现实自我是指自己认为自己所具有的特征和品质。

特别提示

提醒家长在日常生活中容易忽视和产生误解的问题和现象，帮助家长避免无意中走进误区、对孩子造成负面影响。

特别提示

对于青春期的孩子，家长不要当着别人的面数落自己孩子的缺点，也不要私拆孩子的信件、偷看他们的日记。

测试吧

测测孩子的网络成瘾倾向

家长可以给孩子做一个网络成瘾的小测试，有7道题目，让孩子从A、B两选项中选出最符合自己实际情况的答案。

1. 你觉得自己沉溺于网络吗？
A. 是　B. 否
2. 你经常不能抵制上网的诱惑或者很难离开网络吗？
A. 是　B. 否
3. 你每次上网实际所花的时间都比原定时间要长？
A. 是　B. 否
4. 关闭网络时，你会产生消极的情绪体验和不良的生理反应吗？
A. 是　B. 否
5. 你是否将上网作为逃避问题和排解消极情绪的一种方式？
A. 是　B. 否
6. 对你的父母、老师和同学，你是否隐瞒了自己的真实上网时间？
A. 是　B. 否
7. 上网是否已经对你的学习、生活和人际关系等方面造成负面影响？
A. 是　B. 否

如果孩子有半数或者以上的题目回答为是，那么孩子有网络成瘾倾向。

测试吧

围绕不同的主题，设计了一些简单的有针对性的小测试。通过填写问卷的方式，帮助家长客观地了解孩子的发展状况以及自己的教育行为，进行简单的自查。

实验室

领导水平如何？
——领导力培训实验①

实验目的：

验证领导力培训是否有利于提高中学生的领导力。

实验设计：

初二和高二各两个班的学生作为实验被试，其中各一个班参加一个17~19课时的领导力培训，另一个班在培训时间参加其他课外活动。领导力培训分为4个阶段：

1. 认知阶段（2课时），介绍领导力的相关概念，并测查学生的领导水平。

2. 学习阶段（10课时），对领导力中的团队合作、自我认知、沟通、决策和领导技能等5个核心素质进行分别培训。

3. 运用阶段（4~6课时），让学生通过运用前面所学理念、方法和技巧，通过团队合作完成"过雷阵"和"过电网"两个项目。

4. 评估阶段（1课时），对学生在培训中的优缺点进行总结，并对他们的领导水平进行评估。

3个月后，对学生的领导水平再进行测量。

实验结果：

无论是初二的学生还是高二的学生，参加过领导力培训的孩子领导水平都比不参加培训的孩子要高，尤其体现在沟通和领导技能方面。

边博士直播间

Q 都说孩子到了青春期会叛逆，可是我家孩子一直都很听话，从不做让我们担心的事情，但是，有时候会感觉孩子没有主见，有点懦弱，我应该放心我家的"好孩子"吗？

A 孩子在建立同一性的过程中叛逆行为的程度和表现方式会存在个体差异。但有一些"好孩子"可能由于同一性早闭而没有表现更多的叛逆行为，家长要警惕这样的孩子。

目前临床心理学的很多案例表明，许多"好孩子"长大后容易有各种心理问题和社会适应问题。这类孩子的父母往往给孩子很多的"应该"、"不应该"，而孩子常常没有自己的"我要"、"我想"。这类孩子为了得到家长和老师的积极评价，常常忽略自己真正的想法，抑制对自我的探索，他们的同一性往往处于早闭的状态。这类孩子长大后，没有自己稳定的价值判断，他们会习惯用讨好的方式来获得别人的认可，忽略自己的想法。他们在与别人的对比中，感觉自己不如别人，容易自卑，他们喜欢从众，害怕成为"另类"，也不想表现突出。

因此，家长不要一味要求孩子一直都当"好孩子"、"乖孩子"，在坚持基本规则与要求的前提下，应该鼓励孩子有自己的想法，允许孩子犯"错误"，让孩子在自我探索中成长。

目 录

要建立孩子正确的金钱观与人生观

进入
青春期

生理发育

1岁　　　　　5岁　　　　　10岁　　　　　15岁

　　方方和圆圆上中学了。

　　方方妈妈突然发现儿子长大了。个子蹿得比以前快了，一年能长10公分，刚买的衣服总是很快就小了，鞋子也是穿不了一年就要换；原本比较瘦弱的方方变得结实了许多，更有力气了，常常帮妈妈扛米提菜，也更喜欢参加运动了，经常跟同学一起打球；身体素质变得好了许多，不喜欢穿厚衣服、盖厚被子，也极少生病，即使感冒了，也是喝几杯热水睡一觉就好，根本不用吃药。

　　圆圆妈妈也发现女儿长大了，长高了许多，身材也不再是小时候的豆芽菜形，慢慢有了少女的圆润。圆圆妈妈觉得圆圆身材适中，挺好的，可是圆圆总是嚷着自己胖了，要减肥。圆圆最近还特别喜欢关房间门，每天一回家就躲到自己的屋子里，爸妈不叫吃饭，绝不出来。换衣服的时候更是这样，一定要把房间门锁上才肯换，不让妈妈跟进房间。

　　青春期是孩子生理发育过程中关键时期，是继婴儿期之后生长发育最快的时期，也是孩子从儿童成长为成年人的过渡期。这个阶段的孩子长高了，有了成年人的体型，他们的身体从内到外都发生了许多变化。这些生理上的变化将影响孩子的心理、学习、社交等诸多方面。

成长规律

规律 ① 中学阶段，孩子身高迅速增长，是除婴儿期之外身高增长最快的时期

小学毕业、升入中学的孩子们迈入了青春期的大门，进入他们成长过程中的一个非常关键的时期。

中学阶段恰逢孩子的青春期，这个阶段的孩子，身体最明显的变化是身高迅速增长。

初中阶段的孩子一年最多可以长高10厘米左右，这是除了婴儿期之外身高增长最快的时期。四肢和头部骨骼的增长速度快于躯干，这使得孩子看起来身材比例不太协调。同时，四肢的快速增长也使得孩子对四肢的控制能力不是很好，有时显得笨手笨脚的。

在中学阶段，孩子的骨骼变长加粗，骨密度显著增加。

钙是构成骨骼的重要元素，中学阶段的孩子由于骨骼的迅速生长对钙的需求量增加。

规律 ② 中学阶段，孩子体重显著增加，肌肉脂肪比例发生变化

中学阶段，孩子体重迅速增加，平均每年增长5~6千克。到18岁时，孩子的体重基本接近成年人。

伴随着体重的增加，孩子的体型也在发生变化，男孩和女孩的体型差异变得越来越明显：女孩拥有了柔和的身体，呈现出曲线之美；男孩肩背更加厚实有力，呈现出力量之美。

与体型变化相关的，是孩子体内肌肉脂肪比的变化。在青春期之前，男孩和女孩体内的肌肉脂肪比基本相同。到了青春期，由于性激素的影响，男孩肌肉增加得更多，肌肉脂肪比达到3∶1，所以他们爆发力更强，运动能力显著提高；而女孩脂肪增加得较多，肌肉脂肪比为5∶4，所以她们身体线条更柔和。

特别提示

中学生一定要少喝碳酸饮料。

碳酸饮料中含有较多的磷酸，会与钙质结合，使得钙质流失，容易造成缺钙。生长发育中的孩子如果缺钙，容易造成抽筋，还会影响骨骼密度峰值达标。人在35岁以后骨骼密度逐渐下降，如果年轻时的骨骼密度峰值较低，就意味着比其他人更早发生骨质疏松。

此外，碳酸饮料中含有大量的糖，喝完之后胃部会产生饱胀感，影响孩子的正常饮食，多喝含糖较多的碳酸饮料还会增加糖尿病的发病率。

小提示

中学阶段的孩子比其他年龄段的孩子更容易出现扭伤、抽筋的情况。

这是因为中学阶段的孩子肌肉尚在生长，强度不够。而中学生运动较多，如果不注意休息，运动强度过大，不注意营养和能量补充，很容易肌肉拉伸过度造成扭伤或抽筋。

规律 ③ 中学阶段，孩子的整体身体素质明显提升

中学阶段的孩子身体脏器发育逐渐完成，脏器功能增强，新陈代谢加强，运动能力显著提高，整体的体能增强。

例如，随着心脏与肺部的发育，孩子的心肺功能提高。心脏供血和肺部供氧能力都增加，孩子的运动能力提高。

中学阶段孩子的免疫力明显提高。由于免疫系统的发展，孩子生病的频率降低，许多小时候一个月病一次的小病秧，到了中学之后很久都不会感冒发烧。由于骨骼肌肉的生长，孩子活动量增大，易出现扭伤、抽筋、受皮外伤等情况，但恢复很快，较少感染。

规律 ④ 中学阶段，孩子的性生理逐渐成熟

在小学高年级或进入初中，孩子性器官开始发育，第二性征出现，到高中阶段就已经基本发育成熟，具有了生育的能力。在这个过程中男孩睾丸、精囊发育成熟，嗓音变得深沉，出现胡子、腋毛和阴毛；女孩乳房发育，出现月经初潮，长出腋毛和阴毛。

随着性生理的成熟，孩子的性心理也发生着变化，他们开始把自己当做成年人而不再是小孩子，他们的行为也发生着改变。

例如，孩子会要求更多的私人空间，换衣服、洗澡都不让父母在场，他们更喜欢关上自己的房门。

性生理成熟带来了相关激素水平变化的增大，如睾丸酮、雌激素、肾上腺素的显著增加等，这些激素使得孩子比较容易冲动，脾气也显得暴躁。

边博士直播间

Q 儿子今年上初三，好像从去年开始就不爱穿厚衣服了，今年尤其严重，冬天不到最冷的时候甚至连毛衣都不穿。我担心他生病，总提醒他添衣服，可他说同学们都是这样，是我们自己年纪大了才怕冷。孩子总是穿得少会不会对他身体不好呢？

A 中学阶段的孩子确实因为新陈代谢较强、体质较好、运动较多而比较耐冷。特别是男孩，甚至比较怕热。家长不要一味要求孩子按照自己的标准增添衣服，注意观察孩子穿得少的时候到底冷不冷，如果孩子确实不冷的话，不要勉强孩子，不影响孩子的健康就好。

同时，注意观察孩子少穿是否是为了显得自己强壮或爱漂亮。家长应叮嘱孩子，穿衣服过少容易着凉而引起感冒等疾病，长期受冷风侵袭还会导致各种关节疾病，有些关节疾病在年轻时并不表现出来，但到了中老年就会表现出来。

规律 ⑤ 不同孩子生理发育的速度会有差异

每一个孩子的生长发育都有一个过程，但这绝非不同孩子间的竞赛。不同孩子的生理发育起始时间和发育速度都有所不同，开始时间与发

育好坏没有直接关系，不是说孩子发育晚就一定发育得不好。女孩的生理发育大约开始于11~12岁，男孩为12~14岁，每个孩子与这一平均水平前后相差两年都是正常范围。

由于生长发育速度不同，一些孩子可能会感

到一定的心理压力。他们担心与同学相比，自己发育得太早或是太晚会不会不正常，以后长大会不会有问题。同时，他们也担心自己会由于生长发育过早或过迟被同学嘲笑。

孩子发育的早晚会对孩子的心理产生一定的影响，对男孩来说，发育晚容易有心理负担，对女孩来说，发育早容易有心理压力。

在小学高年级和初中伊始，先发育的女孩由于体内脂肪积累较多，往往因为胖被嘲笑。

晚发育的男生在整个初中阶段，甚至高中的一段时间都矮于同龄男生，容易被同伴欺负，他们因为肌肉力量不足，可能不太擅长体育运动，不像体育好的男生那样受欢迎。

养育策略

策略 ① 帮助孩子养成健康的饮食习惯，一定要保证早餐

健康的饮食习惯对生长发育中的孩子至关重要。

多喝白开水。一般认为孩子一天至少要喝2 000毫升的水，如果孩子参加一些剧烈运动，更要注意多喝水。最好是喝白开水，咖啡或浓茶容易让孩子过度兴奋，纯净水缺乏人体必需的矿物质，碳酸饮料会导致钙质流失，甜饮料可能导致肥胖或者二型糖尿病。如果出汗很多，可以让孩子喝些淡盐水。

多吃蔬菜水果。蔬菜水果中含有的纤维素有利于促进身体的新陈代谢，排出毒素，并且蔬菜水果中含有的许多天然色素都有抗癌的功效。

少吃油炸食品。虽然油炸食品香酥可口，但其中含有过多的脂肪，容易引起发胖，许多营养成分经过过高的油温都变性而失去营养甚至产生致癌物质。尤其是外面卖的油炸食品，由于油反复使用，致癌物质显著增加。

吃饭时间要规律。吃饭不规律不仅容易导致营养供应不足，也容易引起胃溃疡等疾病。

许多孩子因为早上赶时间而不吃早餐，这非常不好。研究表明，不吃早餐导致的能量和营养素摄入的不足，很难从午餐和晚餐中得到充分补充。人体经过一夜的时间，体内储存的营养和能量不足，尤其是血糖浓度较低，需要通过吃早餐来补充能力，否则会使大脑的兴奋性降低，反应迟钝，注意力不能集中，影响上午甚至一整天的学习效率。

小提示

早餐的营养搭配

早餐应该满足多种营养的摄取，能量、优质蛋白、维生素及充足的水分都是不可缺少的。早餐不提倡量大，但应该品种丰富。

营养早餐的合理搭配：

主食不能少，包括面包、馒头、面条等；

要有奶制品，可以是牛奶、酸奶或者豆浆；

蛋类也需要，主要是鸡蛋；

水果蔬菜非常好，一般是当季的水果蔬菜。

这些东西要多吃：

全麦面包、馒头、粥类、杂粮、豆浆、牛奶、鸡蛋、水果、蔬菜等健康食物；

这些东西要少吃：

油条、汉堡、蛋糕、饼干、薯条、火腿、方便面、碳酸饮料、汽水等高油、高糖、高盐、高脂肪、高添加剂食物。

此外，不吃早餐会打乱消化系统的活动规律，容易患肠胃疾病；经常不吃早餐使胆汁分泌减少，而胆固醇含量不变，导致胆汁中的胆固醇

呈现饱和状态，并在胆囊里沉积形成结晶，从而产生结石；不吃早餐会使血液中的血小板黏度增加，血液黏稠度增高，血流缓慢，增加患心血管疾病的风险。因此，一定要让孩子早餐吃饱吃好。

策略 ❷ 为孩子设计营养均衡的饮食，注意补充蛋白质、碳水化合物及各种微量元素

孩子生长发育需要大量的营养元素，所以孩子的饮食一定要营养丰富。孩子生长发育最需要的就是蛋白质、碳水化合物以及若干微量元素。家长在给孩子设计饮食时一定要提供充足的面食（或米饭）、瘦肉、足够的青菜和各种副食。

为了保证骨骼的生长，补充钙质格外重要。孩子应该多吃一些含钙质的食物，比如，牛奶、奶酪、绿叶蔬菜等。还要注意进行充分的室外运动，因为维生素D可促进钙的吸收，而人体所需的90％的维生素D是通过皮肤接受阳光照射形成的，并且运动可以使骨骼更加坚韧。

知识库

中学男女生食谱举例
女生食谱举例

（一）早餐：牛奶（1杯）、千层饼（100克）、鸡蛋（1个）；
中餐：米饭（1碗）、糖醋小排（80克）、青椒鸡片（100克）、雪菜粉丝汤（150克）；
加餐：黄瓜（1根）、猕猴桃（1个）；
晚餐：虾仁馄饨（1碗）、西芹炒牛肉（80克）、冬菇豆腐（100克）、海带冬瓜汤（100克）。

（二）早餐：牛奶（1杯）、饭团（50克）、烧卖（50克）；
中餐：米饭（1碗）、菠萝咕咾肉（100克）、花菜肉片（100克）、山药排骨汤（100克）；
加餐：香蕉（1根）、苹果（1个）；
晚餐：米饭（1碗）、花菜肉片（80克）、红烧鲫鱼（60克）。

男生食谱举例

（一）早餐：牛奶（1杯）、烧饼（1个）、鸡蛋（1个）、苹果沙拉（50克）；
中餐：米饭（50克）、药芹香干（100克）、花色虾仁（100克）、香菇炒青菜（100克）、银鱼鸡丝汤（100克）；
晚餐：南瓜肉丝面（100克）、香蟹豆腐羹（100克）、红烧鸡翅（2个）、苹果（1个）。

（二）早餐：牛奶（1小盒）、玉米面发糕（1块）、荷包蛋（1个）、酱黄瓜（20克）；
中餐：米饭（50克）、青蒜炒肉片（100克）、绿豆芽炒肉丝（100克）、炒荠菜（100克）、凉拌海带丝（100克）；
晚餐：炒年糕（50克）、本鸡炖魔芋汤（100克）、虾仁烩鲜菇（80克）、橘子（1个）。

策略 ③ 帮助孩子养成良好的站姿、坐姿和走路姿势

中学阶段的孩子处于骨骼、肌肉发育的重要时期，保持良好的站姿、坐姿和走路姿势有利于骨骼和肌肉的健康发展，而不良的站姿、坐姿和走路姿势可能导致脊椎畸形和肌肉损伤。

挑选合适的书包对于保护孩子骨骼、肌肉健康也十分重要。过重的书包、单肩包、或背带过细的书包都不合适。

知识库

正确的站姿、坐姿和走路姿势

正确的站姿：

站立时，要有头顶好像被天花板吊着的感觉，肩膀和腰要左右均衡。展开双肩，收紧下腹部和臀部。

正确的坐姿：

1. 在椅子前正确站立，坐下时使大腿后侧完全落到椅子上。

2. 前倾上身，使胸部挨到大腿。

3. 然后把重心放到大腿中央，舒展脊背，使上身从腰部直起，让身体的重心落在大腿中央。

正确的走路姿势：

1. 以正确的姿势站立。

2. 单脚朝前迈出，腰向前平行移动，伸展膝关节。

3. 脚后跟先着地。后脚蹬地前移，重心随之转移到脚掌。同时腰也随之向前轻快地移动。

4. 双膝内侧轻微摩擦，后脚朝前迈出。

5. 伸展后腿膝关节，脚后跟着地。

策略 ④ 帮助孩子养成锻炼身体的习惯

适当的体育锻炼可以促进全身血液循环，保障骨、脑细胞充分的营养，尤其对正在生长发育的孩子来说，能促进生长激素的分泌及肌肉、韧带和软骨的生长。有调查显示，经常锻炼的学生身高、体重、胸围和肺活量均大于同年龄同性别的不经常锻炼的学生。因此，让中学生多参加体育运动十分有必要。

提高锻炼身体的兴趣

兴趣是最好的老师，一旦对体育锻炼发生了兴趣，孩子就能自己主动地加强体育锻炼。家长可以这样做：

● 选择孩子喜欢的运动。观察孩子的强项和弱项，以及孩子喜欢的和讨厌的事物，让孩子尝试几种不同的运动方式，直到他找到适合自己的运动；

● 带孩子去看职业比赛。当孩子看到高水平职业运动员的表现时，他会感受到这项运动的激动人心之处，更容易激发孩子对这项运动的兴趣。

● 找一种你可以和孩子一起参与的运动。如游泳或是网球，并跟孩子一起运动，让孩子在这一过程中逐渐喜欢上这项运动。

制订锻炼计划

最好跟孩子一起制订一个锻炼计划，这样有利于孩子坚持下去。在制订计划时，要注意每天定时、定量，每次锻炼一个小时左右最好。例如，可以计划早晨六点半至七点是长跑的时间，临睡前做30个仰卧起坐等。在刚开始锻炼时，不能一下子锻炼很长时间，等孩子的身体适应了现行的锻炼计划后，再慢慢增加运动量和运动强度，改变锻炼计划。否则不但达不到健身的目的，反而会造成身体过度疲劳，甚至出现运动损伤。

加强监督和陪伴

养成锻炼身体的习惯，最难的是坚持。以下

是几个帮助孩子坚持锻炼的方法：

在实行锻炼计划之前，跟孩子约定好，要对他进行监督，根据监督结果的好坏有奖惩措施，如奖励他一个期待已久的东西，惩罚他做家务；

跟孩子提议，让孩子跟要好的伙伴共同制订和实施计划，彼此督促；

全家一起运动，相互鼓励和监督，在运动中，不仅可以让孩子享受一起运动的乐趣，还能增进和孩子的关系；

给孩子树立一个榜样，当孩子看到爸爸妈妈每天都坚持运动的时候，能够受到鼓舞，坚持下去。

📚 知识库

我国青少年体质健康状况

《我国青少年体质健康发展报告》指出我国学生体质健康问题仍然突出：超重和肥胖现象严重、近视发生率继续增加、速度和力量素质增长趋于停滞、耐力素质低谷徘徊、血压调节机能不良比较普遍。

策略 ⑤ 提醒孩子在运动中注意保护好自己的身体

随着生理发育，中学阶段的孩子运动能力有所提高，运动量大，喜欢逞能，往往忽视了运动安全，所以中学生运动受伤的比例很高。家长一定要提醒孩子在运动前进行准备活动，运动后进行放松活动。

在运动中，运动量和运动强度应适宜，不能运动过度。中学生由于活泼好动，运动起来往往不知疲倦，造成运动过度。如果晚上犯困，有疲倦感，或者出现失眠等情况，第二天要减少运动

量。可以通过测量运动后的脉搏次数，判断运动负荷的大小，中学生运动量的平均负荷应该为心率130次左右/分钟，最高心率不要超过170次/分钟。

注意不要出现运动劳损。运动劳损主要是因为技术动作不规范，或运动量过大造成的，从正常情况来说，中学生的业余锻炼不应出现运动劳损。在此要特别提醒家长，一旦孩子出现运动劳损要立刻就医，否则很容易留下后遗症，另外，也要通过阅读相关书籍或观看电视节目等，帮助孩子在体育锻炼时掌握标准动作，进行科学的锻炼。

例如，提醒孩子在举重物或是提重物的时候，先弯曲膝盖，依靠一部分腿的力量举或提，不要只是弯腰，靠腰的力量举或提。因为腰部肌肉本来就较弱，用力过大容易造成肌肉拉伤或者腰椎损伤。

策略 ⑥ 帮助早发育的女孩和晚发育的男孩积极面对自己的发育节奏

对于早发育的女孩，告诉她，这是值得高兴的事情，她是一个大姑娘了，爸爸妈妈感到很欣慰。带她去看一些芭蕾舞剧、古典舞等，让她感受成熟女人的美丽，用女性的美引导女孩正视并欣赏自己的变化，鼓励她追求从内在到外表的美丽，给自己更高的要求，并为之更加努力。

对于晚发育的男孩，要告诉他，他跟其他同学身材的差异只是暂时的，他长大后并不一定比其他同学矮小，几年之后他会变得高大强壮。减轻他的心理负担，不要让他对自己身高过分担心。此外，要注意均衡的营养和适当的锻炼，这对促进身高生长非常重要。

如果孩子的发育时间超过正常发育的时候，家长要带孩子去正规医院进行检查。

脑发育

体觉辨认 体觉感受
操作理解 工艺欣赏

逻辑推理 空间想象
语言功能 构思凝想

思维功能 体觉功能

精神功能

听觉功能 视觉功能

听觉辨识 听觉感受
语言理解 音乐欣赏

小脑

沟通管理 创造领导
计划判断 目标憧憬

视觉辨识 视觉感受
观察理解 图像欣赏

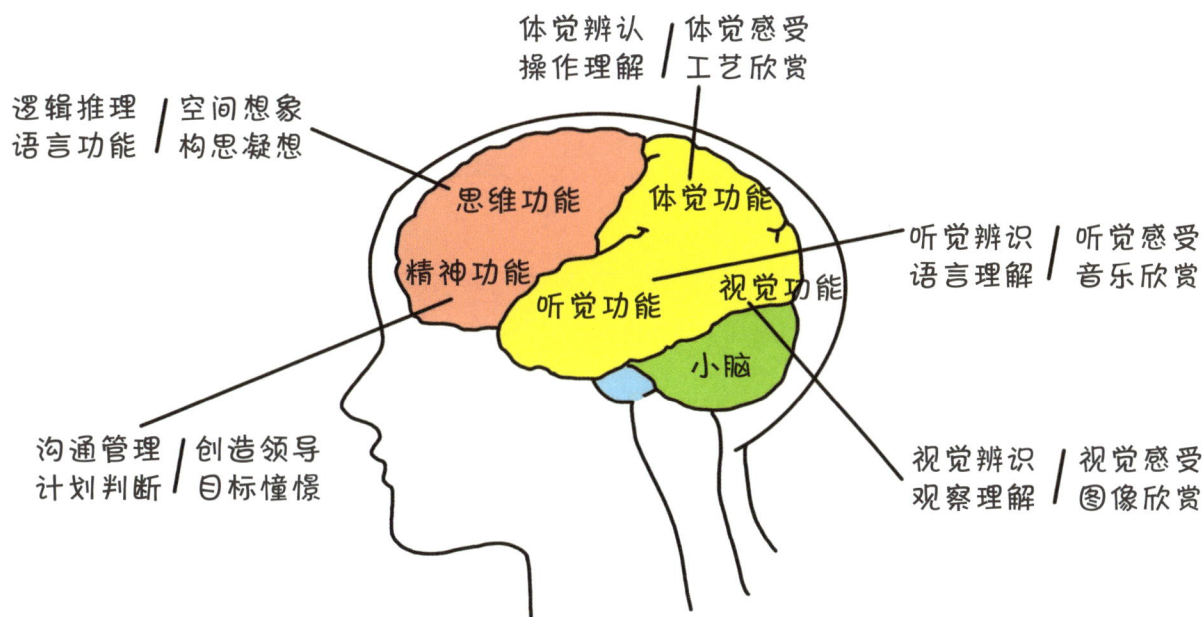

大脑不同结构的功能

　　圆圆上高中了，课业负担十分繁重。圆圆妈妈看到电视和报纸上有好多健脑保健品的广告，就给圆圆买了好几种。每天吃完早饭，就是圆圆的"健脑时间"。有片剂、有小瓶装的饮品，圆圆总是当做任务一口气就吃下去，有的甜有的苦，有的还有点儿酸。圆圆妈妈最近还给圆圆买了一个"声波记忆仪"，圆圆晚上学习的时候带着这个仪器，据说会加强记忆。可是都一个多学期了，圆圆并没有觉得自己脑子更好用了，她还是像以前那样要复习好多遍才能巩固好课上学的知识。圆圆心里沉甸甸的，她知道这些健脑产品都价格不菲，这都是父母对自己的爱啊。所以，在妈妈问到这些健脑产品效果的时候，圆圆还是说挺好的。

　　作为人体的司令部，人的一切思维活动都与大脑密不可分。中学阶段大脑发育非常迅速，是大脑发育的最后一个关键期。中学阶段，孩子学习课程增多，学习难度增大，如何帮助孩子合理用脑、促进大脑发育是每个家长应该关心的问题。

成长规律

规律 ① 中学阶段是大脑迅速发展的时期，大脑发育使孩子反应速度和精确性提高

中学阶段是大脑迅速发展的时期，主要体现在脑结构的精细化与功能的完善。孩子的大脑在6岁时重量已达到成年人的90%，到小学毕业，孩子的脑重已经基本跟成人相同。在中学阶段，孩子的脑发育主要集中在神经联结的复杂化和精细化上。

由于神经结构的变化，神经冲动传递的速度在中学初期开始显著提升，所以孩子在进入中学后反应速度加快。

例如，孩子接受新知识更快，对一些简单刺激的反应（如听到发令枪起跑的速度）更快。

在神经冲动传递速度加快的同时，一些经常使用的神经联结的功能增强，而一些使用次数较少的神经联结开始萎缩，这使得大脑皮层变得更薄但更有效，避免了脑资源的浪费。

规律 ② 中学阶段，孩子有些脑区发育尚不成熟，导致孩子控制冲动的能力较差、喜欢冒险

大脑的成熟是一个缓慢且有序的过程。按照从大脑后部到大脑前部的顺序，负责基本行为功能（如视觉、听觉和运动的脑区枕叶、颞叶和顶叶）先发育成熟，而负责复杂思考、规划的区域，也就是前额叶最后成熟。

大脑的顺序发育特征体现在孩子的行为表现上。在初中阶段，孩子的运动能力有显著提高，他们肢体的协调能力已经达到最好的水平。但这一阶段的孩子自控能力往往较差，他们很容易因为冲动而打架或是做出一些非理智的决定。要到高中或者高中毕业，孩子的自我控制能力才能基本达到成人的水平。

特别提示

中学生非常喜欢刺激的感觉，但自控能力较差。他们会热衷于解开一道道难题、认识许多新的朋友，他们还会尝试一些新的游戏和生活方式。这使得孩子发生危险的可能性提高，对此，家长一定要对孩子做好安全教育，防止他们参加一些危险运动和活动。

规律 ③ 脑发育不平衡导致孩子情绪多变

中学阶段，孩子脑区发育的不平衡使孩子情绪体验增强、情绪控制能力较弱，因而情绪多变、不稳定。

杏仁核是产生情绪、识别情绪和调节情绪的脑区，在青春期初期开始迅速发育。因此，初中的孩子比小学生更容易体验到情绪，情绪的强度也更强。

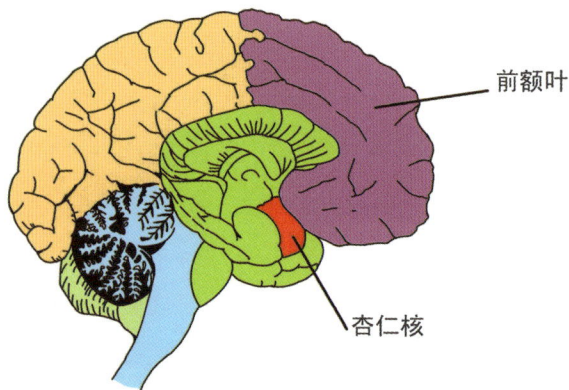

前额叶

杏仁核

大脑前额叶与杏仁核

蓝笔写红字
——Stroop 效应实验[①]

实验目的：

探究不同年级学生抑制控制能力的发展。

实验设计：

利用心理学常用的Stroop（斯特鲁普）效应任务探究学生抑制控制能力的发展状况。心理学家斯特鲁普于1935年做了一个实验，他使用的刺激材料在颜色和意义上相矛盾，例如用蓝颜色写"红"这个字，要求被试说出字的颜色，而不是念字的读音，即回答"蓝"。

分别给小学三年级、五年级、初中二年级、高中二年级的孩子呈现写有颜色词的卡片，要求孩子尽快说出字的颜色。卡片用红黄蓝绿四种彩笔写着"红""黄""蓝""绿"，但颜色词的颜色与颜色词所代表的颜色不同。记录孩子回答所用的时间和回答的正确性。

实验结果：

结果发现，学生在说字的颜色时会受到字义的干扰，随着年级的升高，孩子受到的干扰变弱，回答的正确率增加，回答所用时间减少。这说明，随着孩子年级的升高、年龄的增大，孩子的抑制控制能力有所提高，中学生的抑制控制能力比小学生强，高中生的抑制控制能力比初中生强。

但是，从正确率来看，即使是高二的学生，他们回答的正确率也不是很高，仍有相当比例的字体颜色回答错误。这说明一直到中学阶段，孩子的控制抑制能力仍然不强，有待进一步发展提升。

例如，中学的孩子比较容易被书中、电影里、电视上的故事所感动。对于这些故事，小学生可能并没有受到什么触动。

大脑的前额叶是情绪控制中枢。前额叶从孩子上小学之后开始发育趋缓，一直到20岁左右才发育成熟。因此，中学阶段的孩子前额叶发育不足导致情绪控制能力较弱。

规律④ 大脑分泌褪黑激素，促进睡眠；而睡眠促进短时记忆转化为长时记忆

脑发育与睡眠之间有紧密的联系。

脑中松果体分泌褪黑素，促进睡眠。中学生体内褪黑素分泌高峰时段比儿童和成人晚两个小时。这就使得中学生更晚的时候才想睡觉，往往要晚上十二点左右才产生困意。

例如，中学的孩子在没有很多作业的时候（比如假期）也不肯早睡觉，他们往往看电视、玩电脑、发短信，一定要拖到凌晨才肯睡觉。

睡眠影响脑发育和记忆。研究发现睡眠越充足的孩子，其大脑中与记忆和感情有关的海马区的体积越大，大脑发育得越好。同时，优质睡眠有助于巩固记忆，促进短时记忆转化为长时记忆。记忆信息获得后暂时储存于海马，是一种短时记忆，在睡眠中，存储在海马中的信息在神经皮质中经处理后重现，过滤掉不重要的，逐渐转移至新皮层长期储存，形成长时记忆。

---

① 李美华. 不同年级和学业成绩儿童青少年执行功能发展研究: [学位论文]. 天津: 天津师范大学, 2006

知识库

大脑海马区

大脑海马区是大脑皮质的一个内褶区，因形状类似海马而得名。

海马区与记忆有关，是记忆的"临时储存库"。日常生活中的记忆片段，比如一个电话号码或者刚背过的一个单词，会暂时储存在海马区中，这是一种短时记忆。存入海马区的信息如果一段时间没有被使用的话，就会自行被"删除"，也就是被忘掉了。而如果存入海马区的信息在短时间内被重复提及的话，海马区就会将其转存入大脑皮层，成为长时记忆，即永久记忆。

知识库

睡眠不足的危害

睡眠不足导致学习成绩下降。

睡眠不足会导致孩子课堂听讲和课下复习精力无法集中，这无疑影响了学习效率，进而影响了学习效果。

睡眠不足，可能导致视力下降。目前，眼科专家已经把睡眠不足列为造成中学生中、低度近视的首要原因。中学阶段是孩子近视眼的高发期，此阶段睡眠不足，将使眼睛局部交感神经与副交感神经功能失去平衡，造成眼睫状肌的调节功能紊乱，最终可诱发或加重近视。

睡眠不足，会导致多种疾病的产生。经常性的睡眠不足，会使人心情忧虑焦急，免疫力降低，由此会导致许多疾病发生，如神经衰弱、感冒、胃肠疾病等。

养育策略

策略 ❶ 为孩子提供丰富的营养，促进孩子脑发育

脑发育的过程中，大脑的新陈代谢显著加快，充足的营养是脑发育必不可少的保障。

脑发育主要需要蛋白质、脂质、糖类和多种无机盐。家长要注意给孩子多补充这方面的营养，保证孩子脑发育的充足养料。

策略 ❷ 理解孩子因脑发育而易冲动、爱冒险的特点，放手让孩子去尝试

中学阶段孩子的前额叶没有发育成熟，自我控制能力较差，容易产生情绪冲动和冒险行为。同时，这一阶段孩子追求独立，不想事事依靠父母，但在成长过程中有许多问题希望获得父母的指导。孩子在这种矛盾的心态下，格外希望获得父母的理解，在父母不理解的时候他们就更容易表现出暴躁和冲动。

家长要理解孩子的这一特点，孩子到了这个阶段，容易冲动、喜欢挑战、爱冒险都是正常的，多给孩子一些理解和宽容，多给孩子一些尝试的机会，不需要过多地限制，也不需要过多的教导。在一些小事情上撒手，让孩子自己拿主意。

例如，穿什么衣服，周末怎么安排，在学校上什么兴趣小组，选修什么课程。

当遇到重要决定的时候，先听听孩子的意见，然后把自己对这个问题的分析、自己的看法讲给孩子听，和孩子一起讨论。

知识库

促进大脑发育的食物

1. 动物内脏及瘦肉、鱼。这些食品含有较多的不饱和脂肪酸及丰富的维生素和矿物质，孩子可适量吃一些。

2. 水果。不但含有多种维生素、无机盐和糖类等大脑所必需的营养成分，而且含有丰富的锌，锌与增强记忆力有密切的关系。所以常吃水果，不仅有助于孩子身体的生长发育，而且可以促进智力的发育。

3. 豆类及其制品。含有丰富的蛋白质、脂肪、碳水化合物及维生素A、B等。尤其是蛋白质和必需氨基酸的含量高，以谷氨酸的含量最为丰富，它是大脑赖以活动的物质基础。所以孩子常吃豆类及其制品有益于大脑的发育。

4. 硬壳类食物。含脂质丰富，如核桃、花生、杏仁、南瓜子、葵花子、松子等均含有对大脑思维、记忆和智力活动有益的脑磷脂和胆固醇等。

策略 3 营造安静黑暗的睡眠环境，促进孩子的优质睡眠

充足的睡眠是孩子大脑发育所必需的，优质睡眠能促进孩子的记忆。因此，家长不要为了学习牺牲孩子的睡眠时间。对初中的孩子，每天至少要保证9个小时的睡眠时间；对高中的孩子，每天至少也要保证8个小时的睡眠时间。

● 黑暗有助于促进褪黑素的分泌以及身体的放松，促进睡意的产生，保证较高的睡眠质量。家长要注意给孩子提供一个黑暗的睡眠环境。

例如，提醒孩子拉窗帘、关门，避免窗外过强的照明干扰和家中的光线干扰。帮助孩子养成睡前关灯的习惯。

● 安静的环境也可以促进睡眠，而嘈杂的声响、使人兴奋的音乐、偶尔发出的铃声都会干扰睡眠，使人心情烦躁、过于兴奋或是惊醒。因此要尽量保持卧室的安静。

例如，关好孩子卧室的房门或窗户，避免外界声音干扰，不在卧室中放置会报时的钟表等。

● 提醒孩子睡前关闭手机、电脑等电子产品的电源，正在充电的电器放得尽可能离床远一些。关闭手机既是为了保证孩子不再玩了，也可以避免短信或电话对孩子的突然惊扰。

● 除了增加孩子晚上的睡眠，相对简短的午睡也能够起到增加睡眠、适当休息的作用。经过一上午辛苦的学习，很需要午睡这个短暂的休息机会。

例如，建议孩子在吃完饭后或下午上课开始前睡一会儿午觉，15~30分钟就可以，如果有条件最好躺在床上睡，也可以趴在桌上睡。

小提示

有的孩子困的时候、学习累了的时候会喝咖啡和茶来提神，甚至依靠咖啡和茶来长时间维持较少的睡眠（如一天只睡6小时甚至更少）。咖啡和茶能够提神是因为其中含有咖啡因，可以使人呈兴奋状态。人如果长期饮用会对咖啡因的耐受性提高，也就是需要喝更浓的茶或咖啡才能维持兴奋。此外，过量饮茶和咖啡还可能导致心律失常，尤其是青少年，占到了心脏早搏人数的70%。因此，长期靠喝茶和咖啡提神的方法并不可取。

📚 **知识库**

简短午睡的效果

15~30分钟的午睡就可以达到较好的休息目的，甚至可以比得上夜间两个小时。而午睡超过半小时人体则会进入类似夜间的睡眠周期，如果睡不够一个睡眠周期（一个半小时以上），则会感觉难以醒来。

🎓 **边博士直播间**

Q 我家孩子快高考了，我有些担心孩子学习太累，想帮他补补脑。最近看到电视上、报纸上好多健脑产品的广告，看似个个都对孩子大脑很有用处。这些健脑产品真有说的那么神吗？如果给孩子买一些的话，应该如何选择呢？

A 目前市场上的补脑食品主要有三类。

第一类以鱼油为主，这类产品主要补充DHA、EPA等卵磷脂。卵磷脂能促进大脑神经系统与脑容积的增长、发育，促进胎儿和婴幼儿神经系统的发育。此外，卵磷脂能修复受损伤的脑细胞，减缓记忆力衰退的进程，预防或推迟老年痴呆的发生。这类产品的适用人群主要是孕妇、婴幼儿和中老年人。

第二类以中药成分为主，主要含银杏、党参、黄芪、当归等。现有的证据仅支持它对改善老年人（与大脑动脉硬化或老年痴呆有关的）记忆力下降有关，没有证据支持它可以提高中学生的认知、记忆或思考能力。

第三类补充某些多肽。研究表明只有幼儿智力发育迟缓、成年人器质性或功能性记忆障碍和中老年记忆衰退的人群，才有必要适当补充些肽类物质，而发育健康的青少年，如果自身合成肽的功能是正常的，不需要额外补充。

其实，健脑产品中起补脑健脑作用的都是一些基本的营养物质，这些营养物质在日常饮食中都可以获取，只要日常饮食中注意营养全面，并不一定非要购买健脑食品。并且一些非正规的保健食品中更可能含有兴奋剂类药物成分，长期服用不但不能帮助孩子提高学习效率，反而会产生依赖性，导致失眠不安、心跳加速等不良后果。食补比吃健脑产品更安全。

如果家长很想给孩子选购健脑食品的话，一定要注意以下几点：

（1）权威机构研制。

（2）安全无副作用。要经过国家兴奋剂检测中心，被证明不含任何兴奋剂和激素的产品。

（3）营养全面均衡、吸收快。大脑所需营养成分非常复杂，单一的成分不能满足大脑需要，同时受血脑屏障的限制，很多大分子的营养物质不能被大脑吸收。

情绪发展

周一 晴	周二 阴	周三 暴雨	周四 晴

周五 小雨	周六 晴	周日 多云

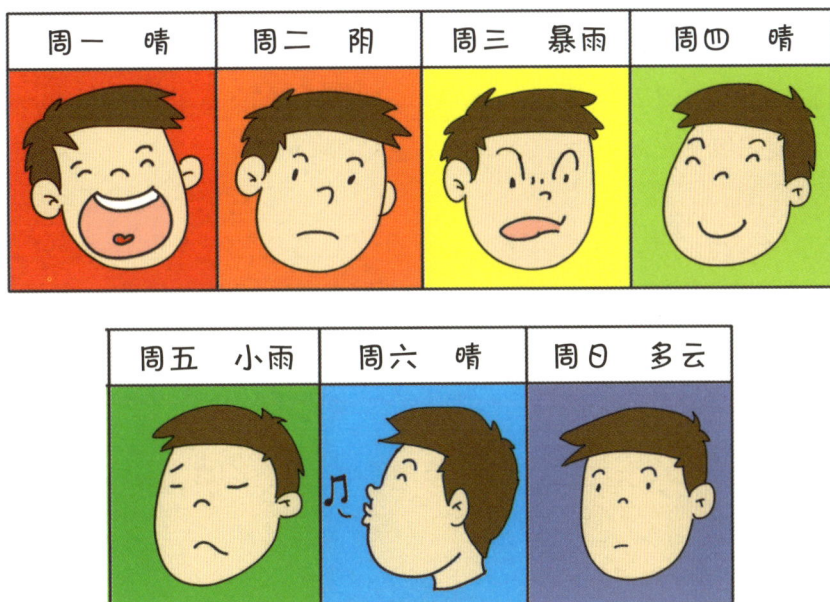

一周情绪晴雨表

　　方方进入初中之后，脾气变得大，总是莫名其妙的发火。昨天放学回到家，脸色很难看，一句话不说，"砰"的一声关上了自己房间的门。方方妈妈在厨房里听到儿子的关门声，嘴里说着："你这孩子，怎么回事，一回来就发脾气，又是谁惹你了？"方方趴在床上，捂着耳朵说："心情不好，别理我！"

　　晚饭后，圆圆妈妈给女儿送水果。进入女儿房间，圆圆妈妈看到女儿眼睛红红的，问道："怎么哭了，发生什么事了？"圆圆说："妈妈，黛玉太可怜了……"圆圆妈妈心里想："看本书也能看哭，这孩子怎么这么多愁善感呢？"

　　青春期被称作情绪的"疾风骤雨"期，这个阶段的孩子，情绪多变，一会儿高兴，一会儿难过，一会儿开心，一会儿沮丧，常常弄得家长不知所措。理解孩子的情绪、帮助孩子学会处理不良情绪很重要。

成长规律

规律 ① 追求情绪自主是青春期孩子情绪的基本特点

不同年龄段的孩子情绪有不同的特点。随着年龄的增大，孩子的情绪也在发展。

婴幼儿模仿父母的情绪。看到父母开心，他们会大笑；看到父母不高兴，他们会默不作声，感到难过和不安。父母的情绪很大程度上决定了婴幼儿的情绪。

儿童的情绪容易受到父母的感染和引导。儿童虽然有了自己的情绪，但容易受到别人尤其是父母的影响。当他们不高兴的时候，如果父母说几句话安慰一下，他们会很快忘记自己的不良情绪。

青春期孩子在情绪情感上逐渐脱离父母的依赖和控制，形成自己的情绪感知、反应和表达系统。他们的开心和不开心带有明显的自我色彩，由自己的经历和想法主导自己的情绪体验。他们认为自己长大了，不愿像小时候那样顺从父母，他们有自己的见解和思考，在情绪上也是如此，追求情绪自主。

规律 ② 青春期孩子情绪反应剧烈，不稳定、易波动

青春期是孩子情绪发展的关键过渡期。孩子在儿童期只有较为简单的情感，没有复杂的情绪体验，而到成年期人们拥有丰富而又相对稳定的情绪。青春期正处于情绪从简单到丰富的发展过渡阶段，情绪十分不稳定。

● 青春期孩子的情绪波动性很大。青春期孩子的情绪常常从一个极端转向另一个极端，情绪来得骤然，去得迅速，可能这一刻心情还"阳光明媚"，下一刻就"暴雨倾盆"。具体表现为对父母时而冷淡时而亲密、学习劲头时高时低、心情时好时坏等。

● 青春期孩子的情绪反应剧烈，表现夸张。他们往往遇到一点儿小事，就会产生很大的情绪反应。容易狂喜、暴怒，容易极度悲伤、恐惧。当取得成功或者受到某种鼓励和肯定时，情绪高涨、兴高采烈；当遇到挫折或失败时容易陷入极端苦闷的状态，心情低落、无精打采。

例如，有的青春期孩子会因为家长的几句唠叨就情绪爆发，大声反驳、甩门、摔东西，更有甚者离家出走。

规律 ③ 青春期孩子的情绪更加细腻、敏感

相比于儿童情绪体验的单一性和粗糙性，青春期孩子的情绪体验变得比较丰富和细致。很多青春期孩子尤其是女孩比较敏感，这种敏感由外部刺激引起，并且往往加入了许多主观因素。

例如，有的青春期的孩子特别容易被影视作品和文学作品感动。这种情绪表现不仅仅是因为书中的内容，还有一大部分原因是孩子的主观臆想造成的。

有的女孩穿了一件稍显胖的衣服，在学校里听到同学说"胖"的字眼，会以为是在嘲笑自己，感到很难堪，于是一天都待在教室里，不想出去被别人看到。其实同学的谈话根本和她毫不相关。

规律 ④ 青春期男孩女孩有不同的情绪表现：男孩易怒，女孩敏感；且女孩更早经历情绪"疾风骤雨"期

青春期男孩和女孩在情绪表现上有很大的不同。

与女孩相比，男孩的情绪强度会更大，更容易受激发产生强烈的情绪反应，且男孩的情绪更不稳定。男孩遇到不高兴的事情时容易暴躁，跟人发生争吵，甚至打架。而女孩在情绪体验的细腻性和丰富性上比男孩表现得更加明显。女孩可能因为别人的一句无心之言就伤心难过，一个人躲起来偷偷哭泣。

男孩和女孩经历情绪"疾风骤雨"期的年龄也不一样。有研究表明，女孩在小学高年级到刚上初中（11~13岁）时情绪波动最大，也最强烈；而男孩要到初中阶段（13~15岁）才经历情绪上最"疾风骤雨"的时期。

特别提示

男孩和女孩的情绪发展有各自的年龄特点。家长要根据男孩和女孩的不同特点，在孩子情绪不稳定的时期给予更多的关注和理解。女孩在小学高年级时就比较容易敏感，应该多注意；而男孩到了初中，需要多注意他们的易怒情绪。

规律 ⑤ 脑发育不平衡导致青春期情绪多变

中学阶段，孩子的脑发育尚不完善，脑区发展不平衡，这是青春期孩子情绪多变的重要生理原因。

中学阶段，脑结构中负责产生情绪的杏仁核迅速发育，孩子的情绪体验增强；同时控制情绪的大脑前额叶发育不成熟，孩子的情绪控制能力较弱。

规律 ⑥ 青春期的"自我同一性危机"加剧情绪问题

青春期会经历"自我同一性危机"，加剧情绪问题。

知识库

自我同一性与自我同一性危机

自我同一性的本意是证明身份，指个体尝试着把与自己有关的各方面综合起来，形成一个自己决定的、协调一致的、不同于他人的自我，是对"我是谁"、"我将来的发展方向"以及"我如何适应社会"等问题的主观感受和意识。

自我同一性危机是指儿童在童年期会形成暂时的同一性，进入青春期之后，身体发育带来的成人感，使中学生对儿童期形成的同一性产生怀疑，他们开始重新认识自我，思考自己在社会中的地位和作用。在这个过程中青少年对自我和自己的生活方式感到困惑，产生自我意识的混乱，这就是同一性危机。

儿童在童年期会形成暂时的、简单的自我同一性。

例如，儿童会认为"我是×××"、"我将来要成为一名科学家"，达到一种暂时的自我同一性。

进入青春期之后，面对身体的迅速发育，中学生开始对自己产生怀疑，陷入"自我同一性危机"。在这个过程中，中学生会经历自我怀疑、混乱、矛盾与冲突，对自己在生活中的角色感到困惑、怀疑，没有明确的生活目标，不明白生活的意义，不清楚自己将成为怎样的人。这些矛盾和困惑导致中学生产生强烈的情绪体验，加剧了青春期的情绪问题。

知识库

中学生关于"自我"的疑问

- 我到底是谁？
- 我跟别人有什么不一样？
- 我的名字、我的身份能够代表我吗？
- 我将来要做什么呢？
- 我以后能成为优秀的人吗？
- 为了将来，我现在应该做些什么呢？

规律 ❼ 孩子会"复制"父母的情绪

情绪虽然不能遗传，但情绪可以感染。父母的情绪会通过模仿、暗示、感染等心理机制传递给子女，对孩子稳定、客观的情绪形成有很大的影响。

如果父母自身拥有积极、正面、稳定的情绪，那么即使孩子处于情绪"疾风骤雨"的不稳定期，也不容易在家中被激发而产生剧烈的情绪反应，在外面形成的不良情绪也容易在家中得到缓解和沉淀。反之，如果父母情绪比较暴躁、易怒，那么孩子很容易在遇到问题时不自觉地采用父母的情绪反应，也变得暴躁易怒，并且容易跟父母产生冲突，引发不良情绪。

养育策略

策略 ❶ 理解青春期孩子追求情绪自主的愿望

青春期的孩子有自己的情绪反应系统，不愿意被父母控制，情绪多变，容易愤怒也容易敏感。这些都是青春期孩子的情绪特点，父母要理解孩子。

规律 ❽ 懂得理解、接纳孩子的父母更有利于孩子的情绪发展，更能帮助孩子减少负面情绪

研究表明，父母的教养方式对青春期孩子的情绪表现和情绪发展有很大的影响。

- 权威型父母懂得理解孩子、接纳孩子，会以温和的态度对待孩子，尊重和理解孩子，鼓励孩子表达自己的看法；他们不会无限纵容孩子，会给孩子一定的限制。这种教养方式下的孩子，即使孩子处于青春期情绪多变，也不会无理取闹，无限夸大自己的负面情绪；同时孩子会感觉到自己的情绪被理解和关注，更愿意跟父母沟通，使不良情绪得到宣泄。

- 专制型父母给孩子过多限制和干涉，较少给孩子温情，当孩子犯错时可能会对孩子实施严厉的处罚。这种教养方式下的孩子，进入青春期之后，要么不会控制自己的情绪，脾气暴躁；要么就是唯唯诺诺，不敢表露自己的情绪，更容易产生焦虑等负面情绪。

- 溺爱型父母很少对孩子提出要求，也很少对孩子的行为进行控制。孩子的自我控制力一般比较差，一旦他们的要求不能得到满足，往往大哭大闹。所以，当这种教养方式下的孩子进入青春期后，情绪控制能力不足，往往情绪反应很剧烈，容易喜怒无常。

有的家长不懂得青春期孩子的情绪特点，仍然习惯于像小时候那样主导、控制孩子情绪，习惯从自己的角度看问题，不能理解孩子的情绪变化。有时候家长认为针对某件事情的情绪反应应该是这样的，但孩子的反应却是那样的，于是就说"你不应该这样"、"你应该怎样怎样"，这都是家长控制孩子情绪、否定孩子情绪的表现。

策略 ❷ 接纳孩子的情绪，对孩子的情绪产生共情很重要

家长要接纳孩子的情绪，无论孩子的情绪是积极的还是消极的，无论是你认同的还是你不认同的，都试着去接纳。如果家长不接纳孩子的情绪，孩子就会认为不应该有自己的情绪，尤其是不好的情绪，自己的愤怒、难过和郁闷都是不对的。当他再有不良情绪时就会压抑自己、否定自己，逃避这种情绪体验，长此以往，严重的可能长大之后产生述情障碍。

知识库

述情障碍

述情障碍又叫"情感表达不能"或"情感难言症"，指对情绪变化的领悟力差，不能意识到自己的情感体验，不能适当地表达情绪。有述情障碍的人会无意识地压抑自己的愤怒、伤心、失落、自责等情绪，并转化为躯体不适。

例如，有述情障碍的人跟别人吵架了，不会说自己很生气，会感觉自己胃疼、头疼、或者恶心头晕。

接纳孩子的情绪，当孩子出现愤怒、失落等不良情绪时，尽量对他的情绪产生共情，不

说"你怎么能这样呢，你这样太不应该了"之类的话，可以对孩子说"你是不是很难过？""你现在很伤心是吧？""你不高兴我可以理解"等。家长还可以通过眼神、表情给孩子传递一种信息，让孩子感觉到自己有情绪波动是正常的，自己的负面情绪也是被接受的。这样孩子就不会压抑自己的负面情绪，慢慢学会正视并处理自己的负面情绪。

策略 ❸ 控制自己的情绪，不要和孩子"硬碰硬"

面对青春期情绪多变的孩子，有的家长很容易也变得冲动，跟孩子发生冲突。家长一定要注意控制自己的情绪，不要和青春期的孩子"硬碰硬"。

当孩子发脾气时，父母要先给自己心理暗示"这是孩子的正常表现，不要着急，不要发火"。给孩子一些自由和空间，相信孩子自己能处理好，不要一开始就唠叨，说类似"又怎么了"、"你怎么这样……"的话，让孩子自己处理负面情绪，如果孩子处理不好，再想办法帮助孩子。

当家长确实一时控制不了，跟孩子起冲突、发脾气后，家长可以这样做：

首先，跟孩子道歉，说"对不起，妈妈不应该跟你发脾气，是妈妈今天心情不好。"

然后，引导孩子说自己的心情。"你刚刚跟妈妈发脾气，是不是今天发生什么了？你愿意跟妈妈说说吗？如果愿意，咱们一起聊一聊；如果你想自己一个人待会，那妈妈就出去，你自己好好想想。好吗？"——当你这样说的时候，孩子会感觉自己的情绪得到了理解和接受，一般会愿意跟你倾诉的。即使孩子不愿意说，他也能感觉到被理解，这是一个好的开始。

当孩子讲述完之后，可以复述一下"我听你说的事情是这样子的……对吗？"之后可以问："你当时的想法是什么？""你现在的感受呢？"——通过回答你的问话，孩子会表达焦虑

和不安，既得到情绪的宣泄，也会懂得有些问题也许不像他想的那样严重，从而平缓情绪。

最后，要让孩子明白他在这件事情中应当承担的责任。"不管怎样，吵架是两个人的错，所以你和妈妈今天都做错了，我们都要好好检讨一下"。——这样孩子不会无限制地纵容自己的坏脾气，或者把负面情绪转嫁到父母身上。以后遇到类似的情绪问题时，孩子会明白情绪不好有自己的一方面原因，同时会更愿意跟家长沟通，有利于负面情绪的疏导。

策略 ❹ 帮助孩子直面问题，调节负面情绪

青春期的孩子容易出现情绪问题，但情绪问题不会无缘无故出现，肯定有一定的外因，很多情况下是因为遇到他一下解决不了的问题。父母可以教给孩子一些问题解决方法，问题得到解决后，负面情绪自然会消失。

常用的具体方法有：

● 重新定义问题。例如，孩子学习已经很努力了，但是成绩还是没有提高，孩子感到很挫败。家长可以帮孩子分析，他目前的问题可能是积累不够或学习方法不好。这就给问题作了重新定义，之后可以有的放矢地解决问题。

● 考虑替代解决方案。例如，孩子因为在学校中不擅长当众演讲而感到很困扰。家长可以引导孩子关注到自己优秀的方面，如赞美他文笔很好，擅长用文字来表达细腻丰富的情感，先让孩子从情绪问题中走出来，再慢慢帮助孩子提高当众演讲的能力。

策略 ❺ 通过倾诉、宣泄、转移注意力等方式，调节负面情绪

除了直面问题之外，家长可以教给孩子通过其他途径调节负面情绪。常用的具体方法有：倾诉、宣泄和转移注意力。

倾诉

当孩子情绪不佳时，家长可以跟孩子沟通，引导孩子把心里的不平和委屈说出来；

鼓励孩子去找自己的同伴朋友，把心里所有难过的事情跟朋友都说出来；

鼓励孩子通过写日记来自我倾诉，也是不错的方法。

宣泄

如大哭一场。哭，是一种有效缓解不良情绪的方法。和汗液、尿液一样，眼泪也是一种身体排毒的媒介，当产生不良情绪时，眼泪还能排除由于感情压力所带来的生化毒素，纾解压力，缓和情绪，使人恢复心理和生理上的平衡。

当孩子有负面情绪时，让孩子在家长面前大哭一场，将所有的难过和压抑都通过眼泪宣泄出来。

转移注意力

例如，当孩子感到苦闷、烦恼时，家长可以帮助孩子将注意力转移到有意思的活动中，如看电影，陪孩子一起运动，或者鼓励孩子跟朋友一起出去玩。还有，读小说、听音乐、大吃一顿都是转移注意力、调节情绪的有效方式。

心灵加油站

能控制好自己情绪的人，比能拿下一座城池的将军更伟大。

——拿破仑

心灵加油站

哭泣让我更勇敢

周一上午，英语竞赛的结果下来了——优秀奖。我以为我可以得一等奖，最后竟然只是优秀奖，不是一等奖、二等奖、三等奖，只是一个安慰奖。看着那红色的奖状，我的心一下子跌入了谷底，我不敢相信这是真的。

回家后，我把那张讽刺的奖状锁到了抽屉里。想到那些挑灯夜战的夜晚，那些独自拼搏的周末，那一摞摞的卷子，一本本的参考书，我觉得这真是一个大笑话。爸妈在门外着急，可我不知道怎么面对他们，更不知道怎么面对自己。

一连几天，我都很失落。我想倾诉，也许别人听了只会嘲笑我吧；我想发泄，想大吼，但我又有什么资格呢？我有一种窒息的感觉。

晚饭后，我收到妈妈的短信："女儿，你确实有理由伤心，妈妈知道你为了竞赛费了多大的精力，付出了多少汗水。可是，孩子，妈妈要告诉你，这就是生活，这就是成长。生活并非永远是一分耕耘一分收获，人生的路不可能永远一帆风顺。高峰和低谷，鲜花和眼泪，都是你成长中不可缺少的。妈妈知道你是一个要强的孩子，但妈妈希望你不要对自己过于苛责，把你心里的难过、愤怒和不甘都发泄出来吧。妈妈相信你会重新起航的。"

看完妈妈的短信，好像所有的情绪有了宣泄的出口。也许是因为妈妈的理解，也许是因为压抑了太久，我趴在桌子上，大哭一场，感觉心里所有的难过和压抑都随着泪水流走了、蒸发了，我的心里充满着喜悦和力量。

叛逆行为与逆反心理

方方自从进入初二以来，变得非常叛逆，方方父母感到很着急。家长说东他偏往西，经常故意跟家长对着干。在家也不愿意跟家长说话，家长说点什么，他就觉得很烦很啰嗦。昨天早上方方妈妈怕天冷，让他多穿件衣服，结果他说"我14岁了，不是4岁，知道怎么穿衣服！"

方方不仅在家这样，在学校也是如此。前些天数学老师因为他没有完成作业而批评了他，方方不仅不承认错误，还当着全班同学的面指责老师留的作业没有意义，引得班上的其他许多同学也在旁边起哄叫好，数学老师非常生气。事后班主任批评他，他嘻嘻哈哈的，总算敷衍地承认了错误。但这件事之后，他经常和老师对着干，跟老师顶嘴，迟到早退，不参加集体活动……现在方方爸爸妈妈感到很头疼，面对青春期叛逆的儿子，真不知道如何是好。

叛逆是青春期的标签，许多家长都在为孩子的叛逆而烦恼。但叛逆其实很正常，几乎每个孩子的青春期都是在叛逆中度过的。希望家长们能够了解青春期孩子的心理特点，多给孩子一些理解和包容，这是处于青春叛逆期的孩子最需要的。

成长规律

规律 ❶ 中学生的叛逆行为是逆反心理的外部表现

逆反心理是指个体在接受未来教育、规范、制约等的过程中产生的一种与大多数人对立的、和常理相悖的心理状态，是一种较稳定的具有逆向反应性质的情绪体验和行为倾向。

在人的成长过程中，有两个重要的反抗期。第一个反抗期在2~4岁，这个时期儿童的反抗主要是指向身体方面的，即反对父母对他们身体活动的约束。第二个反抗期在青春期，在初中表现得更突出，这时的反抗由逆反心理导致，主要是为了获得独立和尊重。

据一项调查显示，中学生中经常存在逆反心理的占32.6％，偶尔存在逆反心理的达89.4％。

规律 ❷ 中学生叛逆行为主要有三种类型：暴躁型、沉默型、阳奉阴违型

中学生的叛逆行为，主要有以下几种类型：

1. 暴躁型。表现为对父母、长辈等的要求剧烈反抗，经常跟父母吵架或发脾气，有时跟父母冷战；

2. 沉默型。表现为不愿跟父母沟通，对事情漠不关心，对父母的话没有反应，不喜欢跟父母待在一起，喜欢独处；

3. 阳奉阴违型。表现为当着家长的面赞成家长的要求，但是自己的行为表现却相反。家长说什么都表面答应，但是依旧我行我素。

知识库

中学生叛逆的主要行为表现[①]

认为绝大多数规章制度是不合理的，应该废除；

如果父母再三叮嘱同一件事就会感到厌烦；

佩服与老师对着干的同学；

认为父母、老师的话很多都有漏洞；

喜欢与众不同，爱做令人大吃一惊的事情，喜欢引起其他同学的注意；

违反某些规定的时候会感到一种快乐；

别人的批评常常引起反感和愤怒；

认为父母和老师不应该为一些事小题大做，大惊小怪；

认为冒险是一种极大的快乐；

一旦决定做某件事，不管别人怎样阻止也不会改变主意；

会对课堂上出现一些老师没有意料到的情况感到开心；

对伤害自己自尊的人，想要给他添些麻烦，让他感到自己是不好惹的；

越是禁止的东西，越要想办法得到。

……

规律 ❸ 逆反心理是中学生自我意识发展和思维水平提高的结果

进入青春期后，随着生理的迅速发育，中学生的自我意识迅速发展。他们意识到自己不再是

---

① 高晓薇. 中学生逆反心理分析及对策. 教师发现，2010（4）：27-28

小孩子了，开始对这个长大的自己感兴趣，希望了解自己，了解自己的现在还有未来。他们开始思考并审视自己，发现自己原先所拥有的思想、观点其实不是自己的，而是父母给的、老师灌输的。于是他们希望拥有自己的思想，开始排斥来自父母和老师的声音，产生逆反心理。

有学生在周记中写道："我知道父母是在关心我，可是他们无休无止地询问学校班级里的事情，我感到很烦，觉得他们老是不相信我，总把我当小孩看。我希望他们能把我当大人看，可是父母不理解我。我跟他们辩白，他们又说我没礼貌，不爱学习专找理由。我这样做是错，那样做也是错，所以干脆就不说了。自此以后父母再和我说话时，我就戴上耳机，耳听不见为净。"

知识库

自我意识

自我意识是对自己身心活动的觉察，即自己对自己的认识，具体包括认识自己的生理状况（如身高、体重、体态等）、心理特征（如兴趣、能力、气质、性格等）以及自己与他人的关系（如自己与周围人们相处的关系，自己在集体中的位置与作用等）。

中学阶段自我意识的重要特点是开始独立地认识外部世界并产生个人价值体系。

与此同时，随着思维水平的提高，中学生抽象思维能力发展较快，思维具有了批判性。当然这种批判性可能是不成熟的，更多的表现为一种批判精神，不愿人云亦云，以批判的眼光看待过去的自己，看待过去所依赖的父母、老师，看待这个世界。当这种批判精神表现在行动中，他们就变得叛逆了。

规律 ④ 中枢神经系统的兴奋性过强，也是中学生叛逆的一方面原因

中学生的叛逆有其生理方面的原因。

生理学家指出，只有当中枢神经系统的功能与身体外周相应部分的活动达到协调时，人的身心才能达到一种和谐的状态。进入青春期后，性发育使得有关性的中枢神经系统活动明显增强，中枢神经系统处于过分活跃的状态，使他们对周围的各种刺激，包括别人对他们的态度等表现得过于敏感，反应过于强烈。有时候他们会将父母和老师的教导看成是对自己自尊心的伤害，于是跟父母、老师对着干，出现叛逆行为。

规律 ⑤ 家长对孩子的控制容易引发孩子的逆反心理

家长在教育孩子的过程中，总是难免以过来人自居，想把自己的人生经验告诉孩子，希望孩子少走弯路。于是家长会把自己的想法灌输给孩子，强迫孩子按自己的想法去做，习惯性地控制孩子。

当孩子处于儿童期的时候，父母的控制往往是有效的；但到了青春期，仍然习惯控制的父母遇到寻求独立、自主的孩子，往往适得其反。家长不但不能让孩子按自己的想法去做，反而容易使孩子产生逆反心理，孩子的做法与家长的想法背道而驰。

规律 ⑥ 逆反心理具有消极和积极双重作用

逆反心理的不良影响在于，使家庭和学校教育不能顺利进行，加剧亲子矛盾、师生矛盾，严重的可能出现孩子逃学、打架、离家出走等问题。此外，逆反心理会加剧青春期孩子的情绪问题，出现多疑、偏执、冷漠、暴躁等不良情绪，

导致意志衰退、学习被动、生活萎靡等。

但从另一个角度来说，逆反心理是青春期孩子的正常表现，逆反心理对青春期孩子也有积极影响。叛逆的过程是孩子重新认识自我、定义自我的过程，孩子通过独立思维和新的尝试重新评估自己的能力、性格、优缺点等，对自己的认识越来越客观、全面。此外，中学生在与成人的"对抗"中增强自信心和自豪感。

养育策略

策略 ❶ 适度的叛逆是青春期的正常表现，家长不要过分焦虑

孩子的叛逆行为是生理发育与心理发展的结果，是青春期的正常现象。只要孩子的行为不是过分出格（如离家出走等），家长不要恐慌，不要太过焦虑。

家长要理解中学阶段是容易犯错的时期，孩子不犯错误是不现实的，也是不正常的。不要见到孩子不听自己的话，或者孩子做法跟自己希望的不同，就担心孩子走上歧途。家长想想自己的青春期，是不是也有叛逆的时候？叛逆之后不是也正常地长大了嘛。对孩子的叛逆多一些包容和信心，允许他们去叛逆，相信孩子，他们有自我成长的能力。

策略 ❷ 判断孩子的叛逆类型，对症下药

家长要判断孩子的叛逆是何种类型，有针对性地应对孩子的叛逆行为。

● 对暴躁型叛逆的孩子，不要和孩子硬碰硬。

暴躁型叛逆的孩子，一般比较坚持自己的看法，对自主性的要求较高。对这种比较"强"的孩子，家长不要跟孩子对着干。当跟孩子观点不一致的时候，不要用强势的态度逼孩子低头，要用平静的语气跟孩子商量。

● 对沉默型叛逆的孩子，引导孩子跟你沟通。

沉默型叛逆的孩子，不喜欢跟家长说自己的看法，喜欢用"嗯，哦"来回答家长的问题。对这种不爱开口的孩子，家长要关注孩子的表情、肢体语言，了解孩子的心思。想办法让孩子说出他的想法，可以试着聊孩子感兴趣的话题；或者把自己遇到的事情、平常的一些生活感悟跟孩子分享，激发孩子说话的欲望。家长不要说一些无意义的话，如"今天怎么样？""这周在学校还好吗？"那样不能吸引孩子。

● 对阳奉阴违型叛逆的孩子，让孩子感受到真诚。

阳奉阴违型叛逆的孩子，很可能他曾经尝试跟家长说自己的想法，但是家长不理解、不认可，于是孩子采用这种方式，既坚持了自己的想法，又避免了家长的说教批评。对这种孩子，家长要让孩子理解"你不同意爸爸妈妈的观点也没关系，有自己的想法是值得鼓励的"，"当你不赞同爸爸妈妈的时候，直接提出来就好，我们一起商量"。

策略 ❸ 尊重孩子，跟孩子平等交流

对青春期叛逆的孩子，家长要明白，孩子在这个时候需要的是什么，对症下药，才能安然应对孩子的叛逆。

进入青春期之后，孩子开始发展自我，寻求独立，最希望得到父母的尊重，希望被当成大人

边博士直播间

Q 我儿子今年上初一，特别叛逆。在学校顶撞老师，整天跟那些不学习的孩子在一起，在家基本不跟我们说话，只有要钱或者有要求的时候才开口。我的话他一点也听不进去，不爱听了就甩门回房间，他爸爸脾气暴躁，有几次父子俩差点动起手来。我们真的是一点办法也没有了，他爸爸说随他去吧，吃了苦头他就知道后果了。对这种特别叛逆的孩子，我们做家长的该怎么办呢？难道真的就随他去吗？

A 青春期的孩子有一些叛逆是可以理解的，但如果特别叛逆，就要分析原因并根据孩子的情况采取有针对性的措施。许多时候孩子过分叛逆也许跟家长教育方式不当有关系。妈妈提到孩子爸爸脾气很暴躁，这也许是孩子太过叛逆的一方面原因。父亲脾气暴躁，让孩子童年期承受紧张和压抑，这种压抑一直累积到青春期。孩子认为自己现在是大人了，想反抗父亲的这种权威，从不满和压抑中解脱，于是叛逆行为爆发。当然也可能有其他原因加剧了孩子青春期的叛逆，家长要对此有所分析。

遇到这种特别叛逆的孩子，家长一定不能放弃孩子。家长不放弃，孩子才能有希望；否则，孩子感到父母都放弃自己了，于是破罐子破摔，叛逆行为更加严重。如果孩子真的做出一些偏激行为，家长后悔就来不及了。当然家长的不放弃，不是用"拳头"管教，而是首先要建立起温暖的亲子关系，少讲大道理，让孩子感受到家的温暖和家长对孩子无条件的爱，愿意与家长沟通。当孩子愿意回家并与家长沟通时，孩子的问题就解决了一大半。

必要的时候，建议家长和孩子一起去接受心理咨询，从父母和孩子两方面寻找问题的原因和解决的方法。

看待，不愿意被控制和命令。当青春期的孩子感到被父母当作一个平等的个体对待时，他们情绪自主的需要得到满足，也就不会通过过分叛逆的方式来争取自主了。

尊重孩子，将孩子视为平等的个体进行沟通和交流。改变"家长说什么，孩子做什么"的观念。当孩子的想法跟自己不一样时，可以通过提问等方式引导孩子说明自己这样想的原因，也许孩子的想法有他自己的道理，不要简单地否定孩子。如果孩子的看法确实不合理，不要直接否定孩子的意见，用商量的语气去启发孩子接受什么、拒绝什么、应该做什么、不应该做什么，让孩子自己意识到问题，从而做出改变。

尊重孩子，不要给孩子太多限制，相信孩子有独立处理事情的能力，尽可能支持孩子。在孩子遇到困难、失败时，给他鼓励和安慰；当孩子

取得成功时，真诚地表达自己的自豪之情，让孩子感受到父母对他的欣赏。

特别提示

对于青春期的孩子，家长不要当着别人的面数落自己孩子的缺点，也不要私拆孩子的信件、偷看他们的日记。

策略④ 变言传为身教，减少说教和唠叨

家长在教育孩子时总是难免以过来人自居，习惯说教，再不然就反复唠叨。对青春期的孩子来说，说教和唠叨是最没效果的一种教育方式。

父母的说教和唠叨会让渴望获得独立和尊重的孩子感到特别反感，孩子要么直接反抗家长，甚至跟家长吵起来，要么表面上不说什么，心里却根本不赞成家长的观点。所以说教和唠叨不仅不能从根本上解决问题，反而会强化孩子的叛逆行为。

说教的例子：

女儿："妈妈，这件衣服我不想穿了，周末再买一件吧。"

妈妈："咦，怎么说不穿就不穿了？我看挺好的呀，你这孩子也太挑了。我们那个时候，还挑什么好不好看，有的穿就不错了。你呀，一点都不知道我跟你爸爸赚钱的辛苦，虽说现在不是我们那时候，可也不能浪费呀，再说，你现在才初中，不要老想着打扮……"

女儿："又来了……"

当孩子不愿意听的时候，家长不要不理孩子的反应，一说就是一堆，从这个问题开始无限延伸，或者反复唠叨好多遍。对孩子的要求一次说明白就好，有时候减少唠叨就减少了孩子叛逆的可能。跟孩子沟通时，尤其是给孩子提要求的时候，不要太郑重其事、一本正经，最好在双方共同参与的活动中进行，比如，一起做家务、一起散步、一起看电视的时候，彼此心情都很放松，也容易接受对方的观点。

青春期的孩子，往往不在意家长说的是什么，反而会留心注意父母是怎么做的，家长如果当着孩子的面说一套，背后又做一套，这往往会成为孩子以后反驳你的理由。发挥"身教"的作用，给孩子做榜样，让孩子在心里感到自己的父母是值得尊敬的。

例如，不要当着孩子的面批评、嘲笑他人，包括别人家有逆反行为的子女；

说话算数，答应孩子的事情一定要做到；

有勇气承认自己的过失；

生活中遇到困难，不盲目责备和埋怨，积极地想办法解决问题；

在公共场合注意公共道德；

真诚地赞美自己的同事、朋友等。

青春期男孩的性心理特点

如何对青春期男孩进行性教育呢？

边博士：

您好！

我最近很苦恼，儿子今年14岁了，正在读初三。不知什么时候，孩子有了变化：写作业喜欢把门反锁上；开始在意自己的穿着；看电视时，银幕上出现接吻、拥抱的镜头会不好意思，但如果父母不在时，他却看得很上心。

今年暑假里发生的一件事，让我非常苦恼，却又难以启齿。那天，我上班后忘了带文件，中途回来拿。走到家门口的时候，刚想按门铃，忽然想到儿子在学习，按门铃会打扰他学习，于是就掏出钥匙自己开了门。我悄悄地进了家，看见儿子房间的门关着，就没有去惊动他，想拿完东西赶紧走。拿完材料，经过儿子的房间门口听到里面有动静。我仔细一听，吓了一跳，这声音不对劲，好像是一种做爱时才有的呻吟声，难道儿子在……我不敢往下想，悄悄推开了房间的门，看到了一幕不该看到的：儿子赤身裸体地躺在床上，用手摸着自己的下身……我吓坏了，感到又生气又尴尬。我该怎么办呢？

乐乐妈妈

孩子进入青春期了，对许多家长来说，这真是一件棘手的事情，而最令家长感到困扰的可能就是孩子的性发育问题了。如何对孩子进行这方面的教育，这是每个父母需要面对的重要课题。

成长规律

规律 ① 男孩进入青春期之后，生殖器官发育，第二性征出现

生殖器官的发育。阴茎是男性的性行为器官，在青春期前一般不会超过5厘米，大约在12~13岁之间长得较快，至青春期末可长至12厘米左右。睾丸是男性最重要的内生殖器，10岁以后明显增大，睾丸主要有两方面功能：产生精子和分泌雄性激素。

伴随着男孩生殖器官的发育，雄性激素的产生促使男孩第二性征的出现。在男孩第二性征出现的过程中，毛发的变化最为突出，其中最早出现的是阴毛，平均在11~12岁左右，腋毛在阴毛出现后一年至一年半开始长出。喉结约在12岁左右开始出现，这是雄性激素使喉头增大及声带变长的结果，所以自13岁左右起男孩的声音渐渐变粗，进入"变声期"。此外，大约1/2~2/3的男孩也会有乳房发育，经常始于一侧，主要有乳头突起、乳晕下出现硬块，个别人也可有轻度触痛，一般持续半年至一年即自行消退。

男孩在青春期性发育的顺序大致是：睾丸、阴茎、阴毛、腋毛、胡须、喉结、变声等。但这只是通常的规律，每个男孩青春发育的差异程度很大，有些男孩第二性征的出现顺序与此规律不太符合，多数是正常现象。

规律 ② 遗精是青春期男孩最重要的事件

到了青春期以后，随着生殖器官的发育，男孩会出现遗精现象。第一次遗精叫做首次遗精，首次遗精的年龄从十一二岁到十五六岁都是正常的。遗精是男孩生理发育的正常现象，一般每隔十天半月会有一次遗精。

遗精是青春期男孩性成熟的一个标志，是青春期非常重要的生理事件，也是对男孩性心理影响最大的事情。对男孩来说，遗精是男孩和男人之间的一道"分水岭"，遗精意味着他们长大了。大多数男孩对首次遗精通常缺乏心理上和知识上的准备。即使他以前知道有遗精这样一种现象，但毕竟没有亲身体验过，一旦发生在自己身上，容易觉得突然，感到紧张或羞涩，甚至有犯罪感，害怕别人知道。

规律 ③ 性发育有很大的个体差异，晚熟男孩容易承受心理压力

性发育有很大的个体差异，一般来说，男孩在12岁左右开始发育，晚熟男孩可能到16~17岁才开始发育。

心理学研究发现，相对早熟的男孩在学习和社会适应的诸多方面占有优势；而晚熟男孩相较于其他男孩来说身材较为矮小，容易被同伴欺负和排斥，社交方面常常感到自卑，有的甚至会出现社交退缩。

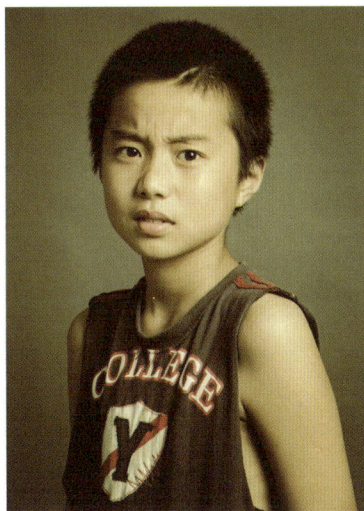

知识库

青春期提前现象①

随着社会经济的发展，青少年生长发育速度加快，出现青春期提前现象。2003年对北京市中学生性生理、性心理的现状调查显示：北京市中学生男生初次遗精的年龄集中在12~14岁之间，平均为13.15岁，比1999年13.85岁提前了0.7岁；女生月经初潮的年龄主要集中在12岁，平均年龄为12.32岁，比1999年的12.54岁提前了0.22岁。

规律 ❹ 性好奇和性冲动是青春期男孩重要的性心理特征

青春期是生理发育的关键期，也是性心理发生变化的时期。在这个阶段，生殖系统的发育十分迅速，青春期孩子面临着以性成熟为主的一系列变化，包括身高、体重、体型、内分泌等的生理变化，他们萌发性意识和性情感，渴望与异性交往。

性好奇是随着生殖器官的发育及第二性征的出现产生的，主要表现为想知道自己身体的变化是怎么回事，也想探索异性的身体变化情况；对异性产生好感，想接近异性，留心异性的一颦一笑、一举一动，希望引起异性的关注，重视异性对自己的评价。

性冲动也是性生理发育的产物。到了青春期，下丘脑释放促性腺激素，促进垂体分泌黄体生成素和卵泡刺激素，这两种激素使人体分泌的雄激素或雌激素大大增加。当性激素分泌到一定程度时，就会引起性冲动。来自视觉、听觉、嗅觉、味觉的信息都有可能引起性冲动，如有关性的语言、文字、图像，异性身上的气息等。对男孩来说，容易受视觉刺激产生性冲动，如女性形象、裸体的艺术品、图片等。

规律 ❺ 性冲动可能导致青春期男孩出现手淫现象

手淫又称之为自慰，是指用手或借助其他物体刺激自己的生殖器而获得性快感的一种行为。手淫往往开始于孩子无意中玩弄自己的生殖器，或生殖器受到了某种刺激而带来了性快感。

研究表明，男孩手淫的次数一般比女孩要多，这是由于男女生理发育不同造成的。男孩到了青春期之后，由于生殖器官的发育，阴茎容易受到刺激而勃起，并且男孩由于性紧张产生的不安和躁动更频繁，性冲动比女孩更强。

偶尔手淫对身体并没有什么影响，手淫是一种合理地满足性冲动、解除性紧张的方式。而很多孩子因为不了解手淫是怎么回事，对自己的性冲动以及通过手淫满足性冲动的方式缺乏正确的认识，认为这是一种淫秽的行为，觉得自己不道德，产生罪恶感，感到恐惧、惊慌或紧张，造成心理负担。

过度手淫是有害的。对男孩来说，频繁手淫会造成阳痿早泄，严重的会对前列腺造成损伤，引起慢性前列腺炎症。此外，过度手淫导致身体抵抗力下降，体质下降，注意力不集中，精神萎靡，影响正常的学习和生活。更严重的情况是，有些青春期男孩由于自控能力差，一时冲动走上性犯罪的道路。

① 林伟峰，陈曦. 北京市中学生性生理、性心理发展现状及其期望的性健康教育调查研究. 2003

特别提示

许多家长认为孩子手淫是一种非常严重的行为，一旦发现就严厉地训斥孩子，这种做法是不可取的。家长的粗暴制止会使孩子认为"手淫是有害的，是龌龊下流的行为"，心里感到愧疚、紧张，但又无法抵抗手淫的快感，于是一直处于矛盾和挣扎之中，背负沉重的思想负担。

规律 ❻ 青春期性教育有助于缓解性压力和性心理问题

父母是孩子的第一任老师。当孩子进入青春期，遭遇青春期带来的困扰和迷惑时，父母往往是他们最渴望依靠的人，家庭也是他们最希望获得力量和保护的地方。

根据2000年杜蕾斯全球性调查报告，美国人的性教育主要来源于家庭（30%），有22%的人从母亲处得到性知识，另外有8%的人从父亲处得到。而中国的中小学生从父母那里得到性教育的比例很低，女生是5%左右，男生为1%~2%。

人的一生都要接受性教育，青春期性教育尤为重要，对促进青春期孩子性心理的健康发展有重要意义。在青春期，如果缺乏家庭性教育，孩子容易对性发育产生神秘感、压抑感、罪恶感，导致性意识困扰和性行为失当等问题。如果家庭性教育得当，处于青春性迷惑期的孩子将迅速走出困惑，能够建立正确的性观念，恰当规范性冲动，对孩子的生理发育和心理健康都非常有益。

洪嘉禾在《性的教育》中提出：进入青春期的时候是进行性教育非常关键的时期，他们在这个时期所接受的有关性的正确教育，不但将决定孩子一生有关性的方方面面，也对他们健全人格有良好作用。

知识库

青春期性教育

青春期性教育不是单纯的性生理知识的教育，或者加一点性心理的知识，而是包括性生理、性心理和性道德的全部教育。青春期性教育帮助孩子明确性别角色意识、认识性器官、了解性生理特点、掌握性卫生常识，帮助青春期孩子建立正确的性观念，正确看待性发育和性冲动，预防和制止不道德性行为，为正确处理恋爱、婚姻、家庭抚养子女等问题打下牢固的基础。

性生理教育包括向中学生讲解生殖过程、人的发展规律、人体结构、性取向、性快感、性传播疾病及防范、如何避孕等方面的知识。

性心理教育包括培养中学生的自我意识、引导中学生认识两性的特征及培养中学生人际交往的能力等。

性道德教育帮助中学生形成对"性"的正确态度和价值判断。

养育策略

策略 ① 青春期性教育是家长不可推卸的养育责任

孩子进入青春期之后，生理迅速发育成熟，面对这种变化孩子往往感到惊慌失措。这个时候，孩子对于性的懵懂正如他们小时候对陌生世界的恐慌，他们渴望得到父母的指导和帮助。所以，家长要像教孩子学说话、学走路一样，帮助青春期的孩子认识性，对孩子进行性教育。

在有关性教育的观念上，有的家长认为谈"性"是很羞耻、很尴尬的事情；有的家长认为孩子长大自然就明白了；有的家长认为学校生理卫生课会教，自己可以不用管，这些想法都是不正确的。父母是孩子最好的启蒙老师，对孩子进行性教育是最方便、最有效的，也是孩子最需要的。家长要把对青春期孩子的性教育当成自己不可推卸的养育责任。

特别提示

男孩的父母应关注对青春期男孩的性道德教育。

有些男孩的家长不太重视对孩子的性教育，尤其是性道德教育。他们认为反正男孩子不会吃亏，不注意对孩子进行性道德方面的引导和约束。家长的这种态度是非常不负责任的，容易使男孩对性的态度比较随便，不能理性控制自己，长大以后对家庭和婚姻缺乏责任感。

男孩的父母在日常生活中应向男孩传递一种正面的信息，如夫妻之间相互尊重、对彼此忠诚、体贴照顾女性等，让男孩明白，应该尊重女性，学会控制自己，对自己负责，也对别人负责，让男孩成长为一个有担当、有责任感的男人。

策略 ② 帮助青春期男孩面对由遗精引起的性心理问题

遗精是男孩在成长过程中非常非常重要的一个事件，有一些男孩对遗精缺乏正确的认识，感到焦虑不安、愧疚自责。

当男孩接近青春发育期时，可以由父亲向男孩讲述一般性知识，让男孩认识到遗精是正常生理现象，不要有心理负担。在家中制造一种轻松看待遗精的氛围，可以用开玩笑的语气跟男孩说"你遗精了告诉我啊"。当男孩首次遗精后，爸爸可以带儿子出去庆祝一下，用男人的方式跟儿子聊一聊，让男孩产生一种男子汉的骄傲和责任感。

母亲要注意，青春期男孩遗精会受环境的影响，被子太厚、太重或太暖和，裤子太紧，容易使外生殖器受到压迫和摩擦，导致遗精次数增加。所以，当男孩进入青春期之后，妈妈不要让孩子穿太多、盖太厚。

策略 ③ 理性看待孩子的手淫，不粗暴制止

青春期的孩子，开始产生性的要求和渴望，而性是人潜意识里的基本要求，对于青春期的孩子来说，手淫是一种缓解性紧张和性压力的方式。作为家长，在发现孩子有手淫现象时，不能武断地严加制止，惊慌失措地呵斥，更不能不管不问，任其自然，而应积极地引导孩子对手淫有一个正确的认识。

● 首先，去书店挑一两本有关青春期健康的书籍，作为礼物送给儿子；再买几条干净舒适的内裤放在床边，给孩子留个纸条或一封信，告诉

儿子你很关心他、很理解他，叮嘱他要注意身体之类的话，然后轻轻离开。

● 二是找一个合适的时间和儿子沟通一下。如果妈妈觉得不好沟通的话，可以由爸爸跟孩子进行交流，和孩子共同探讨青春期性萌动的原因。告诉孩子，即使手淫了，只要注意卫生，不迷恋其中，不影响正常的学习、生活，爸爸妈妈也是可以理解的。

● 三是告诉孩子运动是最好的释放压力和愉悦身心的方法。和孩子一起跑步、打球，多培养孩子积极的兴趣爱好，多参加集体活动，让孩子的生活充实起来，减少孩子对性的关注度。

边博士直播间

Q 儿子马上就要中考了，晚上总是一个人待在房间里复习功课，不让我们打扰。有一次我着急去他房间找点东西，没有敲门就直接进去了，结果看到儿子匆匆忙忙关了电脑显示屏，我感到很奇怪，一定要打开电脑看看，结果儿子竟然在看黄色网站。后来有一次还在他床底下翻到一本黄色杂志。孩子出现这种情况，我们家长应该怎么办呢？

A 遇到这种情况，家长应该明白这是一个信号：你的孩子进入青春期了，开始产生性好奇和性冲动。这个时候，孩子需要有人指导他们怎么做，如果家长在这方面做得不够，孩子容易因为性好奇而通过各种途径了解性，包括黄色杂志、黄色网站等。

让孩子有正确的途径了解性知识，这是最重要的。家长可以给孩子买一些生理卫生方面的书或者一些性教育的教学视频，告诉孩子，进入青春期，想要了解自己身体发育的规律、认识自己和异性的生理特点，这是正常的，也是得到允许的。

然后，父亲和儿子探讨一下男人的话题，告诉儿子对异性的身体好奇是正常的，不用感到不好意思，"老爸当年也有啊，没什么大不了的"。但一定要告诉儿子，不要沉溺其中，不要影响正常生活和学习。同时要和孩子沟通有哪些性行为是不可以做的，更不能去性犯罪。

家长应该摈弃"浏览黄色网页、看黄色杂志就是下流的"这样的认识，只要教育得当，孩子不会变坏，也不会走向性犯罪。不用简单粗暴的方式对待孩子，不用"下流"、"不要脸"这样的话批评孩子。因为家长过于激烈的反应可能让孩子产生恐惧感，不利于以后的异性人际交往和婚姻生活，有的孩子可能在逆反心理的作用下，跟家长反抗到底，更加变本加厉、肆无忌惮。

策略 ❹ 储备青春期性知识，不回避跟孩子谈"性"

对青春期孩子进行性教育，家长应该储备一定的性知识，只有这样，家长才能对孩子的性成熟有正确的理解，才能面对孩子性的疑问时不至于不知所措。

学习性生理方面的知识，了解男孩女孩性生理构造与功能，认识性生理发育的过程和特点；学习一些性心理方面的知识，了解孩子性心理发展的规律和特点，对孩子可能出现的各种性心理问题做到心中有数。

在讲解性知识的时候，要明明白白、大大方方地告诉孩子他们应该知道的性知识，不要含含糊糊，坦然跟孩子聊这件事。如果孩子不喜欢这种直接交谈的方式，可以给孩子买一两本青春期生理发育的书，当然，家长不要以为给孩子买书就可以了，自己在这方面的学习也是不能缺少的。不管是直接跟孩子讲解还是给孩子买书，或是通过书信、纸条等方式，家长都必须在面对性教育这个问题时坦坦荡荡，让孩子感受到你对性教育的正确态度，这样，孩子也会在心里接受家长的这种观念，正确看待自己的生理发育和性成熟。

策略 ❺ 对性发育较晚的男孩，减轻其心理负担，保证营养和睡眠促进其发育

晚熟男孩承受更多的心理压力，如果孩子发育得比较晚，家长要引起注意，在促进孩子发育的同时，帮孩子缓解心理压力。

● 首先，家长要告诉晚熟男孩，他只是暂时不如其他同学长得那么快，过几年就会迎头赶上的，以后并不一定比其他同学矮小，以减轻孩子的心理压力。晚熟男孩的心理压力一方面来自于同伴和师生关系的不够理想；另一方面也来源于他们对自己身高的担心。父母给出的比较科学的解释既可以解除他们对自己身高的过分忧虑，又可以让他们了解自己现在人际交往不好的原因，不盲目改变与老师同学的相处方式。

● 其次，家长要采取多种方式促进孩子的发育。保证营养是必不可少的，在保证淀粉摄入量的同时，针对男孩肌肉发展的需要，还要增加蛋、奶、瘦肉等富含蛋白质的食品。此外，还要多吃新鲜蔬菜、水果和干果，保证充足的维生素摄入。

● 保证充足的睡眠。不仅要保证睡眠的总时间达到标准，由于生长激素总是在晚上10到11点左右达到分泌高峰，所以在这个时间之前入睡也十分重要。

● 适当的体育活动也会促进长高。很多晚熟的男生因为个子矮、对体育运动不擅长，就回避体育运动。家长要告诉孩子，充分的体育锻炼不仅有助于形成健康的体型，还能促进长高，鼓励孩子多参加体育运动，有条件的最好跟孩子一起运动，有陪伴的锻炼更容易坚持。

青春期女孩的性心理特点

女儿长大了，我却越来越不放心……

　　女儿圆圆上高中了，看着女儿越来越像一个大姑娘，圆圆妈妈感到欣慰的同时也很有些担心。

　　圆圆近来十分在意自己的形象，每天早上要在镜子前面照很久，反复弄她的脸和头发。圆圆在书桌上放了一个小镜子，写作业的时候不时照两眼。上周末，圆圆参加她的初中同学聚会，早上起来一个人在房间里捣鼓了很久，圆圆妈妈担心她跟同学见面迟到就去房间催她。结果一推门看到女儿衣服堆了满满一床，脸上还化了妆。看到妈妈进来，圆圆吓了一跳，拿起包说了句"妈妈，我走了"就出了门。

　　看着女儿越来越大，圆圆的爸爸妈妈担心女儿不会保护自己，受到伤害。

　　吾家有女初长成，作为父母，感到欣慰的同时必定也忧思重重。青春期女孩的父母需要知道如何对女儿进行青春期教育，让她学会保护自己，让家里这朵含苞待放的花儿迎着阳光雨露，盛开属于她的美丽光彩。

成长规律

规律 ① 性生理发育带来第二性征的出现

女孩进入青春期之后，生长突然增快，第二性征明显，同时伴随性器官的发育和性生理功能的成熟。

女孩的青春期一般开始于9~13岁。其中，从第二性征开始出现到月经初潮为青春早期，一般在9~12岁；第二性征和性器官的发育主要在青春中期，一般在12~16岁；16~20岁为青春晚期，此时出现规律月经，生殖器官发育成熟，身高停止增长。

女孩青春期第二性征的发育中，首先是乳房开始发育。青春期以前，男孩、女孩的胸部是没有区别的；进入青春期之后，在体内雌激素的影响下，女孩乳腺开始发育，并积累脂肪，乳房日渐隆起，乳头变大、颜色变深，女孩开始觉察到，自己和男孩截然不同了。随后出现阴毛和腋毛，骨盆增宽，音调变高，皮下脂肪尤其是胸、肩、臀部脂肪沉积增多，显现女性特有的体态。

规律 ② 乳房发育是女孩青春期来临的最早标志

乳房发育是女孩青春期来临的最早标志。女孩乳房的发育时间有很大的个体差异。大多数女孩在月经初潮之前，大约在9~14岁乳房开始发育，有的女孩八九岁开始乳房就发育了，而有的女孩要到16岁或更大乳房才开始发育。

乳房发育时间的早晚可能给女孩带来不同的影响。发育较早的女孩往往会成为男孩注视的焦点，一些女孩会感到难为情，为此烦恼不已。与乳房发育较早、较大的女孩相反，有一些女孩为

自己的乳房还没有开始发育或发育得较小而发愁和不安，她们可能会怀疑自己的乳房发育是否正常，也可能担心将来是否会一直这样。

小提示

有的女孩为了掩盖较早发育的乳房，走路时低头含胸，这样会限制乳房和胸廓的正常发育。也有的女孩会束胸以掩饰胸部的发育，这种做法会压迫乳房，使乳腺发育不良，可能会造成将来泌乳和哺乳的困难，也容易引起胸部疾病。

规律 ③ 月经初潮是青春期女孩性生理发育的重要事件

女性由于卵巢分泌的性激素作用使子宫内膜发生周期性变化，每月脱落一次，脱落的粘膜和血液经阴道排出体外，这种流血现象，就是月经。青春期女孩第一次来月经称为月经初潮，是女孩性发育开始成熟的主要标志。

初潮年龄约在10~16岁，受遗传、营养、体重、体脂含量和运动的影响，个体差异很大，但初潮一般要等到身高和体重达到最大生长速率时才会出现。近年来，由于家长的悉心照料，孩子的营养一般比较丰富，女孩初潮的时间有所提前。

初潮对女孩来说是一件喜事，说明女孩已告别童年，慢慢长大。如果青春期女孩在初潮到来之前没有充分的心理准备，往往会感到不安、害羞、恐惧、害怕，甚至反感和厌恶。一些青春期女孩会出现经期痛经的现象，腹部绞痛或痉挛，并可能伴有腰酸背痛、呕吐、腹泻、疲劳易怒等情况。

规律 ④ 性意识觉醒使女孩从"异性疏远期"进入"异性接近期"，十分关注自己的形象

进入青春期后，在性激素的作用下，女性特有的体态和曲线美开始显现。女孩在别人尤其是异性面前变得比较羞涩、腼腆。伴随着性意识的进一步觉醒，她们开始被异性吸引，产生接近异性的感情需要，由"异性疏远期"进入"异性接近期"。

例如，有的女孩会特别欣赏某个男孩，注意他的一举一动，他的一个眼神、一个动作对女孩来说都是一种吸引，跟男孩的接触会给她带来很大的快乐和满足，她希望在异性面前表现自己，引起对方的注意和好感。

青春期女孩比男孩对自己身体发生的变化更加敏感。青春期女孩很关注自己的外在形象和行为举止，关注自己的体态是否优美，是否肥胖等等。青春期女孩的爱美心理突出，十分在意别人的评价，认为周围的人都在关注自己，把周围的人当作假想观众，时刻审视自己，稍有表现不佳就会感到很挫败。

例如，有的女孩过分在意自己在别人眼里是否可爱，如果脸上起一个粉刺或者衣服搭配得不好，就会觉得懊恼，甚至不想见人。

养育策略

策略 ① 帮助女孩正确认识乳房发育、了解乳房保健知识

对青春期女孩来说，乳房发育是一件很重要的事，如果女孩不能正确认识乳房发育，容易产生不必要的心理负担。

对于乳房发育较早的女孩，妈妈要在女儿乳房发育的初期告诉女儿，乳房发育是她长大的标志，是一件值得高兴的事情，让女儿乐于接受乳房膨胀、隆起这个事实，把它看成女性美的组成部分，并为之骄傲。妈妈可以给女儿买一件精致的胸衣作为成长的礼物。

对于乳房发育较晚的女孩，妈妈要告诉女儿乳房发育的时间有早有晚，她这样是正常的不用担心。然后，在饮食上加强营养，帮女儿为发育做好身体的准备。

此外，妈妈应该告诉女儿一些乳房保健的知识，帮助女孩爱护乳房，保护好自己。青春期乳房开始发育时，不要过早地戴乳罩；乳房充分发育后可开始佩戴乳罩，但松紧度要适当，不要因害羞而过紧地束胸。

知识库

青春期乳房保健知识

青春期女孩应该了解一些乳房保健知识，主要有以下几点。

（1）注意姿势。平时走路要抬头挺胸，收腹紧臀，坐姿也要挺胸端坐，不要含胸驼背；睡眠时要取仰卧位或侧卧位，不要俯卧。

（2）避免外伤。在劳动或体育运动时，要注意保护乳房，避免撞击或挤压。

（3）做好胸部健美。主要是加强胸部的肌肉锻炼，可适当多做些扩胸运动或俯卧撑、扩胸健美操等。

（4）营养要适度。不要盲目地节食，适量的蛋白质食物能增加胸部的脂肪量，保持乳房丰满。

策略 ❷ 帮女孩做好初潮准备，注意经期卫生，做好经期保护

要对女儿讲清楚，月经是女性的正常生理现象，不要有思想压力。告诉女儿妈妈会教会她所需注意的知识，让女儿放下心理负担。

妈妈可以把自己月经初潮的情况和感觉讲给女儿听，让她在精神上放松，给女儿示范怎样做经期护理，学会怎样料理月经来潮。

告诉女儿一些经期护理知识。经期应注意清洁卫生，经常清洗外阴，如果不注意的话极易引起细菌感染；经期不要参加剧烈的体育运动，如长距离骑车和跑步等；经期应避免接触冷水，注意保暖；经期要注意休息，保证充足的睡眠。

📚 知识库

青春期月经不调

青春期月经的来潮标志着女孩步入青春期，其实这时全身的发育还没有完善，卵巢发育也不成熟，卵子无法在一个月内发育成熟并排出，所以在月经初潮后的1~2年内月经往往不规律，出现月经不调。等身体和卵巢逐渐发育成熟后，就会形成稳定的月经周期。

青春期月经不调是女孩常见的生理问题，只要注意经期卫生，做好经期保护，一般不会有太大问题。需要注意的是，有的女孩盲目减肥，营养不足容易导致月经不调。

策略 ❸ 正确认识体态美，不盲目减肥

青春期女孩很在意自己的体态，容易因为自己稍稍肥胖就感到自卑，盲目减肥。

告诉女儿，青春期是人体生长发育最快的时期。这个阶段的孩子机体代谢旺盛，活动量大，

对营养的需求增多，对热量的需求比成年期要高的25%~50%。所以，多吃点没关系。

要让女儿明白，凡是自然的都是美好的，不要刻意追求消瘦，身材正在发育的阶段，健康是最重要的。如果女儿因为自己的身体受到同伴不友好的评价，告诉孩子，用其他方面的优秀证明自己。另外，可以跟女儿一起制订一个运动计划，锻炼身体，在保证健康的基础上消耗过多脂肪。

📝 小提示

一些女孩进入青春期后，受到现代审美追求瘦的影响，总觉得自己很胖，采取各种办法减肥，不吃饭或者吃了以后催吐。盲目减肥可能造成营养不良，影响正常生长发育，抵抗力下降，严重者会发生营养不良性水肿，甚至可能引起神经性厌食症等疾病。此外，女孩的青春期发育较男孩早，同时伴有明显的内分泌变化，蛋白质等营养物质摄入不足所引起的不良后果更为严重。

所以家长一定要注意孩子，尤其是女孩，有没有刻意减肥。

策略 ❹ 提高女孩自我保护意识，教给女孩一些具体的自我保护方法

对青春期女孩来说，自我保护是青春期的一个重要问题。

首先，让女孩具有自我保护的意识。告诉女孩在与异性交往中要学会保护自己，尤其是早恋的女孩，家长一定要让女孩在恋爱中保护自己，坚守自己的底线，面对男孩的无理要求坚决说"不要"。

其次，教孩子一些在外面自我保护的办法。

● 外出时，随时与家长联系，未取得家长许可不在别人家过夜；

● 在外面，不随便享用陌生人给的饮料或食品，谨防有麻醉药物；

● 不要一个人或者少数几个女生一起到偏僻、冷清的地方，也不能单独跟男孩子到偏僻的地方去；

● 坚决不能在没有大人陪同的情况下，单独到男孩或成年男子家里去；

● 当有男性要求或建议一起看色情录像或书刊杂志时，要坚决说不；

● 独自在家，注意关门，不让陌生人进屋，无论对方有什么理由，告知他等家长回来再说；

● 让女孩明白什么是性侵犯，告诉女孩自己的身体任何人都不能抚摸，受到侵犯应向信赖的成年人和警察求助。

策略 ⑤ 支持女孩与异性恰当交往

青春期女孩喜欢与异性接触，跟异性交往会令她们产生愉悦感，与异性的正常交往是青春期孩子成长过程中不可缺失的。家长应该支持女儿与异性的正常交往。

告诉女儿要举止大方得体，亲切善良，不要过分冷淡或羞怯，也不可以过分随便或轻浮。

当孩子喜欢上一个异性的时候，其实是孩子改变的最佳时机。因为孩子会极力在这个异性面前表现出好的形象，这时候就是家长做青春期教育的最好时机。

例如，孩子喜欢上一个人，家长可以引导孩子去发现对方的优点，看看对方身上有什么地方吸引自己，引导孩子，"这个美好的品质是你欣赏的，但你要变得更好才能配得上对方。"

边博士直播间

Q 女儿今年高一，最近一段时间特别爱打扮，总是拿着手机神神秘秘的。我有点担心，偷偷看了她的日记本，发现女儿好像早恋了。我很生气，质问女儿，她不但不承认错误，还因为我偷看她的日记跟我发脾气，把她的日记锁在抽屉里。发现孩子"早恋"，家长应该怎么办呢？

A 对青春期的孩子，家长要敏感一些，注意观察孩子。例如，看孩子是不是变得很爱打扮、讲电话讲很久、总是莫名微笑……但不应该采取偷看孩子日记、跟踪孩子等孩子不喜欢的方式。

不要轻易给孩子扣上"早恋"的帽子。青春期的孩子，对异性产生好感、被异性吸引，都是很正常的，这种喜欢和好感大多只是一种迷恋，一种浅层次的吸引，也许一段时间孩子自己就忘了。家长千万不要发现一点苗头就反应过度，责骂孩子，把事情扩大，这样做会让处于叛逆期的孩子强化自认为的"爱情"，采取过激行为。

如果孩子确实"早恋"了，只要孩子的行为不是十分出格，家长尽量不要对孩子的早恋持强烈反对态度。可以给孩子讲述自己的恋爱经验，拉近跟孩子的距离；或者告诉孩子自己可以充当她的感情顾问，在他们遇到感情困惑时愿意倾听并给她帮助。这样孩子会愿意跟父母分享自己的心情及恋爱心得，让家长有机会了解孩子的恋情，有机会告诉孩子恋爱中什么可以做，什么坚决不可以做，让孩子尤其是女孩懂得保护自己。同时，要求孩子不能因为恋爱耽误学习，鼓励孩子跟对方一起努力，只有自己变得更好，才能更加配得上对方。

转换父母角色

　　方方今年上初中了，作为家长和过来人，我明白初中阶段是孩子身体和心理成长的关键期：身体迅速发育；思想快速成熟，开始摆脱稚嫩，人生观、价值观开始形成雏形。可是我非常迷茫，孩子越大越不知道该怎样教育他。

　　儿子以前还挺听话的，我们让他做什么总是比较配合，即使他自己不喜欢，但只要是我们强烈要求的，他总会完成得很好。自从上了初中之后，他凡事喜欢自己拿主意，想让他按照我们的要求去做简直太难了。我们看到他不足的地方，提出来希望他能改正，可是他总也不听，该怎么办呢？

　　中学阶段，孩子跟父母的关系变得不一样了。对孩子来说，家长不再是不可冒犯的"权威"；对家长来说，孩子不再是听话好管的"乖孩子"了，似乎变得"软硬不吃"。孩子进入中学阶段，家长需要重新定位自己在教育孩子过程中的角色，思考自己的教育方式是否合适，适时地做出调整。

成长规律

规律 ❶ 中学生的自主性增加、对父母的依恋减少

依恋和自主是亲子关系的两个方面。在青春期之前，孩子对父母比较依恋，跟父母关系较为亲密，比较听父母的话，喜欢跟父母交流。当孩子进入青春期之后，孩子对父母的依恋逐渐减少，取而代之的是孩子自主性的提高。

知识库

依恋与自主

依恋 指婴幼儿和他的照顾者（一般为父母亲）之间存在的一种特殊的感情关系，它产生于婴幼儿与其照料者母子依恋的相互作用过程中，是一种感情上的联结和纽带。依恋关系在婴儿期开始建立，有助于孩子更好地进行社会适应，并在以后的人生中不断发生着作用。

自主 通常有两个方面的表现：一是"行为自主"，包括获得足够的独立和自由，在不过于依赖其他人指导的情况下自行其是；二是"情感自主"，指抛弃儿童期那种在情绪情感上对父母的依赖，渐渐对父母"去理想化"，把父母看成是普通人，对父母直接情感支持的依赖越来越少。

随着认知能力的发展，中学阶段的孩子与父母间逐渐较少出现拥抱、抚摸等身体接触，取而代之的是言语等思想上的沟通和交流，同时逐渐从依恋父母转向依恋同伴。孩子开始在与父母的相处中寻求自主，争取自主权，表现为反驳父母

的观点，希望获得父母的尊重。但这并不是说与父母的依恋关系不重要，与父母的情感依恋给予孩子自主的信心和情感支持，对中学生的发展和适应仍然有重大意义。

特别提示

依恋并不等同于依赖。依恋是一种情感上的联系，可以成为一种内部的精神力量；而依赖是一种思想或行为的依靠，是自主和自立的缺失，容易使孩子丧失独立生活的能力和精神，缺乏责任感。

中学生的父母，让孩子依恋，而不要依赖。

规律 ❷ 中学生的特点要求父母转变角色：从教育者转变成陪伴者

在幼儿期和儿童期，父母的角色是哺育者和教育者，对孩子而言父母是权威，孩子会按照父母要求的去做。但是到了青春期，孩子的自主意识增强，中学生与父母关系出现疏离，他们不像小时候那样跟父母亲密，也不像小时候那样"好管"了。

中学生的父母要尊重孩子成长的规律和特点，在孩子成长的过程中不断调整自己的角色。在中学阶段，父母不再是单纯的教育者——告诉孩子应该怎样、不应该怎样，让孩子按照要求长成我们希望的样子。父母应该从起主导作用的教育者转变成陪伴者：以孩子为主，陪伴孩子成长。

陪伴者，意味着以孩子为主，父母处于非主导地位；陪伴者，意味着一种无言的支持和认同；陪伴者，意味着一种平等的关系，父母是孩子成长过程中的伙伴和朋友。

规律 ❸ 信任、倾听和接纳是陪伴者的重要特征

中学生自主意识增强，需要父母的信任、倾听和接纳，这些是父母转变教养角色、成为陪伴者所需具备的特征。

● 中学生需要信任。进入中学阶段，伴随着生理上的发育，他们产生一种成人感，希望被当做大人对待，希望按照自己的想法去做一些事，希望得到父母的信任和理解。

青春期孩子的心声："为什么我们的父母总是担心我们会去做错事呢？他们为什么就不能给我们多一点信任？""我们的父母应该比他们现在更信任我们一些。他们应该告诉我们在我们关心的重要问题上的看法和做法。然后他们应该让我们自己去摸索，并期待我们能有最好的表现，这样我们才有努力的方向。"

特别提示

有些父母由于对孩子的期望过高，总是担心孩子出错，对孩子缺乏信任，把自己的担心、焦虑和内疚投射到孩子身上。父母的不信任也许会把孩子推向他们所不希望的那个地方。

● 中学生需要倾听。伴随着认知能力的发展，中学生对很多问题有自己的思考和理解，他们希望父母能多听一下他们的意见，而不是像小孩子那样没有发言权；并且孩子在青春期会遇到各种新的问题，他们需要父母能像朋友一样，倾听他们的困惑。

一个心理咨询师在他的笔记中写到中学生对父母的期望："我们想要的父母是那种我们可以带着困扰去求助并且一定会理解我们的人。有些父母不听孩子的，也不让孩子解释。他们应该试着更从我们的角度来看待事物。""我们希望我们的父母偶尔会在和我们的争论中输一次，听听我

们的问题"。

● 中学生需要接纳。中学阶段是自我同一性发展的关键期，孩子开始探索自我，审视自我，寻找"我是谁"的答案。在这个过程中，他们会尝试各种可能，做他们以前不会做的事，这个时候他们需要父母的接纳，接纳他们的一切，包括好的和不好的方面，允许他们犯错，允许他们表现"出格"。

规律 ❹ 中学阶段是改变父母教养方式的重要契机

中学阶段是孩子身心发生巨大变化的时期，也是孩子心理成长的重要阶段。在这个充满变化和动荡的时期，孩子开始出现新的问题，家长教育孩子变得空前的困难，很多家长觉得孩子"很不好管"。这些问题一方面提示家长及时转变角色；另一方面，孩子的问题提示家长前期家庭教育的失误所在。中学阶段成为父母改变教养方式的重要契机。

教养方式可分为四种类型：权威型、专制型、溺爱型和放任型，其中权威型教养方式被认为是最有益的。权威型父母能够理解孩子追求自主的意愿，鼓励孩子自立，尊重孩子的自我管理和自主性发展；权威型的父母也会给孩子制定规则，给孩子适当的规范和要求。权威型教养方式最有利于青春期问题的解决及中学生人格的塑造。

小提示

对中学生而言，最好的教养方式是告诉孩子父母制定要求的原因和一些行为不被父母认可的原因。简单粗暴的惩罚容易使孩子产生逆反情绪，无条件的溺爱容易使孩子迷失，冷漠或者忽视会让孩子缺乏安全感。

知识库

父母教养方式

父母教养方式是指在家庭生活中以亲子关系为中心的、父母在对子女进行抚养教育过程中对待孩子的相对稳定的行为模式和行为倾向，包括父母传达给子女的态度和由父母的行为所表达出的情感气氛。

心理学家戴安娜·鲍蒙瑞德提出四种父母养育孩子的方式，分别是权威型教养方式、专制型教养方式、放任型教养方式、溺爱型教养方式。这四种教养方式的划分是根据父母在两个方面的表现：控制和温暖。

控制指的是父母影响子女行为的程度，控制的一个极端表现是要求孩子在所有方面都听从父母的命令，遵守父母制定的要求；另一个极端表现是父母几乎不设规矩，孩子即使违反了规矩也不需要承担任何后果。

温暖，反映了父母关爱和支持的水平，它的对立面是排斥和冷漠。

	控制	不控制
温暖	权威型教养方式	溺爱型教养方式
冷淡	专制型教养方式	放任型教养方式

不同教养方式下的父母特征和孩子特征

父母教养方式	父母特征	孩子特征
权威型教养方式	对孩子温暖而严厉，对孩子的行为有明确的规定和要求，但在制定规则和做决定时会考虑孩子的需要和想法，听取并接受孩子的意见，会对制定的要求作出解释，说明希望孩子服从的原因。	往往有较好的心理素质，有自信心，独立自主；有良好的社会交往能力，对同伴友好；有责任感，出现心理行为问题的几率很小。
专制型教养方式	根据自己的需要和标准要求孩子，认为孩子应该无条件接受父母所制定的规则，很少向孩子解释做出要求的原因。需要孩子的高度服从，当孩子做不到时会使用惩罚的、专断的和强烈的措施。	往往缺乏自信，依赖性较强；在社交方面比较被动或较为孤僻，甚至有攻击行为。
溺爱型教养方式	倾向于满足孩子的所有愿望，几乎允许孩子自己决定所有的事情，较少对孩子的行为做出要求或监控。习惯以孩子为中心，对孩子很体贴，当孩子出现问题时也较少适用惩罚手段。	一般也具有良好的社交能力，适应性较强；但容易以自我为中心，缺乏责任感，不善于处理问题。
放任型教养方式	对孩子的行为几乎没有要求，当孩子出现问题时也不会对孩子进行控制和监控。很少关注孩子的情感需求，很少与孩子沟通，对孩子比较冷漠，放任孩子自由成长。	容易产生自卑感、不信任感与不安全感，并在以后与人交往中表现出紧张、彷徨、犹豫或者退却。这种孩子最容易出现行为和心理问题，对学习缺少兴趣，具有较高的逃学率。

养育策略

策略 ❶ 转变自己的教养角色，做孩子成长的陪伴者

中学阶段的亲子关系，父母最需要做的是角色转变，从处于控制地位的教育者转变为处于辅助地位的陪伴者。父母明白了这一点，就能够从家庭教育的困惑中走出来，不再控制孩子，不再强迫孩子按照自己的设计和期望成长。以孩子为主，相信孩子有自我成长的能力，用放松的态度陪伴孩子成长，减少自己的焦虑和无力感。

家长在调整教养角色时应把握一个原则，即尊重和理解中学生心理发展的核心特点——独立意识和"成人感"。只要家长们认识到孩子心理变化的特点并适时做出调整，和谐的亲子关系仍然会伴随着每一个家庭。

策略 ❷ 信任孩子，给孩子做决策的机会，让孩子自己解决问题

有的家长总是担心孩子犯错误，不信任孩子，也不给孩子独自尝试的机会。然而孩子到了中学阶段，自我意识的发展使他们渴望探索。所以，中学生的父母应该给孩子一些信任，让他们去犯错、去走弯路，只要不是原则性的错误，就放手让他们去做。特别对于总是犯错误的孩子，家长更要尝试给他们信任。因为总是犯错的孩子最渴望获得认可和赞扬，当孩子犯错时，不要下意识地否定孩子。

● 给孩子做决策的机会。在日常生活中，大大小小的事情都给孩子发言权和决策权，让孩子感受到家长的信任。家庭成员一起讨论分析，谁的观点最合理就采纳谁的观点。

例如，让孩子决定怎样过自己的生日，让孩子自己保管压岁钱，让孩子帮忙买家里新添的家具家电，让孩子策划一次周末的全家聚会。

给孩子信任并允许孩子做决定的时候，要声明"爸爸妈妈觉得你长大了，相信你可以决定这件事，并能处理得很好，加油，儿子！"说鼓励的话让孩子感受父母的信任，并且对孩子独立处理的结果不苛责，欣赏并鼓励孩子的决定。

● 让孩子自己解决问题。当孩子遇到问题时，父母总是不希望他们受到困扰，希望帮孩子尽快解决。实际上，孩子往往并不希望父母的干预，他们想按照自己的方式去解决，当他们无法解决时，如果他们感到父母是可以信任的，肯定会寻求父母的帮助。

特别提示

信任孩子，不仅是嘴上说说而已。有的父母声称信任孩子，但实际行动中却充分表现出对孩子没有信心，敏感的中学生其实能感受到。因此，不要只在嘴上对孩子有信心，而要表现在行动上。

策略 ❸ 接纳孩子的缺点，允许孩子表达负面情绪

● 接纳孩子，就要接纳孩子所有好的方面和不好的方面，允许孩子说不，接受他们与父母不同的观点、意见、感受和要求，而不是在遇到分歧、反对、不从和别扭的时候，要么勃然大怒，要么冷漠待之。

● 接纳孩子，要允许孩子表达负面情绪，如伤心、难过、痛苦、愤怒。对孩子情绪的否定等于告诉孩子："你的情绪是坏的，我们不接受；

你的感受是错误的，我们不允许。"但是孩子无法控制自己的感受，面对失望和挫败，他们肯定会难过，难过是没有错的。如果父母接纳孩子的负面情绪，孩子会信任自己的感受，接纳自己的情绪，逐渐脱离负面情绪，积极地寻求解决问题的办法，为自己的情绪负责任。但是如果父母拒绝接受孩子的负面情绪，强迫孩子压抑自己的情绪，那么孩子会逐渐变得不再相信自己的感受、不接纳负面情绪，一旦产生负面情绪就感到紧张和内疚，甚至都不敢哭，强作欢颜，故作坚强，内心则处于彷徨无助的状态。

策略 ④ 学习倾听技巧，深层次倾听孩子的声音

倾听不仅仅是用耳朵，更应该是一种情感的理解。通过面部表情、肢体语言和话语的回应，向孩子传递一种信息：我尊重你，我关心你，我在用真诚平等的态度听你说话。

对中学生来说，家长应该倾听他们更深层次的感受。当孩子不开心的时候用心去"倾听"孩子此刻的心情，"倾听"他此刻需要的是什么，是你的安慰鼓励还是独立处理的空间。

例如，当孩子伤心时，家长要留在孩子身边，用语言和身体语言接纳孩子的感受，但不要说得太多，让孩子感受到你的理解和陪伴即可。然后让孩子按照自己的意愿跟父母交流或者自己独自处理这种心情。特别是当孩子不想说的时候，给孩子沉默的自由，理解孩子，尊重他不想开口的意愿。

家长们应该学会一些倾听技巧。

● 以积极的方式做出反应。通过一些非语言的信号让孩子知道你在认真地倾听，如身体前倾、表示同意的点头、积极的目光注视、温和地抚摸等。避免虚假的反应，如"哦，嗯，是吗"。

● 不要说太多。假如你说得太多，就会在交流中凌驾于孩子之上，不能倾听孩子的话。当孩子说的时候，不要随便打断孩子或者批判孩子，用理解的语言给予孩子反馈。

● 抑制要争论的念头。有时候你和孩子的观点有很大的分歧，当孩子说的你不赞同时，不要打断孩子，学习控制自己，抑制自己要争论的冲动。争执会破坏沟通，造成隔阂。

● 有效重复。把孩子要表达的信息重新叙述一遍，"你的意思是不是……"或者"我觉得你说的是……"，抓住孩子的谈话重点，适时表达自己的意见，肯定孩子的谈话价值。

策略 ⑤ 给孩子适度要求，避免当众批评

父母要做孩子成长的陪伴者，但也要对孩子有合理的要求，不能纵容孩子。要注意在制定要求时考虑孩子的想法，并且告诉孩子自己这样要求的原因。

例如，有的孩子喜欢崇拜名牌，只买贵的不买对的。在这种情况下，家长不能一味地满足，需要跟孩子声明这种追求名牌的做法是不对的。如果孩子不接受的话，家长可以强硬一次，拒绝孩子的要求。之后可以带孩子去爬爬山，去海边走走，告诉孩子钱用在这种地方更有意义。在轻松的气氛下，跟孩子聊聊消费观。

当孩子出现问题时，不要当众批评孩子。中学生的自尊心一般较强，如果在外面或者当着孩子朋友的面批评孩子，孩子会觉得很没有面子。这样不仅不能教育孩子，让孩子认识到错误所在，还会引起孩子的逆反心理，孩子顶撞反驳，甚至"死猪不怕开水烫"，无论家长怎样强硬都不接受。如果家长忍不住当众批评了孩子，应该事后补救，跟孩子道歉，告诉孩子自己生气的原因，说明是两个人的错误造成的后果。

知识库

中学生喜欢什么样的父母？①

"关注我们，并在需要的时候能给我们帮助。"

"聆听我们并试着理解我们。"

"让我们知道他们爱我们。"

"对我们表示赞同。"

"接受我们真实的样子，包括我们所犯的错。"

"信任我们并相信我们能做到最好。"

"像对待成人一样对待我们。"

"指导我们。"

"是性格好、有幽默感的快乐的人。他们要能建立起一个幸福的家庭，并给我们树立良好的榜样。"

---

① [美]F. 菲利浦·赖斯，金·盖尔·多金著. 陆洋，林磊，陈菲译. 青春期——发展、关系和变化（第11版）. 上海：上海人民出版社，2009

正视亲子冲突

妈妈真烦人！

这孩子老跟我作对！

2013年5月28日　　　　　　　周二　　　　　　　　　　晴

　　今天又跟妈妈吵架了。吃完晚饭我想看一会儿电视，刚打开，妈妈就过来"啪"地把电视关了，"都什么时候了还看电视，还有几天就要中考了，你怎么就不知道着急呢？"不知道为什么，一听妈妈这种腔调我就特烦，"看电视怎么啦，我这是在放松，整天学习都成机器人了！"我一说完妈妈就唠叨开了："整天学习怎么就成机器人了，你看人家方方多努力，成绩那么好还天天晚上学到很晚，不像你学一会儿就喊累，等你以后上了大学爱怎么玩我都不管，可现在妈妈能不管吗？还有你看看你的头发，回头给我剪了，像什么样子，……""我是大人了，您不要什么都管好不好，烦不烦呀！""砰"的关门声，阻挡了妈妈的下一轮攻击。

　　妈妈总说我青春期叛逆，我倒怀疑妈妈进入更年期了。什么都管，什么都说，为什么我一定要按她的意思去做，凭什么我的想法就是错的，我是大人了呀。还老爱说人家谁谁谁，人家的妈妈也不像她那样专制呀。其实每次跟妈妈吵架之后我心里都很难过，感觉妈妈特别不理解自己，要是妈妈愿意跟我像朋友一样谈心就好了，但想想也是不可能的，我们之间似乎就剩吵架了。

　　很多家庭都有类似圆圆和妈妈的问题。孩子进入青春期后，亲子冲突骤然严重起来，令很多家长不知所措。如何看待中学阶段的亲子冲突，如何处理亲子冲突，发展良好的亲子关系，这是每一个中学生父母面临的问题。

成长规律

规律 ❶ 中学阶段，有一定的亲子冲突是正常的

研究表明，中学生与父母之间的亲子冲突是无法避免的，有一定的冲突是正常的。中学生正是在亲子冲突中不断成长起来的。

进入青春期之后，孩子身体迅速发育，生理上的日渐成熟促使孩子在心理上要求独立自主，希望摆脱父母的束缚，以一个成人的姿态处理事情。对自主权的要求增大，加之父母对孩子变化的不适应，造成中学阶段亲子冲突的增加。

特别提示

亲子冲突是亲子关系转型的信号。

亲子冲突的发生提示父母：孩子进入了他人生发展的一个新的阶段，父母需要跟孩子一起成长，改变跟孩子的相处方式，适应孩子的变化以及随之而来的亲子关系的变化。

很多父母对亲子冲突有一些误解，认为亲子冲突一定是不好的。诚然，亲子冲突会带来消极的影响，如亲子关系紧张。但亲子冲突也存在积极的作用：有利于中学生自我同一性的发展，孩子在与父母的冲突中逐渐形成自己的观点，对父母做出更为客观、成熟的评价，自主性逐渐增强；亲子冲突的发生和解决帮助孩子学习如何处理同他人的关系，提高处理问题和控制情绪的能力。

规律 ❷ 青春期的自主性提高是亲子冲突的主要原因

进入青春期之后，随着身体的快速长高、第二性征的出现和自我意识的觉醒，孩子的"成人感"出现，他们感到自己是大人了，希望获得和成人一样的平等地位，希望得到家长的理解与尊重。同时，伴随着认知能力的发展，孩子的批判意识增强，他们开始用怀疑、审视的眼光看待周围的世界，在与家长的关系上，他们不再对家长一味地盲从，开始用自己的标准对家长的形象和地位进行重新定位。

这些都是家长需要面对的新情况，但家长对待孩子的方式却往往滞后于孩子的发展。有的家长仍然习惯于按照幼儿期、儿童期的亲子关系模式去对待已经长大并努力寻求自主的孩子，对孩子保护过多，干涉过多，给予独立的空间太少，对孩子信任、尊重不够。因此，孩子内心的需求与现实的父母教养方式产生了矛盾，孩子以各种对抗性的行为甚至极端方式来反抗父母的权威，亲子冲突由此产生。

规律 ❸ 言语和情绪冲突是中学阶段亲子冲突的主要形式

亲子冲突主要有三种表现形式：言语冲突、情绪冲突和身体冲突。

● 言语冲突主要有争论、争吵；

● 情绪冲突表现为情绪的对立，如冷漠、沉默、逃避或退缩；

● 身体冲突即发生身体上的对抗。

身体冲突是最强烈的亲子冲突形式，在中学阶段，亲子冲突以言语和情绪冲突为主。

例如，青春期的孩子经常会因为跟父母看法不一致而争论，甚至大吵大闹；还有一些孩子不会跟父母吵架，他们用沉默的方式表达不满，拒绝跟父母沟通，阴沉着脸，或者自己待在房间。

规律 ❹ 学业等因素是中学阶段亲子冲突的主要方面

研究发现，亲子冲突主要涉及八个方面：学业、家务、交友、花钱、日常生活安排、外表、家庭关系和隐私，其中，冲突最多、最激烈的三个方面是学业、日常生活安排和做家务。

● 学业是亲子冲突最多的方面。受升学压力的影响，家长往往对孩子学习方面的要求较高，容易因为孩子的学习问题跟孩子发生冲突。如学习时间安排，成绩问题等。

● 日常生活安排。对于自主性提高的中学生来说，他们很希望能够自己安排一些事情，但是家长往往出于控制和过度保护的心理，给孩子过多干涉，导致亲子冲突。如穿什么样的衣服、晚上几点睡觉、周末如何安排等。

● 做家务。在做家务方面的亲子冲突，往往是家长觉得孩子太懒，不懂得体谅自己的辛苦，在这方面，母亲跟孩子的冲突较多。如孩子是否自己收拾房间、是否帮忙洗碗等。

规律 ❺ 中学阶段的亲子冲突呈倒U型发展

研究表明，中学阶段亲子冲突发生的频率和强度呈"倒U型"发展趋势。

亲子冲突在青少年早期呈上升趋势，在青少年中期保持较高水平，在青少年后期则开始减少。进入青春期之后，父母与孩子的冲突开始逐渐增加，超过之前父母与儿童之间的冲突；当青少年期结束进入成年期之后，亲子冲突又进入一个低水平阶段。并且，女孩在青春期早期会（12岁左右）和父母产生更多的争执，而男孩与父母争执最频繁的时期是青春期晚期（15岁左右）。

小提示

亲子冲突的年龄特征提示家长：在青少年期的前期和中期（即12~15岁）要格外关注，这两个时期是亲子冲突发生的上升期和高峰期。女孩更容易在刚进入青春期的时候（初一左右）与父母发生冲突，而男孩在青春期晚期（初三左右）与父亲会发生高冲突，需要引起父亲的关注。

规律 ❻ 温暖的家庭氛围有利于减少亲子冲突

亲子冲突是一个互动的过程，既受到互动双方（父母和孩子）的影响，也受到冲突发生的"环境"影响，"环境"大多情况下指的是家庭氛围。

研究表明，在温暖的家庭氛围中，亲子之间分歧较少。处于这种家庭氛围中，孩子能感觉到父母的支持和理解，亲子之间能达成较高的一致性，亲子冲突相对较少，即使出现冲突，也能得到很好的解决。且亲子冲突对孩子的消极影响往往因为父母的支持而得到消除。而在充满敌意、强制的家庭氛围中，孩子的情感需求得不到满足，面对家长的冷漠和强制，孩子要么采取回避态度，习惯沉默，不和家长沟通，要么冲突剧烈，造成亲子关系的恶性循环。这种家庭氛围下的孩子易出现不良行为、反社会行为和问题行为。

养育策略

策略 ❶ 正视冲突，乐观对待

中学阶段有一定的亲子冲突是无法避免的，也是正常的。孩子通过与父母发生冲突逐渐摆脱对父母的依赖，获得自己的独立性，逐渐成长为成熟的大人，这难道不应该是一件值得高兴的事情吗？请用乐观、喜悦的心态看待孩子的不耐烦、争吵和叛逆，因为孩子正在追求成长。

面对冲突，家长不要太过着急和焦虑。不要把青春期的亲子冲突当成一个多么严重的问题，允许合理的亲子冲突的存在。然后，要有自信，相信自己能够处理好跟孩子的冲突。自己做一点小的改变，给孩子多一些信任和自由的空间，当孩子度过了这个特殊时期，冲突会过去的。

策略 ❷ 控制自己的脾气，从自身寻找亲子冲突的原因

有一种说法叫做"当青春期撞上更年期"，就是说亲子冲突不仅仅是孩子青春期叛逆的原因，也有我们家长自己的原因。

例如，一些家长由于工作压力大、或者跟爱人发生矛盾等原因，情绪不好，当孩子出现一点小问题的时候，就容易迁怒，将自己的负面情绪发泄到孩子身上。

当下一次跟孩子发生冲突的时候，先静下心来，从自己身上找找原因，是不是因为自己的问题迁怒孩子，是不是自己不够耐心，是不是没有从孩子的角度考虑问题。然后，跟孩子诚恳地道歉，说说自己发脾气的原因，跟孩子倾诉一下自己的烦恼。这样，孩子会明白爸爸妈妈也有烦恼，也许爸爸妈妈发脾气只是当时心情不好。让孩子说说自己跟爸爸妈妈吵架的原因，一起交流一下，有利于相互理解，减少矛盾。

策略 ❸ 尊重孩子的自主性，用对待大人的方式对待孩子

亲子冲突的主要原因是孩子的自主性需求提

心灵加油站

你在经历中年危机吗？

当我们的孩子进入青春期的时候，作为父母，我们已经人到中年。不知道从什么时候开始，我们的身体变得不再苗条或强壮，面部的皱纹越来越多，婚姻不像年轻时那么甜蜜，生活变得没有一丝惊喜，事业也到了职业发展的瓶颈期……如此种种成为一个巨大的压力源。也许，你遇到了"中年危机"。

人到中年，各种压力纷纷而来，这时候，我们应该静下心来，试着调整，试着舍弃。如果家庭和事业之间出现冲突，那么，思考一下如何平衡事业和家庭。如果我们能调整生活重心，将自己的精力从工作中转移一部分到家庭中，也许你会收获一个和谐的家庭和一个轻松的心态。

人到中年的我们，要像孩子一样乐于成长，学会量力而行，对岁月变迁带来的身体变化坦然接受；家庭中尝试做一些改变，主动制造一些惊喜，发现家庭生活的乐趣；工作中的困扰及时和家人交流，争取家人的理解和支持；遇到冲突、挫折和压力时，要善于自我调节，保持心态平和。

高，要解决亲子冲突就要"对症下药"，即尊重孩子的自主性。

我们的孩子已经不是那个听话、顺从的小孩子了，他不会完全按照你的要求去做，所以你的重复和唠叨是没有用的。家长需要用对待大人的方式去对待他，允许他在行为上跟自己的要求有所背离，允许他有自己独立的思想，给他做决定的机会，尊重他的隐私。当家长自己犯错时，勇于承认自己的错误。

例如，可能不少家长有偷看孩子日记的经历，当第一次发现被偷看时，孩子可能只是和家长产生言语上的冲突；当第二次发现被偷看时，孩子会将抽屉加上一把锁，与家长产生更加激烈的冲突；当第三次发现被偷看时，抽屉上的锁没了，冲突似乎也没了，但孩子不再写日记，一把新的无形的锁已经锁在了孩子的心门上。

策略 ④ 与孩子有效沟通，建立温暖的家庭氛围

温暖的家庭氛围，有利于亲子冲突维持在一个较低的水平，也有利于亲子冲突的解决。关键是如何营造呢？虽然家庭氛围不是一朝一夕形成的，但是改变也不是不可能的。

最重要、最根本的是沟通，让孩子有机会表达自己的看法和意见，同时也把你的意图和愿望清楚地传达给孩子，使双方明白对方心里在想什么。

家长要舍得花费时间去了解孩子，主动学习并掌握一定的沟通技巧。与孩子不断进行互动，了解孩子的心理。当孩子遇到问题时，尝试去理解孩子，让孩子感受到你的支持；当孩子需要你的帮助时，根据孩子的情况帮助孩子。

不要以父母或者过来人的身份自居，不要总是讲大道理。跟孩子沟通的时候保持平等的地位，不用命令式口吻"你不要……你必须……"试着说"……好吗？/可以吗？"可以组织一些家庭聚餐之类的活动，趁机找孩子聊天，内容可以先从孩子感兴趣的入手，慢慢谈，不要总是谈深刻的话题，孩子不感兴趣的话会起反作用。

边博士直播间

Q 儿子今年初二，总是说我很烦，说我唠叨。我也不想老唠叨他，可我说的话他总当耳边风，要求很多遍他才勉勉强强按我说的做。说多了，他嫌烦，说少了，他根本就不听，你说应该怎么办呢？

A 在大多数家庭中，父亲因为忙于工作，母亲在照顾孩子、教育孩子中承担的角色更重，跟孩子相处的时间更多，母亲与孩子的关系往往更为亲密。当孩子进入渴望独立自主的青春期时，母亲往往不能允许孩子的分离需求，对孩子干涉控制过多，"唠叨"无所不在，孩子产生厌烦情绪，导致亲子冲突。

唠叨的妈妈们要知道，孩子进入青春期了，他们跟小孩子不一样了，不再需要你一遍遍地嘱咐、叮咛，他们长大了，有些事情就让他们自己去决定吧，不要管得太多、太细。

也许你会觉得如果自己不唠叨，孩子根本就不会听你的话，实际上这种唠叨表面上发挥的作用也只是孩子被你唠叨烦了，所以迫不得已地听从或者阳奉阴违。其实，孩子长大了，跟孩子讲明道理，他会做出正确的选择；即使他不按照你说的去做，当他碰壁之后，也会明白原来妈妈是对的；或者孩子按照自己的想法去做，结果也不错呢。

唠叨的妈妈们，改变这种习惯吧。跟孩子讲明白规则就好，让孩子轻松，也让自己轻松。

知识库

父母教育观念不一致

在很多家庭中，由于父亲和母亲个人经历、知识水平、价值观等的差异，对孩子的教育问题产生分歧。父母教育观念的不一致往往是导致家庭教育失败的重要原因。

孩子在场时父母应尽量避免正面冲突，即使孩子出现问题是对方教育失当，也不要轻易指责对方。尤其孩子到了青春期更加敏感，父母就孩子教育问题产生冲突容易使孩子产生愧疚心理，感到无所适从，从而产生一些心理适应问题。

解决教育观念不一致问题，需要整个家庭协商和沟通。孩子进入中学，有了一定的判断和决策能力，不妨把孩子当成大人，父母和孩子一起讨论什么样的教育方式在他看来是合适的。

策略 ❺ 跟孩子一起成长，共同进步

大多数中学生的父母要么处于中年期，要么正在接近中年期，面临着自己人生的下坡路；而孩子进入青春期，逐渐变得成熟、美丽、强壮，接受的知识逐渐增多，各方面能力也逐渐增强。这时候，家庭往往出现"文化反哺"现象。

如果父母忽视"文化反哺"，不跟随孩子的脚步共同成长，孩子会感觉父母的想法过时，认为与父母之间有代沟，无法交流；并且家长会在跟孩子争论时无法说服孩子，引起孩子的质疑。

所以，面对逐渐长大的孩子，父母也要关注自己的学习与进步，虚心向孩子学习。跟孩子一起不断提高自身的素质。在家庭中，亲子互为教育者和受教育者，在平等、和谐、融洽的家庭氛围中，相互约束、跟孩子一起进步。

家长应保留自己的一两个小爱好，周末的时候去爬爬山，练练瑜伽，拍拍风景，保持对生活的热爱和追求，不要将所有心思都放在孩子身上。孩子其实很乐意看到父母有自己的生活和爱好，家长有自己的生活和爱好，就不会对孩子过分注意、太过苛责，家庭氛围就比较轻松。这样的父母身上会散发出一种积极的、快乐的、美好的情绪，父母是快乐的，孩子的矛盾和挣扎也许就没那么强烈了。

知识库

文化反哺

文化反哺意指在急速的文化变迁时代所发生的年长一代向年轻一代进行广泛的文化吸收的过程。

在当今社会条件下，信息大爆炸，知识以"每三年就增长一倍"的速度递增，过去的观念受到挑战，孩子的知识储备往往要比父母更加丰富，父母需要向孩子学习，即"文化反哺"。

自主
能力发展

自我同一性

我是谁？我跟别人有什么不一样？

　　我，十五岁，是一名优等生，是爸妈心里的骄傲，是老师眼中的好学生，是同学羡慕和渴望超越的目标。

　　可是，我最近越来越感觉这些都是没有意义的。爸妈总说我现在的目标就是安心中考，考上市重点高中，然后进重点大学。可是，再然后呢？除了学习以外，我将来要干什么呢？我不想再这样为了成绩而学习，我想自由地去做自己，去看书，去思考，或者去旅行，就带上一个背包，在任何一个地方做工，挣了路费就继续启程，欣赏沿途的风景。

　　生命的意义是什么？我还不知道，但我想那应该是比学习、比考试更有价值的事情，只是现在我的眼前一片迷雾。我想寻找一切问题的答案，可是，标准答案在哪里呢？爸妈的观点是狭隘的，老师的说法太大众化，书里的思想千差万别……到底什么才是正确的呢？

　　青春期的迷茫是每个孩子在成长的过程中都会遇到的，这是自我同一性发展的表现，对青少年的健康成长、完善人格的形成、良好的社会适应以及自身价值的实现等有重要作用。建立自我同一性是青少年期最重要的任务。

成长规律

规律 ❶ 建立自我同一性是青少年期最重要的任务

自我同一性是美国心理学家艾里克森最早提出的，是指个体尝试把与自己有关的各方面综合起来，形成一个自己决定的、协调一致的、不同于他人的自我，是对"我是谁"、"我将来的发展方向"以及"我如何适应社会"等问题的主观感受和意识。

自我同一性包含对自我的确认和对有关自我发展的一些重大问题（如理想、职业、价值观、人生观等）的思考和选择，提供意义和方向感。自我同一性的建立，意味着对自己有充分的了解，能够把自己的过去、现在和将来组合成一个有机的整体来思考，确立自己的理想与价值观念，并对未来发展作出自己的思考和规划。

同一性并不是中学生才有。孩子在幼儿时期已经形成了自我感知，他们知道自己跟别人是不一样的，自己的外貌、声音等跟别人是不同的。但是，进入青少年期（12~18岁）之后，孩子第一次有意识地、深层次地思考"我是谁"的问题，寻求"我是谁"的答案。建立自我同一性是孩子在青少年期最重要的任务。

规律 ❷ 存在四种自我同一性的状态：同一性弥散、同一性早闭、同一性延缓和同一性达成

心理学家玛西娅根据同一性形成过程中个体对自我的探索和探索的结果，将同一性分成四种状态：同一性弥散、同一性早闭、同一性延缓和同一性达成。

知识库

自我探索

自我探索是指个体为达成同一性，寻找适合自己的目标、价值观和理想而做出时间、精力等方面的投入。个体在这个过程中需要从多种选择中做出抉择，以便做出有意义的投入。

自我探索的结果称为承诺，指个体对自我做出了相应的选择并确定下来，如确定自己的职业选择，确定自己的价值观判断。

同一性四种状态的划分

	同一性弥散	同一性早闭	同一性延缓	同一性达成
个体是否积极寻找、探索同一性？	否	否	是	是
个体已经确定自己的选择了吗？	否	是	否	是

中学生的同一性发展存在较大的个体差异，不同的孩子可能处于同一性发展的不同状态中。

规律 ❸ 同一性弥散是自我同一性发展的初始状态

同一性弥散是同一性发展的最初状态。处于该阶段的孩子，没有为探索自我而努力，也没有

成功地做出选择，他们不知道自己是谁，不知道自己想做什么，没有明确的发展方向。

例如，刚进初中的孩子对自己的未来没有清晰的规划，他们的理想大多是比较空的，这种理想的确定没有经历过估计、寻找，也没有考虑过不同选择，也许只是"随口说说"而已。

同一性弥散是青春期早期孩子的正常特征，但经过一段时间后，来自父母和同伴等的压力越来越大，大部分中学生开始面临同一性危机。如果孩子仍然不投入任何对"自己是谁，以后要做什么"的探索，就可能产生内心的不安全感，导致孩子对自我的评价较低，喜欢逃避问题，无法承担责任，对未来缺乏兴趣或不抱希望，有的孩子表现为叛逆、自私和享乐主义。

规律 ④ 同一性早闭的孩子缺乏对自我的探索，依赖父母和重要他人的意见，过早地形成同一性的标准

所谓同一性早闭是指有的孩子在青少年期没有进行对自我的探索，过早地将自我意象固定化，没有考虑各种选择的可能，停止了同一性的探索。

同一性早闭的孩子缺乏对自我的探索，往往遵循父母或他人的安排，变成他人期望他们变成的样子，而没有真正属于自己的决定。

有一些孩子，他们是父母、老师眼中的"好孩子"，做大人希望他们做的事情，不做大人不喜欢的事情。实际上，这些"好孩子"的价值观形成往往只是照搬了大人的模式，没有他们自己的看法和选择，是同一性早闭的表现。

同一性早闭的孩子往往缺乏主见，容易盲从，不喜欢改变，无法应对挑战。他们通过回避变化和压力来获取安全感，当遇到挫折时，容易丧失目标和信心。

规律 ⑤ 同一性延缓的孩子开始尝试和探索自我，经历同一性危机

同一性延缓是指产生"我是谁？我将成为一个怎样的人？"的疑问，开始对自我的探索。同一性延缓是中学生应该且必须经历的状态，是建立自我同一性必然要经历的过程。

同一性延缓的孩子正在经历挑战和危机，开始探索有关今后人生各方面的不同选项，尝试各种可能，他们在做出决策或履行义务之前，希望能够通过丰富的经历，确立属于自己的价值判断。

可能有的家长很困惑，他们的孩子以前一直很听话，但是不知道什么时候开始，孩子变得不再那么听话了。原来感兴趣的事情变得不那么喜欢，他们开始尝试原来不被允许做的事情，开始发出质疑的声音"爸爸，你那样做是不对的"……这样的表现说明孩子在探索自我，处于同一性延缓中。

同一性延缓的孩子往往面对危机和探索会变得困惑，表现得不稳定，容易产生不满。他们也常常表现得叛逆，容易焦虑。他们可能身着奇装异服，做平常不会做的事情，交不同类型的朋友，但是这种尝试和改变不是什么坏事，大多数会在同一性探索之后变得合乎常规。

规律 ⑥ 同一性达成的孩子形成了稳定的自我认同标准

同一性达成的孩子经过了对自我的探索阶段，通过探索、评价和选择，有了自己的结论和决定，解决了同一性危机，形成了稳定的自我认同标准，进入同一性达成的状态。

同一性达成的孩子对自己有清晰的认识，能够坦然接受自己的不足和缺点，实现了自我悦纳，对自己的学习、工作和生活有热情的投入。他们对生活中的各种事情也形成了自己稳定、客观的看法。同一性达成的孩子心理安全感较高，社会适应能力较好。

规律 ❼ 大多数中学生处于同一性延缓的阶段，迷茫且叛逆

自我同一性在小学高年级到初中开始快速发展，中学阶段是自我同一性发展最关键的时期。孩子的同一性发展存在较大的个体差异，很多孩子在中学阶段处于同一性延缓的状态，但也有一些孩子仍处于同一性弥散的状态，有一些孩子则进入同一性早闭。极少孩子能在中学阶段达成自我同一性。

由于大多数中学生处于同一性延缓的自我探索阶段，他们对自己的现在和未来还不明确，经常感到迷茫；同时，他们对老师和家长会有较多的反抗，也高密度地改变自己的各种行为，以探索自我的各种可能。

例如，孩子有段时间会通过多种途径，结交各种不同类型的朋友，甚至因为交友与父母发生争执。但是当孩子通过体会和比较，找到自己适合的交往方式后，他们就不再盲目交友了。

规律 ❽ 男孩和女孩在同一性形成上存在差异

中学生在形成自我同一性的过程中，往往通过考察他们周围的社会角色来确定答案，如他们的爸爸妈妈或者自己崇拜的同性别偶像。社会角色的性别差异，导致男孩和女孩在同一性形成上有所不同。

男性最重要的社会角色是未来的职业角色，男性更加注重事业成功。因此男孩自我同一性形成的关键在于学习、工作和能力等对将来职业发展有影响的方面。

相对于男孩来说，社会关系是女孩同一性发展的重要成分。女性更重要的社会角色是家庭角色，包括家庭的亲密性和家庭关系的维护。因此，女孩同一性的核心是人际关系问题，性格、外貌、人际交往中感受到的关怀等都会影响女孩的自我同一性发展。

规律 ❾ 鼓励包容的父母更有利于孩子自我同一性的发展

研究表明，父母教养方式与孩子自我同一性发展有直接的关系。

● 权威型的父母鼓励孩子表达意见，包容孩子，给孩子创造表达自己想法、做出决策的机会，促进孩子经历同一性弥散的探索并最终达到同一性达成的状态。

● 专制型父母对孩子控制过多，不给孩子表达自己意见的机会，孩子被剥夺了探索自我的机会和勇气，容易同一性早闭。

● 溺爱型父母完全任凭孩子的意见行事，孩子满足于现状而不愿意进行自我探索；而放任型父母给予孩子的指导过少，这两种教养方式都易导致同一性弥散。

规律 ❿ 过分的父母期望不利于孩子的自我同一性发展

自我同一性的达成，意味着以社会性存在的自我，也就是被社会认可的、符合自我期望和他人期望的自我形象。父母是孩子最重要的社会关系。父母对孩子的期望在很大程度上影响了孩子自我同一性的发展。

如果父母期望过高，孩子会感觉"无论如何，我也无法达到他们的期望"，容易自暴自弃，放弃或过分抵触父母的期望和社会的标准，造成自我同一性弥散。如果父母过分强调自己的期望，会剥夺孩子自主思考的机会，容易使孩子同一性早闭。

养育策略

判断孩子处于何种同一性状态

中学阶段，很少有人进入同一性达成的阶段，大部分中学生会进行自我的探索，但也有一部分孩子一直没有探索自我或过早地停止这种探索行为。不探索或者过早停止探索都是不好的，家长需要判断孩子处于何种同一性状态，了解孩子的同一性发展状况。

四种同一性状态的表现如下，家长可以尝试让孩子回答以下问题或细心观察，判断孩子处于哪种同一性状态。

四种同一性的表现①

同一性状态	表现
同一性弥散	我并不关心自己要选择什么生活方式，我觉得任何生活方式都没有意思
	我不知道自己适合什么工作，没做太多考虑
	我没有形成特定的人生观，我只想过得快乐些
	我没有真正的朋友，但我觉得无所谓
同一性早闭	我原本对未来有很多畅想，但我选择按照父母希望的方式去生活
	我只跟父母喜欢的同学做朋友
	我一般只做父母赞同的事情，父母反对的，我不会去尝试
同一性延缓	我在努力尝试，确定我有什么样的能力，明确我将来适合什么工作
	我正在寻求适合自己的生活方式，但还未找到
	我尝试跟不同类型的同学交往，我会思考什么样的朋友更适合我，思考友谊对我的意义
	我正在进行各种尝试，希望找到自己真正喜欢的兴趣和活动
同一性达成	经过一段时间的探索和选择，现在我知道自己将来的职业发展方向
	我已经找到真正适合自己的生活方式
	选择朋友的标准有很多，我认为应该选择价值观相同的人作为自己的朋友
	经过不断尝试，我找到了一些我真正喜欢独自从事或跟朋友一起从事的活动

鼓励孩子独立自主，促成自我同一性延缓

如果孩子处于同一性弥散状态，即一直没有开始对自我的探索，家长应采取一些措施，让孩子明白他已经长大了，需要开始思考自己的人生，唤醒孩子对自我的探索。

例如，跟孩子谈谈他想成为怎样的人，跟孩

---

① 王树青. 青少年自我同一性的发展及其与父母教养方式的关系: [学位论文]. 济南: 山东师范大学, 2004

子就某件事情谈谈价值观等。

对于同一性早闭的孩子，家长要注意，不能过于强调自己的观点，尽可能少地束缚孩子，给孩子充分的选择空间，鼓励孩子独立思考、自主做事，把孩子从同一性早闭的状态中拉出来，让孩子尽快进入同一性延缓阶段。

策略 ❸ 充分理解孩子的各种尝试和探索

同一性的达成要通过充分实践和探索。而孩子在自我探索中常常受到多方面的阻力：不被认可，被责怪不听话，对自己失望，对前途感到迷茫……

作为家长要充分理解孩子的各种尝试和探索：理解孩子对以前价值观的挑战，允许孩子对个人兴趣的重新选择，包容孩子在处理问题方面的新做法。在他们受挫的时候倾听他们的抱怨，鼓励他们不要放弃。鼓励孩子表达自己的想法，给孩子创造充分表达自己想法并做出决策的机会，允许孩子按照自己的意愿行事。

例如，可以跟孩子就某一社会问题各自发表意见，家里的事情跟孩子一起沟通商量，让孩子参与家庭决策。

策略 ❹ 父亲跟儿子沟通理想与责任，引导男孩进行自我的探索

男孩在自我探索的过程中，会通过观察周围的同性来思考如何成为一个男人。其中，对男孩产生影响最大的人是父亲。这就对父亲提出了更多的要求，父亲要把男孩当成一个男人来对待，做孩子的朋友，多跟男孩沟通。当男孩遇到问题时，从父亲和男人的角度，提出建议；父亲自己遇到问题时，也可以跟儿子谈谈，让男孩理解作为男人的责任和压力。

男孩会更多地思考"我以后究竟要做什么"的问题，职业发展可能是他们最在意的方面。父亲可以跟儿子谈谈理想，跟孩子一起找到切实可行的理想和迈向理想的道路。特别是对于刚上初中的孩子，理想有时就像空中楼阁，跟孩子谈理想有助于把孩子从同一性弥散的状态中拉出来，让他们尽早投入到对自己人生的各种探索和尝试中。

边博士直播间

Q 都说孩子到了青春期会叛逆，可是我家孩子一直都很听话，从不做让我们担心的事情，但是，有时候会感觉孩子没有主见，有点懦弱，我应该放心我家的"好孩子"吗？

A 孩子在建立同一性的过程中叛逆行为的程度和表现方式会存在个体差异。但有一些"好孩子"可能由于同一性早闭而没有表现更多的叛逆行为，家长要警惕这样的孩子。

目前临床心理学的很多案例表明，许多"好孩子"长大后容易有各种心理问题和社会适应问题。这类孩子的父母往往给孩子很多的"应该"、"不应该"，而孩子常常没有自己的"我要"、"我想"。这类孩子为了得到家长和老师的积极评价，常常忽略自己真正的想法，抑制对自我的探索，他们的同一性往往处于早闭的状态。这类孩子长大后，没有自己稳定的价值判断，他们会习惯用讨好的方式来获得别人的认可，忽略自己的想法。他们在与别人的对比中，感觉自己不如别人，容易自卑，他们喜欢从众，害怕成为"另类"，也不想表现突出。

因此，家长不要一味要求孩子一直都当"好孩子"、"乖孩子"，在坚持基本规则与要求的前提下，应该鼓励孩子有自己的想法，允许孩子犯"错误"，让孩子在自我探索中成长。

例如，当孩子说他想当外交官的时候，父亲可以跟他讨论外交官的工作内容、做外交官需要的能力等，鼓励孩子细致地思考自己到底是否喜欢、是否擅长外交官的工作，了解为了达成这个目标需要的努力。

策略 ❺ 支持女孩积极发展友谊关系

女孩在建立自我同一性的过程中，非常注重人际关系。对女孩来说，人际关系尤其是亲密的友谊关系是女孩建立自我同一性不可缺少的元素。拥有亲密友谊关系的女孩，更容易整合自我，确立自己的理想与价值观念，建立自我同一性。

例如，中学阶段的女生，常常三两个在一起，彼此分享秘密和心事。在很多女孩的心里，朋友是她们生活中极为重要的一部分，拥有亲密的、高质量的友谊关系往往是女孩建立自我同一性不可缺少的。

因此，父母要支持女孩建立亲密的友谊关系。

● 首先，让女孩明白，要想获得良好的人际关系，需要真诚对待别人，多为别人着想，在别人需要帮助的时候伸出援手。

● 然后，教给孩子一些获得友谊的小技巧，整洁干净的外表、真诚大方、微笑和倾听都可以给别人带来好感，促进人际关系。

● 当孩子遇到人际问题的时候，跟孩子一起分析，陪伴孩子一起度过。

策略 ❻ 给予孩子恰如其分的期望

父母期望会影响孩子自我同一性的发展。父母期望的高度和强度都应该适当。期望过高，孩子无法达成，容易使孩子处于同一性弥散的状态；期望过强，则容易使孩子同一性早闭。

父母需要给予孩子恰当的、努力即可达成的期望。期望不能过高，让孩子无法达成；也不能过低，使孩子失去奋斗的动力。

例如，家长可以根据孩子的学习情况，给孩子稍高但努力即可达成的学习目标期望，以激励孩子好好学习。

家长不能过于强调自己的期望，要让孩子明白，家长的期望是从家长的角度所给予的希望，是家长的观点和立场，允许孩子有不同的意见，进行不同的尝试。

例如，高中分文理科时，家长希望孩子学理科，家长不能过于强调自己的期望，应该向孩子说明自己这样期望的原因，如理科有利于找工作，然后跟孩子沟通，了解孩子的兴趣，尊重孩子的选择。

心灵加油站

渔王的儿子

从前，有一个渔民，他捕鱼非常厉害，总能捕到最多的鱼，被人们尊称为"渔王"。"渔王"年纪越来越大，他希望儿子们可以继承他的衣钵，成为新一代的"渔王"。但令他不解的是，虽然他将自己所有的捕鱼技术都毫无保留地教给了儿子们，但他们的捕鱼技术却比不上一般渔民的儿子。

有一天，他跟一位路人说起了心中的苦恼："从他们懂事起，我就开始培养他们，教他们如何捕鱼。我告诉他们怎样撒网最容易捕到鱼，什么时候该收网，怎样收网鱼才不容易漏网，还教他们怎样识潮汐、辨鱼汛……我将自己所有的捕鱼经验和技巧都毫无保留地传授给了他们，他们也都学得很认真，可让他们自己去捕鱼的时候，他们捕到的鱼总是很少。"

路人听了"渔王"的诉说后，问："你一直手把手地教他们吗？"

"那当然！为了让他们学到我的技术，我手把手地示范、讲解，确保他们的动作跟我一模一样。"渔王很自豪地说。

"你教给他们一项技术之后，有让他们自己单独去捕鱼吗？"路人又问。

"那倒没有，为了让他们少走弯路，我一直跟他们一条船，以便遇到问题的时候指导他们如何应对。"

路人听后，沉默了片刻，说："我认为这就是原因了，你虽然传授给了他们很多技术，但你没给他们实践的机会，你只是要求他们必须按照规范动作来做。当他们捕鱼遇到问题的时候，你第一时间告诉他们如何解决，他们没有机会去思考应该如何应对、为什么要这样应对。所以，他们学到的只是死的技术，而不是活的经验。他们所欠缺的不是技术，而是实践和教训。"

自我评价

跟她比，我就像一个丑小鸭。

　　圆圆考上市一中了，市一中是市里最好的高中，圆圆妈妈看出女儿有些担心，害怕跟不上。高一第一次期中考试，圆圆的成绩很不理想。自那以后，圆圆变得越来越沉默，无论是学习还是其他方面，都非常不自信。圆圆妈妈听她班主任说，圆圆上课总是低着头，老师提问的时候，也很少举手发言，回答问题总是紧张。圆圆现在也不爱和同学交往，她感觉在现在的同学面前很自卑，就跟以前初中的同学还能偶尔聊一聊。

　　圆圆妈妈相信女儿还是很优秀的，只是在重点高中里，圆圆不再像以前那样表现突出罢了。圆圆妈妈很想帮孩子建立自信，但又不知道怎么做。

　　自我评价是心理健康的重要指标之一，对中学生的个人成长与发展有着重要的影响。中学阶段，孩子的自我评价不稳定，容易过度自卑或盲目自信。

成长规律

规律 ❶ 自我评价是心理健康的重要指标

自我评价是心理健康的指标之一，关系到一个人的自我接纳程度。

自我评价较积极的孩子，能认识到自己的缺点，但并不因此就挑剔自己，他们对自己尊重、宽容，能合理地接纳自己，自我感觉很好，为人处事具有较高的积极性、能动性、主动性，能够跟别人友好相处。

自我评价较低的孩子，觉得自己处处不如人，怕被别人瞧不起，希望得到权威人士的积极肯定与鼓励。他们无法悦纳自己，却总想战胜自己、改变自己。他们一般比较自卑、脆弱、焦虑、易受伤害，对别人的指责或蔑视看得极其重要，产生过分的防御反应，人际关系敏感。

这个阶段的孩子，往往对理想自我期望较高，现实自我与理想自我的差距很大。当他们为理想自我努力的过程中遇到困难时，会认为理想自我无法达到，对自己产生怀疑，否定自己，导致消极自我评价，并伴随较多的自卑感、情绪消沉、孤僻、抑郁等。

知识库

理想自我与现实自我

理想自我是指理想中自己的样子，包括"我想成为怎样的一个人"，"我应该是怎样的一个人"。

现实自我是指自己认为自己所具有的特征和品质。

规律 ❷ 中学阶段，孩子的自我评价降低

研究表明，孩子在小学阶段的自我评价水平基本保持稳定，但进入初中之后，自我评价明显下降。

进入初中，孩子面临的压力增大，包括学习上的压力、新的同伴关系的调整、与家长关系的疏离……这些都成为初中生的压力源，使他们在适应的过程中遇到困难，自我评价下降。而对高中生而言，升学是他们最大的压力源，高中生在学习过程中的高压力和由之而产生的挫败感，容易使他们怀疑自己，对自己的评价较低。

中学生理想自我与现实自我的冲突也是他们自我评价较低的一个原因。中学阶段是一个理想自我和现实自我发生强烈冲突的阶段。

规律 ❸ 中学阶段，女孩的自我评价普遍低于男孩

中学阶段，男孩和女孩自我评价水平存在差异，女孩的自我评价普遍低于男孩，并且这种差异在高中最大。

社会文化期望是自我评价性别差异的主要原因。

受社会文化期望的影响，男性自我评价更多依赖独立成就和个人能力，因此男孩的自我评价更多与他们的成就和运动能力有关；而女性更多涉及人际关系和情感联系，因此，女孩的自我评价与她们感受到的外表吸引力和人际关系有关，女孩的自我评价也更多依赖重要他人，如父母、老师、好朋友等。

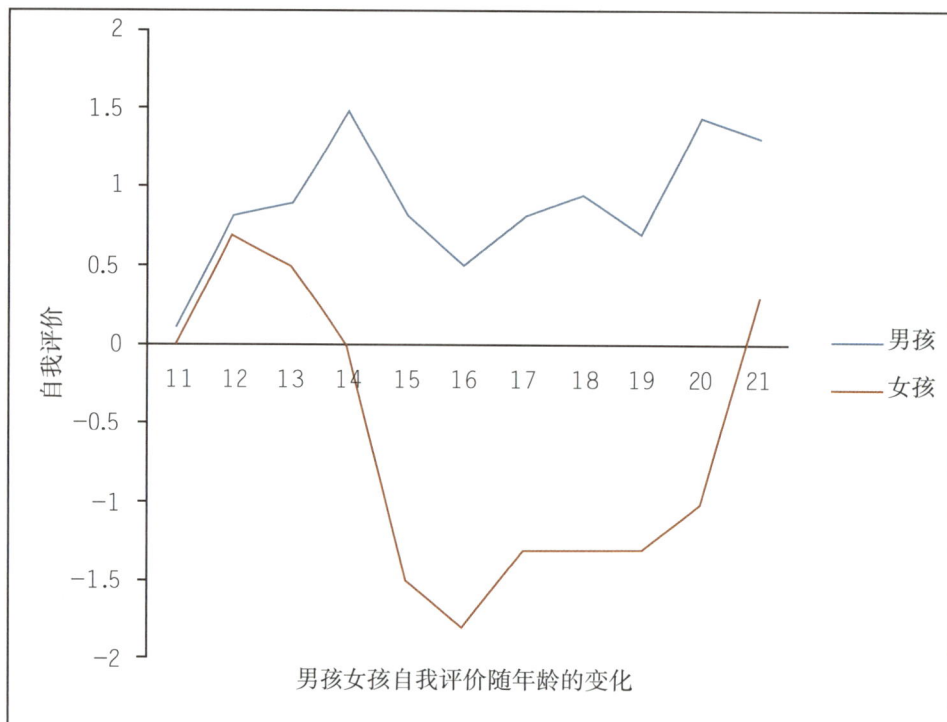

男孩女孩自我评价随年龄的变化

中学阶段男孩和女孩的自我评价水平随年龄的变化情况①

规律 ❹ 中学阶段，身体意象对自我评价有非常重要的影响

身体意象是影响中学生自我评价最重要的一个方面。如果中学生对自己身体意象比较积极，认为自己是受人喜爱的，那么他的整体自我评价就会较好。

进入青春期之后，孩子越来越关注自己的外貌。这个阶段的孩子，容易将外貌视为全部的自我，容不得半点"差错"，他们往往对自己的外貌"期望值"过高，用一种极度挑剔的目光来审视自己的外貌，把自己身上不满意的部分无限地夸大。

一项研究表明，青少年中期，近1/3的女孩会"非常"或"相当"关注她们外貌看起来不够满意的地方。约有90%的中学生对自己的外表有

知识库

身体意象

身体意象是指一个人心目中对自己身体的美学，是个人对自己身体特征的一种主观性的、综合性的、评价性的概念，既包括对自己身体各方面特征的了解和看法，如美丑等，也包括所感觉到的别人对自己身体状貌的看法。

所不满。

青春期的女孩特别爱照镜子，不是嫌自己鼻梁太低，就是嫌自己额头太窄，或者担心自己太胖。而男孩经常忧虑不安的，是他们认为自己的身材不够高大，脸上长痘及体重超重等。

① [美] 南希·科布著. 孟莉译. 青春期心理手册. 北京: 中国人民大学出版社, 2009

规律 ❺ 家庭为中学生自我评价奠定基础

首先，父母为孩子自我评价树立行为榜样，并且对同性别子女的影响更大。如果父母能为孩子树立一个好的榜样，那么男孩会认为自己能像爸爸那样有担当，对自己更有信心；女孩会认为自己可以像妈妈一样优雅、热爱生活。反之，如果父母在孩子心里的形象是不美好的、负面的，那么孩子就会觉得自己也有父母那样的不足，对自己的评价偏消极。

此外，亲子关系也会影响中学生的自我评价。与父母亲近、相处融洽的孩子，感到自己是被喜爱的，并且父母的温暖和理解是孩子的能量来源，感觉得到支持的孩子更能相信自己，正确评价自己。而充满惩罚和否定的亲子关系，使孩子认为自己是不被喜爱的、不优秀的，产生消极的自我评价。

研究表明，孩子感受到的父母的情感温暖和理解对自我评价有显著的积极影响，而父母的惩罚严厉、拒绝否认、过分干涉对孩子自我评价有显著的消极影响。

规律 ❻ 同伴关系良好的中学生拥有更为积极的自我评价

同伴关系是影响中学生自我评价的一个重要方面。

研究发现，同伴关系密切、同伴接受性高、对同伴关系较为满意的孩子往往自我评价较为积极，而那些没有形成亲密同伴关系或遭到同伴拒绝的孩子自我评价往往较低。

同伴关系对自我评价的影响主要表现在以下几个方面。

● 亲密的同伴关系有利于建立同伴间的依恋关系，帮助孩子获得社会支持，有助于缓解社会生活压力对孩子的消极影响。

● 由于孩子大多选择社会背景和个性特征相似的人作为自己的同伴，这有利于建立与同伴较为一致的价值观，促进自我评价的稳定性。

● 那些受到同伴喜欢的孩子在与同伴交往的过程中，归属感得到强化，心理承受能力增强，这也有利于保持其自我评价的稳定性。

规律 ❼ 经历消极生活事件越多的孩子，自我评价往往越低

消极生活事件包括亲人的逝世、重要考试失败、搬家或转学、父母离异、生病、学习问题、人际关系问题等。消极生活事件给孩子带来很大的压力，他们对于这些压力很难完全应付。消极生活事件所带来的困扰和处理不当所带来的挫折感、无力感使中学生自我评价较低。

例如，孩子在较为频繁的转学中，一直很难适应新的学校教学和同伴关系，于是认为自己成绩差、不善于交往，自我评价消极。

知识库

生活变化单位①

生活中一些重大的事件会对人的心理产生影响。心理学家采用量化的方式来说明不同事件对人的影响大小。

生活变化单位（life change unit，LCU），反映生活事件所引起的心理应激强度，即生活事件对心理带来的影响。LCU分值在0~100之间，100分是对人的心理影响最大的事件。

以下是一些生活事件的LCU值：

生活事件	LCU	生活事件	LCU
父亲或者母亲去世	100	与男朋友（女朋友）断交	53
意外怀孕或者流产	100	开始谈恋爱	51
结婚	95	辍学	50
父母离异	90	开始吸毒或者饮酒	50
产生看得见的畸形	80	弟弟或者妹妹出生	50
成为孩子的父亲	70	与父母争吵的次数增加	47
父亲或者母亲被判入狱1年以上	70	父亲或者母亲失业	46
父母分居	69	出色的个人成就	46
有兄弟姐妹去世	68	父母收支状况变化	45
被同龄人接纳程度的变化	67	进入大学学习	43
有姐妹意外怀孕	64	高中阶段学习	42
发现自己是养子（女）	63	有兄弟姐妹住院	41
父亲或者母亲与继母（父）结婚	63	父亲或者母亲不在家的时间增加	38
亲密朋友死亡	63	有兄弟姐妹离开家庭	37
有看得见的先天性畸形	62	家庭增加了父母以外的成年人	34
得过需要住院治疗的重病	58	成为教会的全权会员	31
在学校考试不及格	56	父母间争吵减少	27
未参加过课外活动	55	与父母的争吵减少	26
父亲或者母亲住院	55	母亲或者父亲开始工作	26
父亲或者母亲被判入狱30天以上	53		

上表来自赫尔姆斯和瑞赫压力量表（未成年人）（Holmes and Rahe stress scale）

---

① T Holmes，R Rahe. Introduction to life-stress scale, Journal of Psychosomatic Research, 1967

养育策略

策略 ① 让孩子做自我评价的小测试，了解自我评价情况

家长可以让孩子做一个有关自我评价的小测试（见测试吧），了解孩子的自我评价情况。

这个自我评价的小测试，一方面让家长了解孩子的自我评价情况，可以有针对性地帮助孩子；另一方面，也让孩子了解自己，尤其对自我评价低的孩子，让孩子明白他的自我评价是消极的，告诉孩子其实不是这样的，他没有自己认为的那样差。

策略 ② 给予更多的情感支持、鼓励、肯定，提高孩子的自我评价

中学阶段是自我评价的低谷期。一方面中学生的压力增大，包括学业方面的、同伴关系方面的、外貌方面的、能力方面的……另一方面，中学生进入青春期，更加敏感，更加容易受到外界的影响而怀疑自己、否定自己。因此，家长应该格外关注中学生的自我评价。

家庭是孩子自我评价的基础，父母对孩子的评价直接影响孩子自我评价的构建。家长需要给

测试吧

测测孩子的自我评价情况

这是一个有关自我评价的小测试，让孩子在认为最适合自己的选项后划"√"。

1. 我认为自己有许多优点。
（1）非常同意_____（2）同意_____（3）不同意_____（4）非常不同意_____

2. 我认为自己不比大多数人差。
（1）非常同意_____（2）同意_____（3）不同意_____（4）非常不同意_____

*3. 我觉得自己是一个失败者。
（1）非常同意_____（2）同意_____（3）不同意_____（4）非常不同意_____

*4. 我觉得自己没有什么值得自豪的地方。
（1）非常同意_____（2）同意_____（3）不同意_____（4）非常不同意_____

5. 我对自己持有一种肯定的态度。
（1）非常同意_____（2）同意_____（3）不同意_____（4）非常不同意_____

6. 整体而言，我对自己很满意。
（1）非常同意_____（2）同意_____（3）不同意_____（4）非常不同意_____

*7. 我有时候看不起自己。
（1）非常同意_____（2）同意_____（3）不同意_____（4）非常不同意_____

*8. 有时我觉得自己很没用，一无是处。
（1）非常同意_____（2）同意_____（3）不同意_____（4）非常不同意_____

选项中，"非常同意"计4分，"同意"计3分，"不同意"计2分，"非常不同意"计1分，★号表示是反向记分，即"非常同意"计1分，"非常不同意"计4分。总分越高说明自我评价越积极。

予自我评价较低的中学生更多的鼓励和肯定。当孩子遭遇挫折时，给孩子情感上的支持和温暖；当孩子心情不好时，接纳孩子的负面情绪，给予孩子正能量；当孩子失败时，给孩子肯定和鼓励，让孩子感觉到自己是有价值的。

家长一定不要说"你看人家谁谁谁"、"你怎么不学学谁谁谁"之类的话，拿自己孩子的短处和别人家孩子的长处比，这是最不好的。当孩子失败时，家长不要当众批评孩子，不要对孩子说类似"你真没出息"、"我对你完全失望了"的话，多说"再试一次"、"我相信你"、"加油，我知道你会成功的"这种鼓励的话。

策略 ③ 引导孩子正确对待他人的看法

中学阶段，孩子的自我评价降低，女孩的自我评价比男孩更低，家长需要格外关注孩子尤其是女孩的自我评价。

告诉孩子，面对他人的评价要独立思考，有选择地接受。要让孩子知道，面对别人好的或者不好的评价时，在感到得意或失望之前，先静下心来，好好想想，别人的评价到底对不对，思考自己究竟是什么样的。对别人的评价有选择地接受，正确的部分接受，不正确的部分就忽视它，不必因为别人错误的评价而困扰。

提醒孩子多关心自己对自己本身的看法。告诉孩子最了解自己的应该是自己，因为自己和自己待的时间最长，所以最重要的是自己对自己的认识和评价，如果局限于别人的评价，缺乏正确的自我评价，自己会有很多烦恼，也会失去很多发展机会。

学会自我欣赏。写自我欣赏日记是一种不错的方式。当一天结束的时候，让孩子回顾一下，写下5个他自己欣赏自己的地方，包括他获得的成就（如课堂上完美地回答了老师的问题、足球比赛上自己进球得分了），也包括自身的优势（如幽默、善良、聪明、有创造力等）。找个时间

跟孩子一起阅读，肯定孩子的优点和成就，并表达赞赏之情。当孩子自我评价低时，拿出日记给孩子看，提醒他，他很优秀。慢慢地，孩子会对自己更有自信，自我评价更积极。

策略 ④ 帮助孩子形成正确的身体意象，正确评价自己

身体意象对中学生自我评价的形成有非常重要的影响，家长要帮助孩子形成正确的身体意象，正确评价自己。

● 首先要了解孩子在身体意象方面的自我评价是否得当。如果孩子过于注重自己的外貌或者对自己的外貌总是不满、抱怨，就应该引起家长的关注，家长要引导孩子形成正确的身体意象，正确评价自己。

例如，有的中学生会抱怨"我太胖了"、"要是我能再高点就好了"、"我腿怎么这么短"……这些都是身体意象方面低自我评价的表现。

● 其次，帮助孩子做一点小小的改变，提高身体意象方面的自我评价。

例如，帮助孩子在穿着上稍加注意、换个发型、或者教给孩子一点搭配上的小技巧，让孩子看到自己的变化。同时赞美孩子，肯定他的变化，提高孩子的自信，形成身体意象方面的积极自我评价。

● 最后，家长要抓住时机，告诉孩子，外表美固然重要，内在的丰富和美好才是最赏心悦目的。家长不要认为自己看似无心的话对孩子没有影响，你们的话都会在不知不觉中影响孩子。

例如，家长可以抓住跟孩子一起散步、吃饭、看电视电影等各种休闲的机会与孩子沟通。如当电影结束后，在彼此都很放松的情况下，跟孩子谈谈你的审美观，告诉孩子，青春期的女孩子都是美的，男孩子都是英俊的。告诉孩子有一些人的美丽随着时间慢慢衰退，但有些人凭借积

极的心态、丰富的学识、良好的修养，历经时间魅力旷久。

策略 ⑤ 帮助孩子形成亲密的同伴关系，提高自我评价

同伴关系是影响中学生自我评价的一个重要方面，拥有良好同伴关系的孩子往往自我评价较为积极，而没有形成亲密同伴关系或遭到同伴拒绝的孩子自我评价往往较低。

对不被同伴接纳、同伴关系有问题的孩子，家长一方面需要帮助他们被同伴接纳，如学会倾听、多帮助别人、与同伴交往时更加积极主动一些；另一方面需要让孩子学会悦纳自我，多给孩子表扬和肯定，避免因为被同伴拒绝而完全否定自己。

跟孩子分享一些交友技巧。

● 多称赞。称赞同学获得的进步，即使是很小的成功。

● 不要咄咄逼人。当别人错了的时候，宽容一点，不要让别人感到难堪，给他留点面子。

● 不要在背后议论同学的不足。在背后，多说同学的优点和好话。如果找不到什么好话说，那就保持沉默。

● 试着从别人的立场上分析问题。当跟同学发生争执的时候，不要忘了问自己：他这样做是出于什么原因？如果我是他，我会怎么样。

● 赠送一些小礼物。礼物可以是对取得进步的祝贺，或者是对遇到困难的鼓励，或者没有任何理由的，只是觉得适合他。这些都会让朋友感到温馨和快乐。

策略 ⑥ 发生消极生活事件时，帮助孩子疏导压力

消极生活事件容易使孩子承受更多压力，如果处理不好，容易导致孩子消极自我评价。

对孩子而言，大到父母的婚姻问题、家人死亡，小到考试失利、同伴矛盾都可能成为消极生活事件。

当发生消极生活事件时，家长要及时帮助孩子疏导压力，避免消极生活事件给孩子带来的消极自我评价。

例如，当孩子考试失利时，父母要及时观察孩子的情绪表现，如果孩子自己不能处理好，需要采取一些措施。首先帮助孩子释放压力，可以通过打球、游泳、爬山等方式，让孩子出出汗，发泄一下。然后，跟孩子一起分析原因，可以把原因归为孩子考前休息不好、孩子复习范围有偏差等，尽量给孩子增加自信。

边博士直播间

Q 我女儿今年初二了，因为她爸爸工作调动，女儿转学到另一个学校上学。转学之后，女儿十分不适应，不太跟新同学交往，学习成绩下降，每天闷闷不乐的。该怎么帮助女儿适应新学校呢？

A 转学是一个重大生活事件，尤其对初二的孩子来说。初一是孩子重新建立新的同伴和师生关系、适应中学生活的时期，到了初二，孩子已经完全适应，跟初中的同学和老师产生了感情。在这个时候转学，他们要将刚建立好的一套适应体系破除，这对孩子来说是一个巨大的挑战。况且，初二的孩子正值青春期，比较敏感，很容易因为转学的不适应产生负面情绪和心理压力。

家长要理解孩子的感受，默默地陪伴孩子。孩子转学之后对学校环境的适应、对学习的适应、对新的人际关系的适应，归根结底，其实就是人际关系的适应问题。对中学阶段的孩子来说，人际关系的适应问题是最重要的。在中学生的心里，友谊占有非常重要的位置，转学之后与朋友的分离疏远会让孩子感到孤独、焦虑和不安。所以，家长要更多地陪伴孩子，让孩子明白，你就在他身边，他的孤独和不安你可以理解，也愿意倾听。

启发孩子去交新朋友。转学之后，孩子会有排斥心理，觉得以前的朋友那么好那么贴心，新的同学缺点多多。家长可以在吃饭的时候、一起运动的时候、一起看电视的时候，启发孩子，放下心里的屏障，去接纳新同学，找到新朋友。不是生硬地告诉孩子应该怎样怎样，而是启发、商量、建议，让孩子明白，朋友需要时间的积累，更需要真诚的接纳。可以这样跟孩子说：

"我本来觉得新同事很不好相处，后来大家一起合作，我发现他们人都很好，原来是自己在了解别人之前先把他们排斥在外了。真诚对待新认识的人，会发现熟悉没有那么难。"

"我发现新的环境有新的风景，原来因为不适应工作，对什么都不满意。后来，我看了一篇文章，意识到原来用接纳的心来面对新同事、新工作，会发现另一种风景。人有各种各样，每个人其实都很有意思。"

跟孩子分享一些交友经验。家长可以在闲聊的时候，跟孩子交流彼此的交友经验。让孩子说一说他跟他的一个好朋友是怎样从陌生到知己的，然后家长说一个自己的例子。最后一起总结，让孩子学到一些交友小技巧。

中学阶段的孩子各方面能力增强了，给孩子时间，他们完全可以适应新环境。孩子在适应环境的过程中学会怎样与同学老师交往、怎样调节自己的心态，相信他们在这个过程中，会学到很多东西，他们也会成长为一个更好的自己。

自我管理

怎么我说的你一点儿也不听啊？

我长大了，我能管好自己。

　　方方这一段时间迷上了武侠小说。每天回到家总是马马虎虎把作业做完，随便吃一点饭就钻进了小说里。小说的内容实在是精彩，方方晚上总会看到很晚，有时候还会在爸爸妈妈睡着之后，偷偷起来接着看。这样一来，方方白天总是一副没睡醒的样子，上课完全听不进去老师讲的内容，成绩变得越来越差。好朋友圆圆注意到这一点，就劝方方说："小说好看也不能总看呀，我们现在的任务是好好学习知识，应该管理好自己，在该做的事情已经做好后再看小说嘛！"方方知道圆圆说的有道理，也知道应该管住自己，可就是做不到，他感到非常惭愧。

　　中学阶段的孩子，自主性增强，父母和老师的管束不仅容易让中学生产生抵触情绪，也很难达到预期的效果。因此，让中学生学会自我管理非常必要。

成长规律

规律 ❶ 中学阶段的孩子有自我管理的需求

自我管理是指个体主动调整自己的心理活动和行为，控制不当冲动，克服不利情境，积极寻求发展，获得良好适应的心理品质。

中学阶段正是孩子自主意识发展并急切想表现出来的时期，孩子希望进行自我管理。

中学阶段的孩子要求独立自主，不愿完全按照老师和父母的指示做事情，会把大人的管理和指导当做对自己的不信任，希望能够遵从自己的思考。

中学生的辩证思维能力提高，有自我反思的能力，他们需要实践自己的想法并自我检验、自我反思。自我管理后进行自我反思可以改进孩子对自己的管理，从而形成良性循环。

自我管理给中学生一种对于自己发展的控制感，孩子在自我管理的过程中取得的点滴成功也会增强他们的自信，让孩子得到一种满足感。

规律 ❷ 建立合理目标是自我管理的基石

为自己建立合适的目标是有效自我管理的第一步。

合理目标包括长期目标和短期目标。

● 有研究表明是否有长期的目标跟学生在学校的表现密切相关。长远目标有助于学生超越眼前的情景、各种不愉快和分心的诱惑，使他们更专注于学业，因此取得比其他学生更好的成绩。

● 没有短期目标的支持，长期目标也难以实现。研究发现，寻找一系列短期目标的人因为不

断接近和达到这些目标而获得了较强的自我效能感，增加了自信，更有动力去实现下一个目标。但过于细致、具体、僵化的目标和计划也不利于有效的自我管理。

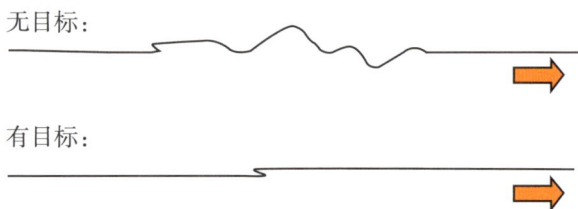

无目标：

有目标：

有目标的人和没有目标的人

说明：没有目标的人走了很多弯路，浪费了很多时间；而有目标的人直奔目标而去，少走弯路。

心灵加油站

如果你的目的是控制，必须首先进行自我控制。如果你的目的是管理，必须首先进行自我管理。

—— E.E.奥斯本

规律 ❸ 自控能力是自我管理的保证

自控能力是自我管理能力的一个方面，有自控能力的人才能做好自我管理。

中学生自控能力不足，容易受到外界环境的影响，容易受到各种因素的干扰，导致自我管理的效果不佳。

为提高中学生自控能力、保证自我管理效果，需要给中学生一定的监督。将目标和计划告诉其他人是一个有用的方法，受到公众压力的影响，中学生觉得不能按时完成计划会影响自己的

形象，得到别人不好的评价，在这种压力的作用下，他们会强迫自己执行计划，自我管理。

规律 ④ 自我管理可以提升孩子的学习成绩和社会交往能力

在学习方面的自我管理就是自主性学习。它指的是学习者对于学习过程的监控与反思，主动探寻适合自己的学习策略和学习领域，并调控学习进程以高效达成学习目标。研究表明，自主学习者不仅有更好的学业成就，而且学习动机更强，更有学习自信。

社交能力是一种包含对他人和自身了解和估计的复杂能力，社交能力的提高是一个基于别人的回应和自己的总结反思的螺旋上升过程。有研究表明，自我管理可以提高孩子对于合适的社交技能的使用能力。

心灵加油站

要管理好自己的事，否则就在被它们牵着跑。

——富兰克林

规律 ⑤ 中学生自我管理机会欠缺，影响了他们自我管理能力的发展

由于父母、教师和学校给孩子提供的自我管理机会不多，孩子自我管理的积极性受到挫伤，自我管理的经验积累也不足，这直接导致了他们自我管理水平不高。

● 父母包办使孩子习惯于"被管理"。父母对孩子的宠爱和不放心导致他们容易包办孩子的各种事情。这一方面导致孩子缺乏自己管理自己的能力；另一方面也使得孩子习惯于"被管理"，逐渐丧失自我管理的积极性。

● 教师"全程监控"阻碍自我管理能力培养。为了确保校园生活的顺利并减少孩子犯错误的可能，不少教师充当了警察或保姆的角色，他们从早到晚陪伴并监督着孩子的生活。

例如，孩子上早自习有老师看管维持纪律，在食堂吃饭有老师执勤，在寝室睡觉有宿管老师查房。

● 学校缺乏学生自我管理的氛围和机制。许多学校对学生管理过于严格，对犯错学生处理力度太大，使学生害怕犯错；并且缺乏引导学生进行自我管理的意识，把学生不犯错、考出好成绩作为学校管理的最高目标。此外，学校没有创设充足的学生活动机会，让学生在活动中锻炼自我管理能力。

养育策略

策略 ① 尊重并理解孩子的自我管理需求

家长应该意识到，中学阶段的孩子有自我管理的需求，自我管理对孩子的发展有益。

孩子对于自己的管理和设计往往更加符合自己的特点，这本身就可以提高孩子学习、做事的效率。同时，自己支配自己的生活也可以让孩子从心理上得到满足，增加了对学习和其他事情的兴趣，把外部动机转化为了内部动机，这更提高了孩子学习和做事的效果。

自我管理使得孩子的依赖减少，促进孩子独

立思考，有利于培养孩子的独立人格。此外，中学阶段以后，孩子或者进入大学，或者开始工作，将较少得到父母的管理和指导，尤其是一些日常事务，一定要孩子自己安排。所以，中学阶段孩子必须开始进行自我管理，为日后完全独立积累经验。

所以，家长要尊重并理解孩子的自我管理需求，适时地放手，把自我管理的权利还给孩子。

策略 ❷ 鼓励孩子制订计划目标，并及时总结优点和不足

中学阶段的孩子往往愿望很好，但执行起来不够持之以恒，常常是虎头蛇尾。为了使孩子的自我管理更加有效和持之以恒，家长可以鼓励孩子制订一定的计划。

开始时，家长要看孩子计划制订得如何，让孩子列得越详细越好，便于孩子遵照执行，也便于家长监督。后来可以列得比较粗，家长可以不必要求孩子把计划给自己看，只当做孩子自己的一个规划过程。

以假期的自我管理为例，孩子可以计划起床的时间、体育锻炼的时间、写作业的时间和自由支配的时间等。每天按照时间表执行，就可以避免浪费大量时间，更有效地利用假期时间。

及时的反思和总结有助于孩子更多地了解自己的特点，改进自我管理的计划，提高自我管理的水平和效率。同时自我管理的提高也让孩子感觉自己是有能力的，提高了孩子的自信心。

例如，可以建议孩子每天睡前用半小时简单写一下自己一天的收获和不足，想一想怎么改进会更好。经过一段时间的摸索和总结，孩子的自我管理一定会更加符合自己的特点，效率也会更高。

策略 ❸ 帮助孩子根据自己的情况，合理设定目标

目标是管理中很重要的一部分，自我管理也不例外，目标直接决定了他们自我管理的实施。

有时候孩子会对自己要求比较高，这样孩子在自我管理的过程中常常会觉得很累，由于经常没法达到要求而产生很大的挫败感。这一方面会使得孩子因为心情不好而降低了效率，自我管理的效果更差；另一方面还可能让孩子丧失自我管理的信心，以后不再要求自主，而是希望父母、老师给予更多指示。

📚 知识库

Smart 原理

按照smart原理我们可以制定一个好的目标。

S代表具体（Specific），指的是自我管理的目标要定得具体，这样才便于操作，而不能笼统地只规定一个大方向。

M代表可度量（Measurable），指目标是数量化或者行为化的，检验是否达到目标的数据或者信息是可以获得的。例如，两小时内完成作业才可以看电视，两小时就是为完成作业设定的时间。

A代表可实现（Attainable），指目标在付出努力的情况下是可以实现的，避免设立过高或过低的目标。

R代表现实性（Realistic），指目标是实实在在的，可以证明和观察。例如，目标可以是每天背半小时单词，而不要仅仅是努力学习。

T代表有时限（Time bound），注重完成目标的特定期限。

另外一些孩子会对自己要求比较低，在几乎没有压力也没有老师和父母催促的情况下，任务往往完成得比较粗糙。

恰当的目标是比老师或父母给予指示时的目标稍微低一点，这样既在孩子的能力范围之内，保证孩子可以完成，获得一定的自信和继续自我管理的动力，又可以避免目标定得太低，任务完成得太粗糙。

策略 ④ 采用提醒、抽查等方式监督孩子自我管理的情况

中学生自控能力还不足，再加上一直有父母和老师事无巨细的指导，孩子刚开始自我管理的时候往往会出现拖延和放松的情况。此外，孩子对问题复杂程度估计不足，在自我管理的过程中可能会遇到一些困难。

为了保证孩子自我管理的质量，提高孩子自我管理的能力，家长应监督孩子的自我管理过程。为了避免孩子对于家长干涉的反感，家长要注意，提醒和抽查都不能太频繁，最好表现得不经意一些，吃饭和闲聊的时候都是比较好的机会。

家长可以讲一些自己或别人身上的例子，让孩子明白自我管理中可能出现各种问题，表明自己很愿意跟孩子一起讨论并解决这些问题，鼓励孩子在需要时向自己求助。同时也说明遇到问题是很正常的，并不能说明孩子能力不够，帮孩子消除顾虑。

策略 ⑤ 创设情境，鼓励孩子进行自我管理

给孩子更多自我管理的机会，一方面家长要更多地放权给孩子，让孩子自己做决定，自己规划，自己监控计划的实施；另一方面家长要鼓励孩子多参加一些学生活动，在活动中锻炼参与学生团体自我管理的能力。

家长应该减少对孩子的直接管束，跟孩子一起讨论过要求后就可以让孩子自己安排实施了，并且在孩子实施时也不要总是问孩子进度，只要孩子认真地进行自我管理，即使结果不那么理想也不要过分责备孩子，更不能立即把孩子的自主权收回。

鼓励孩子竞选班干部，参加各种社团活动。这些都给孩子提供了参与团队自我管理的机会，也锻炼了孩子规划和监督的能力，跟对自己日常生活的管理有很多的相通之处。

责任与担当

不是我的责任，都怪你不负责！

明明是你的疏忽，都怪你！

　　这周没有拿到学校的卫生流动红旗，原因是方方和圆圆值日的时候没有将楼道的卫生打扫干净。班主任对他们进行了批评教育，可是两个人谁都不肯承认是自己没有尽到责任，而是互相推诿，方方说是圆圆没有把地面清扫干净，圆圆说是方方根本就没有拖地，两个人都认为是对方没有做好自己的工作才导致班级没拿到流动红旗。

　　责任感是一个人必不可少的。缺乏责任感、做事没有担当、遇事动辄推脱逃避的人，不仅自己做事很难持之以恒，无法完成任务，更难以获得别人的信赖；只有负责任才能做好自己的事情，获得他人的信任。中学生正处于正确的人生观、价值观形成的重要时机，应该抓住这个时机，培养孩子成为对国家、社会、集体、家庭、他人和自己负责任的人。

成长规律

规律 ❶ 中学阶段孩子自身产生负责任的要求，是责任感培养的关键期，一旦错过很难弥补

责任感是指一个人对国家、集体和他人能自觉地承担和完成应当做好的分内之事的情感。责任感包括自我责任感、他人责任感、集体责任感、社会责任感以及人类责任感。

中学阶段，孩子的自我意识显著增强，从心理上逐渐摆脱对父母和老师的依赖，希望成为一个独立的人。所以，此时孩子迫切地希望能够自己决定自己的生活，产生了对自己和他人负责的要求。

借这个时机培养孩子的责任感，顺应孩子本身的发展特点，会更容易提高孩子的责任感。如果父母、老师对于孩子过分干涉，不放手让孩子自己担负责任，会使孩子养成推卸责任的习惯，以后也很难找到好的契机重新培养起责任感。

中学阶段是孩子从局限在家庭和班级中的交往走向社会交往的过渡时期。在这段时间中，孩子不断明确自己作为朋友、作为组员、作为公民等各种身份应该担负的责任。在中学着力培养孩子的责任感，不仅可以有效提升孩子的责任感，也会让他们在社会交往中表现得更加得体，因为认真负责的人更容易获得别人的认可。

规律 ❷ 培养中学生责任感，促进半理解水平向原则性水平转化

有研究者将7~16岁孩子的责任感发展分为三种水平。

● **强制性水平**。这个水平的孩子把任务看成毫无疑问必须去完成的事，但并不理解责任的含义，他们重视成人的外在要求和标准。

● **半理解水平**。这个水平的孩子逐渐摆脱了成人权威的束缚，在一定程度上基于自己对责任的理解，基于责任对他人、集体和社会的重要性而做出判断，但这种理解尚不够全面、不够深刻，还没有成为信念。

● **原则性水平**。到这个水平的孩子已经完全摆脱了对成人权威的畏惧，不仅估计到不负责任的后果，而且还考虑到间接、长远的影响，这时个体的责任感已内化为自身的价值标准，不易受外界因素的干扰。

对中学阶段的孩子来说，他们大部分处于责任感发展的半理解水平，即对责任感有一定的理解，但尚不深刻，没有成为信念，责任感尚未内化为自身的价值标准。因此，中学生责任感培养就是促进孩子从半理解水平向原则性水平发展。

规律 ❸ 对中学生来说，重要的是对自己、对他人和对集体负责

中学生正处于责任感发展的重要时期，重要的是培养他们对自己、对他人和对集体负责。但有的中学生做得不够。

● 有的孩子对自己不负责任。他们认为自己还小，做什么事情都要大人监督，否则就不去努力，把责任推给父母和老师。

例如，有的孩子平常不好好学习，考试的时候作弊，他们给自己的理由是：老师讲课没意思，我学不好是应该的；父母要求太高，我只能作弊。

● 有的孩子对集体不太负责任。他们往往以自我为中心，对于集体活动不够积极。他们觉得做集体的事情会浪费自己的时间和精力，对集体

的事情不愿负责，不想承担责任，觉得只要做好自己的事情就可以。

例如，有的孩子总是找各种理由不参加值日和公益劳动，或者参加了也不认真，不愿意出力。

● 有的孩子缺乏社会责任感。他们总是要求别人为自己服务，遇到问题就抱怨社会不公平、制度不合理，却很少考虑怎样才能为社会进步献上自己的力量。

例如，有的孩子抱怨交通太拥挤，却很少考虑自己能在这方面做什么，如参加交通疏散志愿者或者立志学习城市道路规划，长大后真正参与到道路交通的改善中去。

规律 ❹ 孩子缺乏责任感是家长、社会的共同责任

父母对于孩子过分呵护、宠溺，替孩子做了很多事情，却很少要求孩子有回报。于是孩子往往以自我为中心，只考虑自己的想法，不懂得为别人着想；遇到问题只想逃避，不愿承担辛苦和责任，因为有父母为自己负责而不知道自己要为自己负责，更少想过要对父母负责、对社会和国家负责，缺乏责任感。

从"楼脆脆"代表的豆腐渣工程、毒奶粉代表的食品安全问题，到乱扔垃圾、乱停车，很多呈现在孩子面前的信息是负面的，孩子耳濡目染，容易忽视、甚至回避自己对社会的责任。

养育策略

策略 ❶ 以身作则，给孩子树立肯负责、有担当的榜样

对于中学阶段的孩子，家长以身作则往往比口头说教更有效。因为孩子更在意家长做什么，而不愿意听家长说什么，并且对家长只说不做的行为有抵触。

在培养孩子责任感方面，家长要以身作则，为孩子树立一个肯负责、有担当的榜样。凡是要求孩子做到的，家长自己首先要做到；凡是要求孩子不能做的，家长自己坚决不能做。家长要特别注意自己的一言一行是不是无意中给孩子传递了错误的信息、教给孩子不要负责。

例如，有的家长要求孩子对自己负责，要好好学习，自己却在工作中逃避责任，只挑最简单的工作，把重活累活让其他同事去做，还在家里洋洋得意地说自己"多聪明"，这实际上给孩子树立了一个非常负面的榜样。

心灵加油站

全部的教育，或者说千分之九百九十九的教育都归结在榜样上，归结到父母自己生活的端正和完善上。
——托尔斯泰

父母对自己的要求，父母对自己家庭的尊敬，父母对自己的一举一动的检点，这是首要的和最基本的教育方法。
——马卡连柯

小提示

家长可以给孩子推荐名人传记，让孩子从名人的成长故事中感受名人强烈的责任感。

心灵加油站

里根和他的父亲

里根上小学的时候，有一天他和小朋友在踢足球时不小心将邻居家的玻璃打碎了。邻居很生气，要小里根赔偿打碎玻璃的钱——12.5美元。在当时的美国，12.5美元是一笔不小的数目，对小里根来说更是一个天文数字。

小里根回家后，跟父亲说了事情的前因后果，想让父亲帮他还邻居的钱。但父亲听后却说："我不能替你还钱，儿子。你打碎了邻居的玻璃，这是你的过错，你应该为自己做的事情负责。你现在应该先到邻居家赔礼道歉，然后自己想办法还钱。"

小里根很吃惊："我连一分钱都没有，怎么还上那么一大笔钱呢？"

父亲说："你必须对自己的过失负责，不能因为困难就逃避责任。我可以先借钱给你，但一年后你必须还给我。这一年里，你要想办法赚钱。"

于是，小里根跟爸爸借钱还给了邻居。之后，他便开始了艰苦的打工生活，帮邻居修草坪，给路人擦皮鞋……他想尽所有办法，努力赚钱。终于，小里根挣够了12.5美元，按时将钱还给了父亲。

后来，里根成了美国的总统。当他回忆起这件事的时候，他说："这件事对我的影响很大，父亲的做法让我深刻地懂得了什么叫责任。"

策略 ❷ 帮助孩子从对自己负责做起，成为有责任心、敢于担当的人

对别人负责，首先要对自己负责，对自己负责是中学生责任感培养的一个重要方面。一个人只有对自己负责，才能自觉地承担起对他人和对社会的责任。要让孩子知道有些事情是必须自己做的，任何人不能代替。如果孩子因为自己不负责任的态度和行为导致了不良的后果，让孩子自己面对，自己承担后果。

● 帮助孩子明确努力学习是为了对自己负责，而不是为了父母的面子或是老师的教学成绩。只有学到了有用的知识，以后才能找到适合的工作，成为真正独立的人。各种偷懒、走神、作弊都是对自己的不负责任，影响的都是自己以后的生活。

● 帮助孩子明确养成良好生活习惯也是对自己负责，减少孩子对父母有关生活习惯管束的抵触。由于生活习惯不好而生病或是受伤，损害的都是自己的身体。而穿着怪异、邋遢则损害的是自己的形象。家长要鼓励孩子按时作息、养成良好的卫生习惯、多参加运动锻炼。

● 帮助孩子明确自己要为自己的行为负责，认真兑现承诺、敢于承认错误并进行弥补。孩子会很自然地做出一些承诺，也会犯一些错误，家长不要过分包庇孩子，替孩子承担各种责任，而要让孩子自己面对自己的承诺和错误，自己处理引发的各种问题。

$$g(x) = \sec x$$
$$g(-x) = \frac{1}{\cos(}$$

心灵加油站

为自己负责①（乔叶）

师范毕业后，我和大多数同学一样，回乡下当了一名小学教师。虽然嘴上不说什么，但心里却着实觉得自己有点大材小用。于是备课时不过是走走形式，讲课时觉得是小菜一碟，从不旁听其他老师的课，更不和同事交流什么心得体会，被誉为"全乡最自由的教师"。而学生的考试成绩却总是一塌糊涂。不过我又觉得这不是我的水平和态度问题，而是乡下学生的素质太低。"苗儿不好怎么会有好收成？"我振振有词地对校长讲。当时，我也开始隔三岔五地写些不疼不痒的稿子偷偷寄出去，但总是石沉大海，于是我也暗暗埋怨那些编辑都是"有眼无珠"之人。同时又哀叹自己父母双亡，出身太苦，虽有一个在县城当局长的哥哥，却又顾不上我的死活……我就这样陷入了一种昏天黑地的恶性循环中，直到认识了我现在的爱人当时的男友——小林。

一个月夜，我对小林哭诉了我的"坎坷"与"不幸"，听后，他没说一句同情与宽慰的话。沉默了许久，他才说："你为什么不说说你自己呢？"

"我一直都在说我自己啊。"我困惑地说。

"可我听到的全都是别人的错误和责任。"他说："你有没有想过，为什么面对的是同样的乡下学生，有的老师能教出那么好的成绩而你却只能充当垫背？不，先不要急着历数你付出的努力，我只建议你去想想其中你应负的那部分责任。"小林顿了顿，继续说了下去："我们再来谈谈你的工作。我想问你，你有什么资格这么激烈地要求哥哥帮你调工作？哥哥在为他的前途孤身奋战时你又为他做过什么？进一步说，不要看他是个局长，即使他是个市长、省长，和你的工作又有什么必然的联系？退一步说，即使是父母在世，帮你调工作也不是他们非尽不可的责任和义务，你又有什么权利去要求哥哥？父母把你养大，国家给你教育，社会给你位置，换来的就是你的满腹牢骚和抱怨吗？你为自己做出过什么？你应该做些什么？你做得够不够？"

那真是我有生以来遭受最多的一次诘问。每一个"你"字，他都强调得很重，像锤子一样击在我的心上。月光下，我的大脑一片茫然，真的，我从没想过这些问题，从没把锋利的矛头对准自己。我总是想当然地把一切借口推到身外，而把所有理由留给自己。从没想过对自己的生命负责。

从那以后，我变了。教学成绩、发稿状况和工作环境也随之发生了一系列根本的变化。因为我彻底明白了：虽然有许多必须的外力我们无法把握，但我们最起码能把握住自己。我们完全可以让自己的"不幸值"降到最小而让自己的"幸运值"升到最大——只要我们学会承担起自己的责任，让自己为自己负责。

---

① 乔叶. 为自己负责.（2012-12-29）http://zmygyxw.blog.163.com/blog/static/4788817 62010112924719252/

策略❸ 给孩子创造机会参与家庭决策，让孩子承担家庭责任

家长总觉得孩子还小，还不够成熟，不让孩子参与家庭的各种决定。家长的这种做法错失了很多培养孩子责任感的机会。

培养孩子的责任感，要让孩子从家庭开始，从小事开始，让孩子参与家庭的决策。这样不仅可以让孩子感受到自己对家庭负有的责任，还可以让孩子从父母的行为中学习到负责任的整个过程。

例如，让孩子参与家庭收支预算及决策，全家人的衣食住行、学习、娱乐的计划安排等，让孩子在父母工作繁忙或者生病时主动分担家务。

策略❹ 通过家校合作，让孩子参加集体活动和公益活动，在活动中培养责任感

责任感的培养需要家长和学校的共同努力，需要加强家校合作。学校应多开展一些集体活动和公益活动，家长密切配合学校的工作，让孩子在体验中增强责任感。

学校组织的集体活动和公益活动，不仅可以丰富孩子的课余生活，增进与同学和社会的接触，还可以培养孩子对集体和社会的责任感。参加社会活动和公益活动甚至成为一些国家大学必不可少的入学条件。

在这些活动中，孩子逐渐学习负责任的方式，他们首先对自己负责，然后学着为集体着想，为集体负责。在体会到因负责任产生的快乐和满足之后，孩子的积极性会被调动起来，更愿意负责任。

此外，在参加这些活动的过程中，孩子可以观察到别人是如何为集体和社会做贡献、如何负责任的。这也是很好的观察学习的机会。

利用有教育意义的传统节日，对孩子进行教育。如在母亲节的时候，学校可以开展"我为母亲做点事"的活动，家长要配合学校的工作，不要在孩子为你做事的时候，你觉得学校搞形式主义，打击孩子做事的积极性。配合孩子，让孩子在体验中更能体会到父母的辛苦，从而增强他的责任感。之后，班级根据学生的行动开展主题班会，继续引导孩子加强责任意识。

开展一些社会实践活动。如走出校园，走向街道，清扫垃圾；植树种草、绿化环境；宣传节能减排。学校积极组织，家长积极配合，通过一系列的社会实践教育孩子要热爱社区，关心社会，给孩子灌输一种"我是社区/社会主人翁"的意识，提高责任意识。

选择与决策能力

你都考虑了好几天了，要不要参加这个兴趣小组？

我没想好，我最讨厌做决定了。

　　高二的方方突然决定重拾小学时的爱好——画画，每周固定时间向专业老师学习。爸爸妈妈感到很不解，在高中学习这么紧张的时候，如此大张旗鼓地重拾爱好多耽误学习啊。对于爸爸妈妈的疑问，方方解释自己这样做是为了高考报志愿的时候选择建筑学，画画老师认为自己很有天赋，自己也很喜欢画画，即使将来不学建筑了，画画特长在高考时也可以加不少分。方方还说，自己主要用晚饭后的一个小时练习画画，不会耽误太多学习时间，班主任也认为以方方的成绩加上艺术特长能够上一个更好的大学。听了方方有理有据的分析，爸爸妈妈同意了。妈妈觉得，方方这次做决定比以前理智多了，要是在前几年，方方绝对不会听任何人的意见，也不去管后果如何，总是一副不撞南墙不回头的架势，怎么才过了两三年就改变这么大呢？

　　决策能力，简单的说就是做决定的能力。选择和做决定是个人生活中必不可少的部分，也是团队（如球队、企业、家庭）健康发展不可缺少的。培养中学生的选择与决策能力，避免轻率抉择和优柔寡断，为孩子将来发展奠定基础。

成长规律

知识库

决策与选择

决策是为了到达一定目标，采用一定的科学方法和手段，从两个以上的方案中选择一个满意方案的分析判断过程。

选择是从多个备选对象中选取最值得的对象的决策过程。

决策包含选择的过程，在进行选择之前，还要确定决策的目标并搜集有关的信息，在选择后，往往还要进行对整个过程的反思。

小学阶段，孩子很少自己做决定，日常生活中的大小事务主要由父母和老师代为决定，最多只是征求一下孩子的意见。进入成年期后，孩子就完全成为一个独立的个体了，面对纷繁的世界，没有父母和老师的指导，事事都要亲力亲为，必须具备良好的决策能力。于是作为从孩子到成人过渡期的中学阶段，培养孩子的决策能力就显得格外重要了。

随着孩子进入中学，他们的独立意识增强，不愿事事依靠父母，而是希望能够独立自主地做出决定。此外，随着思维能力的发展，孩子自身逻辑推理能力有所提高，对父母和老师们的观点也开始产生质疑，他们更加相信自己的判断。

例如，中学的孩子遇到问题会自己先判断决策，而不是直接去问父母或老师该怎么做。

孩子在中学阶段面临的选择也远比小学多，而且这些选择的重要性也更大，从交友聚餐，到健身出游，到选修课程的选择，还有不可忽视的升学，他们开始渐渐地需要自己去做决定，并为自己的选择负责。

决策能力绝不仅仅是做一个决定这么简单，决策能力包含很多内容，具体分为四个方面：

● **制定决策目标**。为了制定一个合理的决策目标，首先要把握问题的关键，然后要根据现状对决策结果进行理性的估计。既要避免由于过于理想化的预期而带来决策时长时间的犹豫不决和决策后的受挫，也要避免由于过于悲观的预期而导致的缺乏动力，不努力争取好的结果。

● **搜集决策相关信息**。这主要指的是搜集信息的广度和分析问题的深度。与之相关的还有发现的选择数，一般来讲搜集的信息越广，分析问题越深，也越容易发现一些新的选择。

● **选择满意方案**。综合搜集到的种种信息，面对若干可能的选择如何进行抉择，是决策中最核心的问题。

● **分析评估决策结果**。分析和评估决策结果，是为了总结决策的经验，提高决策的效率和质量。随着决策结果分析和总结的增加，较为固定的决策模式会逐渐形成。这不仅可以避免心情等偶然因素对于决策结果的影响，也可以提高决策的速度。

规律 ❸ 中学阶段，孩子的决策能力发展迅速

孩子进入中学后独立自主的意识显著增强，他们希望表达自己的意见，渴望为自己做主，参与决策的主动性大大增加。更具体地说，他们不仅积极参与决策，对于决策的各个环节也都认真思考，甚至是最容易被忽略的决策结果分析环节，高中的孩子也能静下心来仔细进行评估和总结。

随着孩子认知能力的提高和掌握知识的增加，他们的问题分析能力也在提高。在决策领域，孩子搜集决策信息的广度和分析问题的深度都显著增加。

例如，刚上初中的孩子面对抉择往往只是自己想一想，最多跟好朋友讨论一下，而没有其他的信息源。而高中生一般就会有一个比较系统的信息搜集过程，他们会查相关的书籍，会在网上查找资料，也会询问相关专家的意见。

随着孩子情绪控制能力的提高和科学知识的学习，他们在决策上表现得更加理性。

例如，初中的孩子对问题常常缺乏仔细分析，他们要么过分自信，认为自己是不会受到损失的，要么偏于宿命，认为无论自己怎么做都无法避免失败的结局。而高中的孩子对问题的分析则理性得多。

规律 ❹ 为避免失败和受到同伴压力，初中生容易放弃决策和自主选择的机会

初中的孩子自尊心较强，他们很害怕自己做出决策后获得一个失败的结果。孩子由于对失败可能带来的质疑和嘲笑极其恐惧，往往会在心中夸大失败的概率。为了避免体验到失败，孩子甚至宁愿放弃做决策的机会，这样一旦出现失败也可以归咎给父母、老师等代为决策的人。

此外，同伴压力在初中达到高峰。有时孩子为了追求同伴的认可，放弃自己做决策的机会，顺从同伴的选择。这样久而久之，孩子就容易养成随大流的习惯，遇事也不争取自己做决定的权利了。

规律 ❺ 父母和老师替孩子做太多决定，不利于中学生决策能力的发展

父母和老师如果总是替孩子作出决定，会让孩子感到自己为决策做出的各种分析和努力是没用的，这会使他们逐步丧失自己做决策的主动性。而如果父母和老师总是对孩子的意见加以否定，孩子也会因为回避批评和否定而避免自己做决策，久而久之也会放弃自己做决定的权利。

充足的决策经验是决策能力提高的重要保证。由于父母和老师的过度干涉，孩子缺乏决策经验，决策能力提高就很受限制。并且当孩子没有自主决策的积极性时，再好的决策技巧也不能提高决策的质量。

心灵加油站

孩子要有机会去做一些自己想做的事，通过自己的努力，克服种种困难，最后成功了，孩子就会逐渐认识、了解、承认自己的能力。

——王燕

在经常监督的压力之下成长的人们，不能希望他们多才多艺，不能希望他们有创造的能力，不能希望有果敢的精神，不能希望有自信的行为。

——赫尔巴特

养育策略

策略 ❶ 给孩子做决策的机会，无论结果如何都给孩子鼓励

决策能力的发展不是一蹴而就的，需要时间，也需要实践。家长要多给孩子做决策的机会，将一些权力还给孩子，不要事事帮孩子做决定。即使孩子所做的决定是错的，也不要急于纠正孩子，让孩子按照自己的决定去做，孩子会在错误中学到宝贵的经验。

例如，孩子要不要参加补习班的问题。有的家长觉得孩子有必要上就强迫孩子，倒不如让孩子给出恰当理由后自己决定，避免了孩子跟家长对着干。让孩子保证为自己不上补习班的决定负责，要成绩有所提高，如果孩子没有做到，孩子也会认识到当初的决定是错的，转而愿意上补习班。

需要注意的是，当孩子所做的决策有很糟的结果时，家长切忌说"我早就说你这样不行"、"当初怎么不听我的"之类的话，这样容易使孩子因为害怕承担后果而避免做决策，或者每当做决策的时候因为担心出现不好的结果而犹豫不决。

鼓励孩子为结果负责。告诉孩子，人不可能做的每一个决定都是对的，即使错了也没关系，因为你还小，经验不足，慢慢的，从每一次教训中总结经验，你会越来越好。

策略 ❷ 帮助初中的孩子理性面对别人的意见，独立做出决策

中学阶段的孩子非常看重别人尤其是同伴对自己的看法，有时为了与同伴保持一致，而放弃了自己做决策的机会。帮助孩子正确看待别人的意见，不盲从，不从众，根据自己的想法做出适合自己的决策。

例如，家长可以在孩子做决策时询问一下同伴和其他人的意见，看看孩子是否受了他们的影响，孩子做出的决策是否违背他自己的本意。然后，家长可以跟孩子分析一下同伴或其他人的意见，分析一下是否适合孩子，让孩子自己判断是否应该接受。

孩子毕竟各方面的经验都不够丰富，所以多征求一些意见，多搜集一些与决策有关的信息对孩子是有利的。但是，征求别人意见不意味着顺从别人的决定，要让孩子在综合分析多方面意见的基础上，做出自己独立的判断。

遇到问题的时候，家长可以先跟孩子交流彼此的想法，既让孩子了解家长的观点，也对孩子当时的想法有一个把握。

然后，鼓励孩子去征求不同人的意见。

最后，让孩子给出他综合几方面意见之后的决定，并让孩子说明原因。

当孩子单方面根据某个人的意见做决定时，家长要表明你的看法，让孩子明白你尊重他的决定，但是不认可他这种直接采纳别人意见的做法。因为每个人的想法都带有个人主观色彩，只有融合了别人意见之后形成自己观点才是最适合自己的。

小提示

中学生思想尚不成熟，有时为了彰显自己的独立意识，不经慎重考虑就冲动做出决定。家长可以建议孩子在做每个决定之前，给自己三个理由，不要一时激动就马上做决定。

策略 ③ 帮助孩子学会一定的选择方法与技巧

决策是从若干策略中选取最优策略的过程，因此掌握一些策略对比方法有利于做出更好的决策。家长可以教给孩子一些决策的方法。

● 头脑风暴法。当孩子面临一些问题尤其是重大问题、无法做出决策时，可以采用这种方法。可以全家一起（或者跟几个信任的同学一起）组成头脑风暴小组，通过头脑风暴小组会议来找到解决问题的最优方法。针对孩子遇到的问题，畅所欲言，让所有人自由提出想法或点子，以此相互启发、相互激励，引发联想，从而诱发更多解决问题的创意和灵感。

● 淘汰法。将所有决策方案筛选一遍，把达不到要求的方案淘汰掉，缩小选择范围。

● 对比法。将各种方案的优劣势一一列出来，进行对比。

例如，关于高中文理分班选择文科还是理科的决策。可以让孩子做一个表格，将选择文科的优劣势和选择理科的优劣势分别写下来，综合对比分析，选择优势更多的那科。

知识库

头脑风暴法

头脑风暴法又称智力激励法、或自由思考法（畅谈法，畅谈会，集思法），是美国现代创造学奠基人奥斯本提出的，是一种创造能力的集体训练法。它把一个组的全体成员都组织在一起，使每个成员都毫无顾忌地发表自己的观念，既不怕别人的讥讽，也不怕别人的批评和指责，是一个使每个人都能提出大量新观念、创造性地解决问题的最有效的方法。

头脑风暴法出自"头脑风暴"一词，所谓头脑风暴是指无限制地自由联想和讨论，其目的在于产生新观念或激发创新设想。

心灵加油站

头脑风暴法案例一则

有一年，美国北方遭遇暴雪，经久不化，一些大跨度的电线常被积雪压断，影响了通讯，也带来很大的安全隐患。很多人试图解决这一问题，有的说"找个长长的扫把将雪扫下来"，有的说"加热将电线上的雪烤化"，有的说"给电线'打把伞'，避免雪再落上去"，但每种方法实施起来都有一定的问题，这个难题一直悬而未决。

后来，电信公司经理使用奥斯本的头脑风暴法，将不同专业的技术人员聚集在一起，组织了一场头脑风暴座谈会。他让参加会议的人解放思想，畅所欲言，鼓励每个人都尽可能想最多的点子。并且他要求参加会议的人不要对别人的想法评头论足，不能打击别人的积极性，多尝试在别人想法的基础上提出改进意见，将两个或更多的想法整合成一个更好的设想。

这次头脑风暴取得了巨大的成功，基于"坐飞机扫雪"和"用鼓风机将雪吹走"而激发出一种"用直升机扇雪"的方法。经过现场试验，发现这种方法果真奏效。电线的积雪隐患在头脑风暴中得到了有效解决。

策略 ④ 鼓励孩子在决策前多思考，认真评估决策结果

做出一个合理的决策，首先需要确定决策目标，然后搜集多方面信息、选择最佳方案，最后评估决策结果。任何一个决定的做出都不是随随便便的，尤其是重要的决定，更要经历这样一个过程。

家长要帮助孩子养成在决策前思考这几方面的习惯，通过这种方法做出更好的决策，提高决策能力。

家长可以先就某个问题，跟孩子一起学习做决策的步骤，让孩子逐步学会决策的方法。

需要注意的是，要鼓励孩子对决策结果进行认真评估和分析。为了帮助孩子解决偷懒和嫌烦而不愿总结分析的问题，家长要陪孩子一起进行分析，不仅可以分析孩子的决策，还可以分析父母自己的决策。等孩子养成自主评估分析的习惯后，父母可以让孩子自己分析，不再干涉。

策略 ⑤ 让孩子给自己规定决策期限，并监督孩子决策后立即开始行动

由于很多事情都是有时限的，所以决策效率对决策最后的效果十分重要。孩子有时因为很难下决心而犹豫不决，迟迟不作出决策，这样常常会错过许多机会。因此，家长需要帮助孩子规定决策的期限，防止孩子过分拖拉。

例如，家长可以帮孩子把决策期限定得比规定的截止日期提前一点儿，给孩子一点儿提前量。在做决策的这段时间中家长也要经常提醒孩子。

有时候做出决策后还需要有相应的行动。出于对未知的逃避，有的孩子会拖延行动的时间。这时家长也需要适当地督促孩子，告诉孩子好的决定并不能够保证好的结果，只有把决策付诸实施才可能收获最终的胜利。

心灵加油站

命运不是机遇，而是选择。

——J. E. 丁格

决定你是什么的，不是你拥有的能力，而是你的选择。

——杨澜

一个人怎样思想，他就是怎样的人；一个人作何种选择，他就是何种人。

——爱默生

心灵加油站

在"自主"与"不自主"的矛盾中前行的一代

80年代后出生的青少年，在消费、交友、运动、电视收看等诸多日常事务中的自主权增大，自主选择与决策能力增强。这是因为他们对金钱的支配权增大了，父母、爷爷奶奶等会每月给孩子一笔零用钱，他们可以买自己想要的东西，参加自己喜欢的活动。此外，网络、书籍、电视等

为孩子提供了丰富的信息，他们接触更多的知识和信息，他们相信自己可以通过信息搜索获得想要的答案，他们不再过多依靠父母和老师，更加自主。因此，他们是"自主"的一代。

应该看到的是，虽然孩子在日常事务方面自主决策权增大了，但在一些大事件如升学、课程选择、专业选择等问题上，家长还是不会放手让孩子完全自主决策，甚至将孩子的决策权没收，自己替孩子做决定。从这个意义上，他们又是"不自主"的一代。

日常事务的"自主"与大事件上的"不自主"，使得他们在"自主"与"不自主"中矛盾前行，享受了部分自主权的青少年会对大事件上的自主决策权更加渴望，得不到满足会更加矛盾和挣扎。家长应注意，在日常事务中，让孩子拥有自主决策权时应告知孩子规则和底线，不能完全放手，让孩子有规则意识，有所约束。在大事件上，如升学、专业选择等问题，家长应该放手给孩子更多自主权，让孩子自主选择，尊重孩子的意见，这样孩子才能真正成为自己的主人。

抗挫折能力

太难了，我不行……

某中学一名懂事、上进且成绩优秀的初中生自杀。事情的起因是政治课上老师对他的一次罚站。老师在课上提问"什么是可持续发展"，他和其他几名同学都没有回答正确，随后老师没有特意提醒他们坐下，他和其他两名同学一直站到下课。后来发现在一篇作文里，他这样写道："如果考不好，怎么向父母、向所有关心自己的人交代……唉，烦死了。考试啊考试，你是那么的讨厌，多么渴望能取消你。"

近年来，我国中学生自杀人数逐年增加，情况令人担忧。除此之外，越来越多的中学生感到抑郁，遇到问题退缩、焦虑，中学生的抗挫折能力亟待提高。因此，需要在中学阶段对孩子进行挫折教育，提高孩子的抗挫折能力。

成长规律

规律 ① 中学生抗挫折能力有待提高

报纸电视上经常有这样的例子：孩子因为学习压力失眠、焦虑或抑郁，因考试失利精神崩溃甚至自杀，因老师的批评做出过激行为……抗挫折能力差、心理适应不良已成为阻碍孩子健康成长的重要原因。

北京市有关部门对10所重点中学进行的一次问卷调查中，在"你的弱点是什么"一题中，有60%的同学认为自己"缺乏毅力，不能自我调适感情，经不起挫折"。

中学生的抗挫折能力有待提高主要有三方面表现：① 对挫折的承受力差，在挫折面前，容易陷入不良情绪的困扰中，如暴躁、焦虑、抑郁等；② 产生不理智的对抗行为，如消极对抗、暴力侵犯、过分发泄不满情绪等；③ 诱发心理问题。

> **知识库**
>
> 挫折
>
> 挫折
>
> ① 失利、挫败；
>
> ② 在社会心理学上指由于妨碍达到目标的现实的或想象的阻力而产生的心理状态，表现为不安、失望、愤怒等。
>
> ——《辞海》

规律 ② 中学生遭遇的挫折情境增加，对挫折感受性更高

研究表明，与小学生相比，中学生遭遇的挫折情境大大增加，中学生对挫折的感受性更高。也就是说，孩子在中学阶段遭遇的挫折增多、对挫折更加敏感，更容易因生活学习中的一些困难而感到挫败，产生心理困扰。

进入青春期之后，孩子离开家庭，更多地接触外面的世界，在这个过程中，孩子会遭遇种种困难和挫折。学习上的压力、跟同伴交往的矛盾、跟老师的沟通不良、家长的不理解、对自己的不满意、对未来的困惑……这些都可能成为挫折的来源。

中学生正处于青春期，生理的成熟与心理的相对幼稚导致中学生的很多心理矛盾，容易将生活、学习中的困难敏感化、扩大化，且中学生辩证分析与解决问题的能力不强，对待挫折的适应能力和心理防御机制不够成熟和完善。当中学生遭遇挫折时，容易产生消极的情绪反应，如惊慌失措、意志消沉、委靡不振等。

> **知识库**
>
> 中学生的挫折源
>
> 很多研究表明，学习是中学生最大的挫折源，此外，人际关系、兴趣和愿望、自我发展、青春期发育也是中学生挫折的重要来源。

规律 ❸ 家长过于关注孩子的学习、对孩子过分保护溺爱，导致中学生抗挫折能力差

很多家长都有这样的想法：社会竞争太激烈，要给孩子最好的教育，让孩子赢在起跑线上。为了让孩子专注于学习，一些家长给孩子创造一个真空的学习环境，在生活中对孩子过于保护、溺爱，事事包办，不让任何其他方面的困难来干扰孩子的学习。但是，孩子的抗挫折能力是在生活中锻炼出来的，家长的保护和包办剥夺了孩子在生活中遭遇挫折、面对挫折和战胜挫折的机会。

一些成绩很好的"好孩子"，"两耳不闻窗外事，一心只读圣贤书"，这样的孩子缺乏基本的生活技能，遇到生活中的挫折时，往往缺乏独立解决的信心和勇气，习惯性地寻求家长帮助或者逃避退缩。

知识库

温水青蛙效应

19世纪末，美国康奈尔大学做过一个著名的青蛙实验。他们把一只青蛙放到盛满沸水的锅里，结果青蛙被烫了一下之后，马上奋力从热水里往外跳，安全逃生。半小时后，他们将刚刚那只死里逃生的青蛙放到同样的锅里，这次锅里放的是冷水，然后给水慢慢加热。这只青蛙在水里悠然地游泳，完全没有挣扎，过了一段时间，当水很烫的时候，青蛙却因为全身乏力无法逃脱。

这就是"温水青蛙效应"，它告诉我们，挫折和困境往往使人变得优秀，而过于安逸的环境往往会扼杀了人的斗志，无法取得成功。

规律 ❹ 挫折教育可有效提高抗挫折能力

心理学研究表明，同样的挫折，第二次的影响力度和影响广度比第一次要弱得多。可见，让中学生多经受挫折，能够提高他们的抗挫折能力。对中学生进行挫折教育，有助于提高中学生的抗挫折能力，提高心理健康水平。

知识库

挫折教育

挫折教育就是有意识地培养孩子对挫折的承受力、应变力、克服力，并培养其完善人格的心理素质教育，使他们能正确地面对学习生活中的问题并有效地解决，为孩子将来步入社会、踏上工作岗位创造更有利的条件。

挫折教育已经在美国、德国、英国、日本等很多国家流行开来。

抗挫折能力的关键是遭受挫折后的恢复力，抗挫折能力强的孩子不是面对困难不产生畏惧和痛苦，而是他们能很快从痛苦中解脱，重新振作，相信自己能够战胜困难。挫折教育就是培养孩子面对挫折时一种内在的自信与乐观。

养育策略

策略 ① 家长先改变自己过度保护的心态，孩子才能学会面对挫折

很多孩子抗挫折能力差，是因为父母的过度保护和溺爱。

法国思想家卢梭说过：人们只想到怎样保护他们的孩子，这是不够的。应该教会孩子怎样保护自己，教他经受得住命运的打击，教他不要把奢华和贫困放在眼里，教他必要时在冰岛雪地里或者马耳他岛灼热的岩石上也能生存。

作为父母，我们都不希望孩子遇到挫折，但是，孩子在成长过程中遭遇挫折不可避免。我们不可能总是替孩子遮风挡雨，让孩子一直生活在温室中。真爱孩子，就放开双手，让孩子自己走路、跌倒再爬起，只有这样，孩子才会变得越来越坚强，他的生命之舟才不会被现实世界打翻碰碎。

心灵加油站

天将降大任于斯人也，必先苦其心志，劳其筋骨，饿其体肤，空乏其身，行拂乱其所为，所以动心忍性，增益其所不能……然后知生于忧患而死于安乐也。

——孟子

不幸是一所最好的大学。

——别林斯基

困难与折磨对于人来说，是一把打向坯料的锤，打掉的应是脆弱的铁屑，锻成的将是锋利的钢刀。

——契诃夫

心灵加油站

无法长大的红杉树

又到了红杉树种子离开妈妈、飞向远方的季节，一颗颗的红杉树种子欢快地离开妈妈的怀抱，跟着风的脚步去寻找自己顶天立地的那块土壤。

然而，红杉树妈妈却不放心最小的红杉树种子，担心他飞不到一片肥沃的土地，担心他不小心飞到水里、岩石上，那可怎么办呀？最小的红杉树种子拗不过妈妈，只好扎进妈妈脚下的泥土里，在妈妈的庇护下羡慕地看着那些美丽飞翔的哥哥姐姐。很久以后，当那些在远方扎根的红杉树种子都长成参天大树的时候，那颗在妈妈脚下的红杉树种子却依然整天躺在妈妈的怀里，因为妈妈的呵护挡住了他成长的阳光。

策略 ❷ 放开双手，让孩子在生活中体验挫折

家长要改变代替孩子解决问题的做法，让孩子去面对生活中遇到的各种困难，丰富生活经验，体验挫折。

● 首先，对孩子的要求不要一味地满足，孩子能做的事情，要让孩子自己去做，孩子自己能解决的事，家长就不要去帮忙。让孩子自己去解决一些事情，对自己的行为负责，通过自己的努力去获取自己想要的。

● 在日常生活中，有意识地多给孩子锻炼的机会，孩子的经验丰富了，遇事就不会惊慌失措，就更能勇敢面对突如其来的困难。让孩子做一些力所能及的家务劳动，如扫地、洗衣做饭、整理房间等，学到基本的生存技能，培养孩子的吃苦精神和抗挫折能力，让孩子渐渐学会独立面对生活中的一切。

● 此外，家长还可以带孩子参加一些户外的拓展活动，如攀岩、徒步、田间劳动等，让孩子在这些活动中感受挫折，战胜挫折。

知识库

美国孩子的家务清单

7~12岁

能做简单的饭；帮忙洗车；吸地擦地；清理洗手间、厕所；扫树叶，扫雪；会用洗衣机和烘干机；把垃圾箱搬到门口街上（有垃圾车来收）。

13岁以上

能换灯泡；换吸尘器里的垃圾袋；擦玻璃（里外两面）；清理冰箱；清理炉台和烤箱；做饭；列出要买的东西的清单；洗衣服（全过程，包括洗衣、烘干衣物、叠衣服并放回衣柜）；修理草坪。

策略 ❸ 抓住遭遇挫折的契机，让孩子体会"挫折是人生的宝贵财富"，乐观面对挫折

一个人在成长的过程中，必定会遇到各种困难与挫折，它在给人带来心理压力和情绪困扰的同时，也带来成功的契机，"挫折是人生的宝贵财富"。也许这个道理孩子都懂，但肤浅的"知道而已"对孩子没有什么帮助，只有当孩子对此有所体会的时候，才能不排斥挫折，不畏惧挫折，乐观面对挫折。

抓住孩子遭遇挫折的契机。当孩子正为挫折苦恼的时候，家长可以跟孩子分享自己曾经的挫折经历：告诉孩子在遭遇挫折、战胜挫折的整个过程中，自己的心态是如何变化的，说说自己在克服挫折的过程中收获了什么。启发孩子遇到挫折时，不要被挫折吓到，相信挫折会给勇敢的人带来宝贵的财富。

当困难过去之后，在孩子不被挫折困扰、心情轻松的时候，跟孩子交流一下感悟。问孩子"这次的挫折让你成长了吗？你收获到了什么？"，让孩子对"挫折是人生的宝贵财富"有所体会。

策略 ❹ 关注孩子遇到挫折的反应，当孩子无法解决时，应给予及时的帮助，以免孩子习得性无助

提高孩子的抗挫折能力，让孩子体验挫折，自己面对挫折，并不是说家长可以完全撒手。在孩子遇到挫折时，要多关注孩子，观察孩子遇到的问题是否已经超过他的承受极限，当孩子确实无法解决时，应给予及时的帮助，以免压力超过孩子的心理承受能力，致使孩子自暴自弃，一蹶不振。

例如，小天一直很优秀，在班里一直是班长。但在新学期的班委选举中，小天落选了，并且获得的选票很少。之后他的心情一直很压抑，郁郁

寡欢，在学校不爱说话，一回家就关在屋里，晚上失眠，黑眼圈特别严重，这种情况持续好几天了。——对一直自认为是"天之骄子"的小天来说，落选并且是以极低的票数落选，是一件非常打击他的事情，从他的表现来说，经过好几天他还没有从挫折中走出来，说明他遇到的这个挫折，他自己确实无法解决。这时候，家长需要介入，帮助他战胜挫折。比方说，家长可以让他描述一下他以前当班干部的一天，从中了解他的问题，帮他分析他不被同学认可的原因，鼓励他改变自己，并告诉他爸爸妈妈相信他以后可以做得更好。当家长的帮助无效时，要带孩子去专业的心理咨询机构寻求帮助。

知识库

习得性无助

习得性无助是指在之前的某个情境中获得无助感，在以后的情境中仍不能从这种感觉中摆脱出来，从而将无助感扩散到生活中的各个领域。例如，前几次考试，无论孩子怎么认真准备和复习，成绩总是不理想，于是孩子感到强烈的无助感。到后来，孩子考试前都不怎么准备，他认为自己无论再怎么做都不能改变这个情况。

实验室

狗为什么变得绝望
——习得性无助实验①

实验目的：

探讨不断失败的经验能否导致习得性无助。

实验设计：

以狗为被试，实验人员将狗随机分为两组，第一组是实验组，第二组是对照组。

第一阶段：把实验组的狗放进一个装有电击装置的笼子里，这个笼子是狗无法逃脱的。给狗施加电击，电击的强度能够引起狗的痛苦，但不会伤害狗的身体。观察实验组狗的反应。对照组的狗没有经过这一步。

第二阶段：把实验组狗和对照组的狗分别放进相同的另一种笼子，这个笼子由两部分构成，中间用隔板隔开，隔板的高度是狗可以轻易跳过去的。隔板的一边有电击，另一边没有电击。观察实验组和对照组狗的反应。

实验结果：

在第一阶段，实验组的狗在一开始被电击时，拼命挣扎，想逃脱这个笼子，但经过再三的努力，仍然发觉无法逃脱后，挣扎的程度逐渐降低了。

在第二阶段，实验组的狗除了在头半分钟惊恐一阵子之外，此后一直卧倒在地接受电击的痛苦，那么容易逃脱的环境，它们连试也不去试一下。而对照组的狗，即那些没有经过第一阶段电击实验的狗轻而易举地从有电击的一边跳到安全的另一边。

这个实验所产生的现象，在心理学上称之为"习得性无助"。后来很多人采用其他动物进行重复实验，均得到了与上面相同的结果。

---

① Seligman, M.E. Helplessness: On depression, development, and death. WH Freeman/Times Books/Henry Holt & Co, 1975

策略 ❺ 疏导不良情绪，提高应对挫折的心理调节能力

中学生遇到挫折时，会产生一些不良的情绪反应，如紧张、烦闷、委屈、焦虑、沮丧、愤怒、抑郁等，这都是正常的。

在孩子受挫后，家长对一般程度的负面情绪，可以不必理会，让孩子自己去调节。但如果孩子情绪反应过度，不良情绪长时间存在，那么家长需要帮助孩子及时疏导，摆脱失望、伤心等不良情绪，提高应对挫折的心理调节能力。

● 倾诉。先跟孩子主动倾诉，孩子感觉到信任和理解之后，会容易开口，跟父母说自己的问题；鼓励孩子跟好朋友交流，也许"一语惊醒梦中人"；告诉孩子不想跟别人说的话可以写给自己看，说给自己听。

● 大声哭泣。从医学角度讲，短时间的痛哭是释放不良情绪的最好方法，是心理保健的有效措施。让孩子在遇到挫折时，大哭一场，也许孩子的不良情绪就会自愈。

● 多出去走走。当人内心烦躁不安时，观赏鸟语花香，看看云卷云舒，外界的安宁平和有助于平息心里的压抑和躁动。也许会在看风景过程中突然对困难和挫折有新的体悟，从而乐观、勇敢地面对挫折。

策略 ❻ 从榜样中获取精神力量，自信地面对挫折

中学阶段的孩子很容易产生偶像崇拜心理，在学习和生活中，总是喜欢把自己与自己心中的偶像对比，希望自己将来也能成为这样的人。

家长可以给孩子买一些名人传记，让孩子从榜样身上得到鼓舞，获取精神力量，提高自己的抗挫折能力。

在每一个孩子身上，都能看到父母的影子。父母在困难和挫折面前表现出来的态度，对孩子的影响非常巨大。

家长可以把自己在事业和家庭生活中遇到的不如意告诉孩子。通过自己的事例，让孩子懂得压力人人都会有，大人也会遇到挫折，也会因此产生心理压力。并告诉孩子自己在遇到挫折时是怎样应对的，给孩子树立一个实际的榜样，增强孩子应对挫折的信心。这样，孩子比较容易听进去，并从父母的事例中学习经验，自信面对挫折。

此外，当孩子面对挫折，消极怀疑、否定自己时，家长要帮助孩子及时看到自己优秀的一面，多提醒孩子以前成功的例子，从而鼓起战胜挫折的勇气和信心，提高对挫折的适应能力。

家长可以让孩子把自己的优点、特长、别人对自己的赞美等自己最得意的地方用笔记下来，让孩子发现自己的优点，知道自己原来还不差，增强战胜挫折的信心。

心灵加油站

发牌的是上帝，玩牌的是自己

艾森豪威尔年轻的时候，有一天，他跟家人打牌的时候，可能因为运气不好，他每次拿到的都是很差的牌，所以总是输。他刚开始时还乐观地想："没事儿，前几次是运气不好，后面会越来越好的，我下一次肯定能抓到好牌。"但玩了很多次，他依旧抓不到好牌，在又一次输牌之后，他将牌扔到一边，生气地吼道："什么破牌，不玩了！"。

母亲看到他这样，严肃地说："既然要打牌，你就必须用手中的牌打下去，不管牌是好是坏。人生就和打牌一样，发牌的是上帝，但玩牌的是自己。你没有办法决定你将得到一副怎样的牌，

但你能决定如何将手中的牌出下去，你能做的就是根据自己手里的牌，不管好坏，都心平气和，认真对待，为自己争取最好的结果。"

听了母亲的一席话，艾森豪威尔受到很大的触动。以后每当他遇到困难和挫折的时候，他总是想着母亲的话"发牌的是上帝，但玩牌的是自己"，鼓励自己勇敢面对，坚持下去，不气馁，不放弃。后来，他成为了美国第34任总统。

领导力

这个月是学校的环保活动月，圆圆在这次活动中担任组长，但她在分配任务时遇到了麻烦。有的活动内容很有趣，比如，制作一个醒目的标识牌放在校门口，提醒接孩子的父母在等待时把汽车熄火；有的则比较辛苦，也没什么意思，像检查学校的垃圾桶、看看学校在垃圾分类和回收方面做得怎么样。方方画画很好，圆圆本来想把制作标识牌的任务交给方方。可是，在圆圆分配任务之前，她最好的朋友乐乐跟圆圆说自己想制作标识牌。圆圆虽然觉得这样不太好，但她不好意思拒绝朋友的要求，就把制作标识牌的任务交给了乐乐，让方方去检查垃圾桶的垃圾分类。

任务分配以后，大家都在背后议论，说圆圆分配任务不合理，因公徇私。圆圆知道之后很难过，她觉得做领导太难了。

领导力，是一种特殊的人际影响力，不仅仅指管理或领导能力，领导力是一种综合素质。从孩子的日常生活和学习入手培养领导力，挖掘中学生的领导潜能。

成长规律

规律 ❶ 领导力是一种综合素质，每个人都应该具有一定的领导力

领导力是一个人有效执行领导角色和领导过程的能力，由价值观、人格、智力、社交能力、解决问题能力等多种要素共同组成。

领导力不仅仅是一种管理或领导能力，领导力是一种综合素质。人可以不做领导者，但不能没有领导力。

在美国，领导力被视为国民的基本素质，已列为高校基础教育的重要内容。学生领导力培养已经成为提升公民素质、开展公民教育的重要途径。在美国，已经有1 000多所大学在课堂教学、课外活动或专题项目中注重开发学生的领导力，并且已经取得了较好的成效。

知识库

领导力特征[①]

美国31所高校的大学生领导力项目总结的领导力特征：

① 自知能力，即反思自己的领导风格和领导经验，了解优势并控制不足。

② 有效处理人际关系的能力，包括解决和管理冲突的能力、通过谈判得到合理解决途径的能力、授权他人的能力等。

③ 灵活的适应能力，包括多元文化的适应能力、团队合作能力、多视角分析问题的能力等。

④ 创造性思考的能力，包括批判思维能力。

⑤ 承诺服务的能力，包括服务意识和人际敏感能力。

⑥ 把握公共政策的能力，包括社会责任感、了解公共政策和政策开发的能力。

规律 ❷ 中学阶段是领导力发展和培养的关键时期

中学阶段的孩子处于自我发展的阶段，正是不断挖掘自身各方面潜能、明确理想与发展方向的时期，这个阶段的孩子比成年人更具可塑性，进行领导力培养更加有效。

在小学阶段，孩子缺少领导力培养的机会，在家要听父母的话，在学校要遵照老师的安排，即使是当班干部，基本也只是老师的传话筒，很少有自己筹划、领导的机会。并且孩子的认知发展水平不高，领导力培养的效果不一定好。

进入中学阶段后，随着孩子认知能力和自我管理水平的提高，教师把管理组织的职能更多地下放给了学生；同时，中学阶段课程中有很多小组合作与课外活动，这些都给孩子提供了组织、

① 翁文艳，赵世明. 国外青年学生领导力培养的研究与实践. 领导科学, 2011（11）：7~9

协调的机会，这都是领导力培养的途径。

例如，小组合作中的小组长，学生社团中的

各种会长、部长很多，每个孩子都有机会在某些团体中担任一些领导职务。

实验室

领导水平如何？
——领导力培训实验①

实验目的：

验证领导力培训是否有利于提高中学生的领导力。

实验设计：

初二和高二各两个班的学生作为实验被试，其中各一个班参加一个17~19课时的领导力培训，另一个班在培训时间参加其他课外活动。领导力培训分为4个阶段：

1. 认知阶段（2课时），介绍领导力的相关概念，并测查学生的领导水平。

2. 学习阶段（10课时），对领导力中的团队合作、自我认知、沟通、决策和领导技能等5个核心素质进行分别培训。

3. 运用阶段（4~6课时），让学生通过运用前面所学理念、方法和技巧，通过团队合作完成"过雷阵"和"过电网"两个项目。

4. 评估阶段（1课时），对学生在培训中的优缺点进行总结，并对他们的领导水平进行评估。

3个月后，对学生的领导水平再进行测量。

实验结果：

无论是初二的学生还是高二的学生，参加过领导力培训的孩子领导水平都比不参加培训的孩子要高，尤其体现在沟通和领导技能方面。

规律 ❸ 领导力的培养，有利于中学生的人际交往和未来发展

研究表明，中学生发展领导力不仅能够增强他们的自尊，预防危险行为，还可以有效预测成年后的表现。许多优秀领导者表现出的杰出领导力都可以追溯到中学时期领导力素质的培养。

中学阶段较为成功的领导经验会给成人阶段的人际交往和工作很好的借鉴。反之，中学阶段缺乏领导经验，领导力没有发展好，以后可能会对领导、协调、组织工作有一种恐惧感，甚至产生人际交往退缩等不良后果。

例如，孩子如果中学阶段缺乏领导经验，在大学或工作的时候遇到需要自己担当领导和主持的重任时会感到无从下手，即使自己清楚整个工作流程，也不会安排团队共同完成。

目前中学生基本都是独生子女，考虑问题比较以自我为中心，人际交往能力存在一定的缺陷。中学阶段是孩子与同龄人交往的重要时期，要做好领导角色，必须具备一定的人际交往能力。

例如，孩子作为组长与同伴一起做小组作业，要想让同伴听从自己的安排和指挥，孩子必须能够说服同伴，让自己的沟通方式容易被同伴接受。

---

① 魏铭鼎. 中学生课外活动中领导力培训的实验研究：[学位论文]. 武汉：华中师范大学，2011

规律 ❹ 中学生领导力包含自我领导力和团队领导力两个方面

领导力的培养首先是自我领导力的培养，包括自我设计、自我完善、自我评价、自我学习、自律自制；然后是团队领导力，即影响他人的能力。

中学生领导力的培养是让中学生通过自我提升，首先成为有素质、有能力的自我管理者，然后成为有组织管理能力和责任感的团队领导者。

知识库

领导力的能力要素

● 形成愿景、确定目标的能力；

● 判断、策划、决策的能力；

● 表达、说服、影响的能力；

● 坚持、让步、沟通、协调的能力。

规律 ❺ 中学生领导力发展分为三个阶段

领导力是一个发展的过程，包括有序却又相对灵活的三个阶段：意识阶段、人际交互作用阶段和技能掌握阶段。

● 在意识阶段，孩子开始意识到他们作为领导的潜力和能力。但他们大多认为只有那些漂亮、聪明、学习好、受欢迎的人才能当领导，而不认为自己可以做领导。

● 在人际交互作用阶段，孩子更多地与其他人合作，体验过领导角色后，孩子开始认为自己可以担当领导。在这个阶段，孩子特别需要支持和指导，以深化关于领导力的认识。

● 在技能掌握阶段，孩子开始意识到他们作为领导的优点和不足，并着重在擅长的领域发展他们的领导力。

规律 ❻ 民主的父母有利于孩子领导力的发展

父母与孩子相处的时间最长，在孩子成长初期，亲子间是一种不平等的关系，父母处于相对的领导地位。家庭中亲子的相处模式会影响孩子跟同龄人相处的方式。

● 父母如果过分强硬地传达自己的"指示"，让孩子处处都听父母的，孩子就容易崇拜各种权威，缺乏自己的观点，在各种活动中逃避担当领导角色。

例如，孩子不擅长自己做计划，给其他同学分配任务，希望别人把要求说清楚了，自己照着做就好。

● 父母如果对孩子管教过分严厉，不允许孩子犯错误，经常威胁或惩罚孩子，孩子也会避免做领导。因为做领导是要担负责任的，父母过于严厉的惩罚会使孩子害怕承担责任。

● 如果父母对孩子比较民主，遇事能够征求孩子的意见，那么孩子在家中就得到许多领导力培养的机会。他们在家中能够自由发表自己的意见，自己做决策，知道如何表达并坚持自己的观点。在学校中，这样的孩子会倾向于做一个领导者，他们也更善于跟同伴沟通。

规律 ❼ 中学生处于领导地位时，由于经验不足，容易出现各种问题

中学生在团队中担当领导角色时，容易出现的主要问题有：

● **高高在上的指挥者。**许多中学生误以为做领导就是发号施令、让别人执行自己的决定。实际上，领导力的一个重要方面就是具有聆听并接纳他人意见的能力，做领导者绝不是高高在上地指挥，而是聆听、协调和沟通。尤其对中学阶段的孩子来说，他们跟同伴的关系是平等的，高高在上和目空一切不能让人信服，反而会让同伴反感。

● **大包大揽的忙碌者**。有的孩子不会分配任务或是不放心别人做事情的质量，干脆所有事都自己来做。这样不是一个合格的领导者，既弄得自己工作量很大，也剥夺了其他人施展才能的机会。同时，缺少了大家的集思广益，任务完成的效果也不一定好。

● **不会拒绝的老好人**。作为领导者，必须保证团队的任务顺利完成。有的孩子太顾及个别同伴的意见，不会拒绝同伴的不合理要求，因此，无法恰当安排，牺牲任务达成的整体效果。这样的话，也无法成为一个优秀的领导者。

养育策略

策略 ❶ 帮助孩子树立领导力意识，可以不做领导者，但不能没有领导力

家长要明白，领导力是一种基本素质，是每个有教养的人的基本素养。不是只有当领导才要有领导力，每个人都应该具备领导力。

每个孩子都有领导力潜能，也都应当发挥出领导力。不要让孩子因为学习、相貌、体育等方面表现不突出而放弃在各种活动中担任领导者、锻炼领导力的机会。各种合作学习、体育活动和社会活动都是培养孩子领导力的契机，鼓励孩子抓住机会，锻炼自己的领导力。

另外，如果在某项活动或社团中，孩子想要成为领导者却没有成功，要让孩子放平心态，即使在团队中不是领导者，也不要心存意见，要配合别的同学的安排，发挥团队意识，做好自己负责的工作，这也是领导力的重要体现。

例如，总是当班干部的孩子，如果在社团中不担当领导职务，可能很难把自己放在非领导者的位置。在社团活动中总觉得别人的安排不合理，总想表现自己的能力。告诉孩子，把自己的位置放低，少一些批评，多一些配合，会发现其他同学的领导和安排也很不错。

策略 ❷ 做民主的父母，多给孩子发言和决策的机会

有些家长觉得孩子什么都不懂，想法很幼稚，总是不让孩子参与大人的谈话。事实上，孩子参与大人的谈话，对孩子的语言表达、自主发展等都非常有益，当然也有利于孩子领导力的发展。

● 家长要鼓励孩子勇敢地表达自己的思想和观点，说出自己的想法和感受，认真倾听孩子的意见，允许孩子有不同于自己的观点和看法，允许孩子说"不"。无论孩子的想法是成熟还是幼稚、是正确还是错误，都要给孩子表达的机会。这样，孩子慢慢养成独立思考、坚持自我的习惯，不会变得没有主见、缺乏决断。

● 还要给孩子做决策的机会。有关家庭方面的决策，跟孩子一起商量，让孩子一起参与一些家庭问题的讨论，做决策时尊重孩子的意见。另外，给孩子自己做决策的机会，让孩子按照自己的想法去做。

例如，孩子要上什么兴趣班、上不上补习班、假期如何安排，这些问题都充分考虑孩子的意见，只要孩子给出充分的理由，就遵从孩子自己的意见。

策略 ❸ 在领导力发展的三个阶段，有针对性地培养孩子的领导力

每个孩子的领导力发展处于不同的阶段，要针对孩子的发展特点，有针对性地对孩子进行领导力的培养。

● 处于意识阶段的孩子。他们不认为自己有成为领导者的潜力和能力。家长要让孩子明白，领导力不是领袖力，领导力是一种综合能力，包含各种要素：责任感、沟通能力、协调能力。

● 人际交互阶段。这个阶段的孩子认可自己可以成为领导者，但他们缺乏指导，对领导力的认识不深。家长要让孩子明白，领导力不仅仅是管理别人、发号施令，更是一种奉献、服务，总揽全局，在必要的时候妥协，在必要的时候坚持，为团队的整体发展和任务完成负责。

● 技能掌握阶段。这个阶段，孩子对自己在领导力方面的优势和不足有所认识，帮助孩子充分发挥他们的优势所在，弥补不足，扬长避短。

策略 ❹ 倾听他人的意见，做好规划

领导是团队的组织者和协调者，而不是团队的独裁者。特别是在平等关系下组成的团队中，一言堂式的发号施令往往会招致反感和不配合。

建议孩子从制定方案开始就开始征求同伴的意见，让同伴感觉到这是整个团队的任务而不只是领导者的任务。

例如，可以召集团队成员开个小会，大家纷纷提出自己的意见和自己愿意承担的任务。这比领导者直接说明自己的计划并且指派每个人的工作要显得更尊重组员，也更容易发挥大家的优势和能力。

启发孩子以民主平等的方式消除团队中的分歧，而不是要求大家按照自己的意见做事情。这样能避免大家对领导者的安排有意见，调动每个人参与的积极性。

例如，可以采取充分讨论再给各个方案投票的做法，得票多的方案最终付诸行动。这样无论实施的是谁提出的方案，大家都会觉得自己的意见得到了尊重。

策略 ❺ 提高沟通技能，做好组织工作

在一个团队中，领导者的沟通能力尤为重要。不同的人适合不同的沟通方式，要针对不同人的特点，实现有效沟通。

传达要求和布置任务是领导的重要工作，所以把情况说清楚显得尤为重要。有的孩子认为很多内容大家都知道，就不需要再说一遍。这种省略有可能会造成误会，到了提交成果时才发现问题，损失可能已经很大。所以，建议孩子尽量把问题说清楚说全面。

例如，可以建议孩子在说之前列个提纲，发完短信多读几遍，也可以建议孩子向一两个同学征求一下意见，看看有没有不理解的地方，再传达给整个团队。

策略 ❻ 学会拒绝，在必要的时候勇敢说"不"

作为团队的领导者，固然要倾听别人的意见，但也不能所有意见都听从，或者为了私人友谊妥协，在必要的时候要学会拒绝，从团队的整体利益出发，恰当抉择。

孩子如果觉得很难拒绝同伴的要求，可以自己跟同伴一起承担较为困难的任务，以身作则，减少同伴的意见。

策略 ❼ 摆正心态，处理好同伴关系

虽然领导只是组织者和协调者，但是宣布最终决定、监督每个人的任务完成情况，还是会造

成与同伴之间的距离感。帮助孩子为领导行为确立边界，以免由于做领导而跟同伴疏远。

例如，为了维持领导者的威信，在团队活动的时候可以不允许同伴叫自己的外号。但是不要把作为领导者的严肃带到日常交往中，互相叫外号开玩笑还是允许的。

帮助孩子做好道歉的准备。孩子有时会觉得自己是领导，承认错误太掉面子；有时又会觉得自己让团队蒙受了损失，害怕承认后大家会对自己有看法，因此不肯承认自己犯的错。其实，团队的决策不是领导一个人做的，所以错误也不是领导个人的问题。虚心地承认错误，会让同伴觉得这个领导很负责任，更愿意听从领导的指挥。

心灵加油站

野牛和飞雁的领导者

野牛这种动物对于它们唯一的首领绝对忠诚。无论位居领导地位的野牛要其他同伴做什么，他们都会服从。当首领能够很好地领导时，野牛群秩序井然，如果首领不在，整个牛群就会保持原样等待它的出现。所以早期的美洲移民只要杀死野牛首领就可以轻而易举地猎杀野牛群。像野牛似的领导方式曾经在企业中很盛行，它任务执行快速，决策效率很高。但这种领导方式已经越来越不适合于现代的企业管理和生活中了，因为这给予领导者过于沉重的责任，应变能力稍逊就会使整个组织陷于危险的境地。

飞雁则有着不同的组织特点。雁群通常以V字形编队飞行，其中的领航权时有更替，不同的飞雁轮流掌握领航权。每只飞雁都在飞行中负责其中一部分，依情势所需而变换角色，可能是带头者，也可能是跟随者。当任务转换时，雁群随时调整队形以适应新的情况。这其实很像孩子生活中的情况，不同孩子在不同情况下会扮演不同角色，都有担当领导任务的机会。

同伴交往
能力发展

同伴交往模式

　　圆圆一直都是个爱交朋友的孩子，小学的时候，圆圆跟班里每个人关系都很好。进入初中之后，圆圆不再像以前那样跟谁都玩得好，她有了一两个形影不离的好朋友。她们每天一起上学放学，一起写作业，周末还会一起逛街，一起出去玩，即使各自回家也会打电话，好像总有聊不完的话题。圆圆现在很少跟爸爸妈妈说自己的心里话了，无论开心还是难过，她首先想到的是她的好朋友，她觉得只有最好的朋友才能理解自己。

　　中学阶段是发展社会性的重要时期。这个时期的孩子，不再像小学生那么依赖父母，他们开始走出家庭，在与同伴的交往中发展自我，渐渐长成成熟、独立的个体。中学阶段的同伴交往也呈现出不同于小学阶段的模式和特点。

成长规律

规律 ❶ 中学阶段，同伴关系成为孩子最重要的人际关系

小学阶段，父母是孩子情感和心理支持的主要来源，孩子与同伴之间更多的是一种玩伴关系，不存在稳定的依赖关系。

中学阶段，随着与同伴相处时间的增多以及青春期生理心理的变化，同伴逐渐成为孩子情感和思想交流的主要对象。中学生更愿意跟同伴一起参加各种活动，无论是聚会还是购物，甚至是参加各种培训班，中学生都更愿意跟同伴同行，而不是让父母陪伴。同伴关系代替亲子关系成为中学生最重要的人际关系。

例如，孩子遇到让自己困扰的问题往往先寻求同伴的建议，而不再是一有问题就找爸爸妈妈。

规律 ❷ 同伴交往促进中学生的社会化发展，能预测成年后的人际交往能力和心理健康水平

同伴交往对孩子的社会化发展有重要影响。孩子将来要成为社会人，以平等的方式与人交往，而不再以孩子的身份受到各种照顾，因此他们很需要练习平等交往的能力，而同伴关系就是一种完全平等的关系。在与同伴的相处中，中学生学会从别人的角度思考问题，学会怎样理解他人，学会客观地看问题，这都是社会化发展过程中非常重要的素质。

有研究表明，同伴间的相互作用提高了孩子从他人角度思考问题的能力。在同伴交往过程中，特别是发生冲突和争论的时候，他们慢慢学会根据他人的看法重新考虑自己原来的看法，调整自己的行为。

同伴关系对孩子成年后的人际交往能力和心理健康水平有显著的预测作用。中学阶段拥有充足的朋友、与朋友保持稳定而较亲密的友谊的孩子，到了成年期，往往人际交往比较顺利，且心理健康水平较高。而中学时期缺乏朋友、被同伴排斥的孩子，到了成年期往往会经历人际交往不良，甚至产生反社会的举动。

例如，震惊全球的弗吉尼亚校园枪击案的凶手赵承辉在中学时期的同伴关系非常差，进入大学后不善交际，常常受到同学的嘲笑和攻击，这造成了他对同学的仇视心理，最终实施了枪击报复。

规律 ❸ 中学阶段，同伴交往模式从小团体过渡到亲密朋友

小学阶段，孩子同伴交往最主要的形式是小团体，即六七个甚至更多的儿童组成一个团体，主要是一起游戏，也会一起学习，这种小团体形式的同伴关系在小学高年级发展到顶峰。

进入中学后，孩子开始在保持小团体的基础上逐渐形成2~3人的亲密朋友关系。中学阶段，同伴的作用已经不仅是玩伴和学伴，孩子期望从同伴那里获得更多心理支持和建议，需要更长的相处时间和更深入的交流。原先的同伴小团体形式显然无法满足中学生的需求，于是在保持小团体的情况下，产生了人数更少的亲密朋友关系。

例如，孩子会跟自己的好朋友打很长时间的电话，也更喜欢跟一两个好朋友一起逛街或看电影。

规律 ④ 男孩和女孩的同伴关系有不同的特点

女孩更希望从同伴处获得精神上的理解和情感上的支持，她们的关系显得更加亲密，同伴之间愿意分享彼此的秘密。女孩认为分享秘密是表达对同伴喜爱的最好方式，代表对同伴的绝对信任。而女孩也更希望同伴跟自己保持行动上的一致，如一起吃饭，一同逛街，穿相似的衣服，报相同的课外班。

例如，女孩常常会在课间满脸神秘地跑到好友旁边，小声地说几句话，然后几个人一起发出银铃般的笑声。

男孩则更看重遇到问题时同伴无条件的鼎力相助，类似于哥们儿义气。男孩也愿意跟同伴保持一致的行为，但彼此之间并不会分享很私密的东西。

例如，闯了祸的男生往往低着头任老师和父母批评，绝不把一同闯祸的好朋友说出来。

规律 ⑤ 相似性、互补性和临近性是中学生选择同伴的主要原则

● 相似性是中学生选择同伴的首要原则。因为相似的人更可能有共同话题，而中学生选择同伴就是要彼此聊得来。中学生和他们的同伴可能性格相似，家庭背景差不多，或者有共同的爱好。但他们并不强求同伴与自己各方面都相似，只要他们认为重要的某一方面是相似的，就可能成为朋友。

例如，参加同一个课外活动的孩子更容易成为朋友，喜欢同一个明星的孩子也可能关系较好。

● 互补性也是中学生选择同伴的原则之一。有时候，孩子想从同伴身上感受自己所没有的那一面，与自己互补的同伴让孩子体验和了解到不同的生活。异性朋友很多时候也满足了孩子对同伴互补性的需求。

例如，文静的女孩可能会有一个很活泼的朋友，书呆子似的孩子可能有个成绩不好、但体育很牛的好朋友。

● 临近性也是中学生选择同伴的原则。座位临近或是家靠得近，都容易促成友谊的形成。因为距离近使得交流和一起做很多事情变得很方便，提供了很好的交友机会。尤其刚进入新环境时，近距离交友可以很快形成友谊；但随着对环境熟悉性的增加和朋友的增多，临近性原则变得不那么重要了。

例如，初一、高一的孩子最好的朋友往往是自己的同桌或前后座，而随着年级升高，孩子的好朋友可能不再是距离上相近的同学，而是跟自己心灵沟通更多或者兴趣更相近的同学。

养育策略

策略 ① 家长要理解孩子与自己的疏离

孩子进入中学后，不再像以前那样依赖父母、崇拜父母，他们开始跟父母出现疏离，转而跟同伴交流更多，更加信任同伴。作为父母，要理解孩子的疏离，这是孩子成长的表现。

孩子对同伴的亲近，实际上代表了一种对平等关系的向往和渴求。所以，如果家长想做孩子的朋友，就要跟孩子以平等的态度交流。如果家长还是采用命令、教育的方式跟孩子相处，孩子会产生抗拒，拒绝与父母交流。

例如，当家长认为孩子的某种做法不妥时，最好以建议的方式提出，如"这件事这样做会不会更好"，而不要用指导和命令的口吻"你这儿错了，你应该那样做"。

策略 ② 对男孩和女孩要采取不同的方式，做孩子的朋友

男孩和女孩的同伴关系有很大的不同。简单来说，女孩更喜欢跟同伴分享心事，而男孩更看重同伴之间的义气。家长要根据孩子的性别特点，采用孩子喜欢的、类似同伴交流的方式与孩子沟通，这样能够拉近亲子距离，真正了解孩子的想法。

例如，母亲可以花更多的时间跟女儿聊天。告诉女儿自己的心事，跟女儿分享自己的秘密。这样自然而然，女儿也会像对待朋友一样跟母亲分享自己的心事。

例如，父亲可以多跟儿子一起进行一些体育运动，跟儿子聊聊自己的中学时光，让儿子感觉父亲也有轻松的一面，拉近父子距离。

策略 ③ 尊重孩子的朋友，不过度干涉孩子的交友

家长有时候会根据学习成绩、家庭环境等因素评判孩子的朋友。中学阶段的孩子已经有了一定的判断能力，他们交友肯定是因为朋友身上有自己欣赏的品质。如果家长没有全面了解情况，仅仅根据成绩等就对孩子的朋友"评头论足"，会让孩子特别反感，引发矛盾冲突。

家长如果对孩子的朋友实在不放心，可以在详细了解了孩子朋友的情况下，在充分肯定孩子朋友优点的前提下，再以建议的方式向孩子提出自己的看法。

例如，可以请孩子的朋友来家里玩，或是在孩子聚会时借口顺路，亲自见一见孩子的朋友，跟他聊几句，通过接触、观察，了解孩子的朋友。

边博士直播间

Q 儿子最近交了一个新朋友，我特别担心。那个孩子看着就不像正经孩子，头发弄得奇奇怪怪的，穿得跟街上的小混混似的，儿子还说那叫"前卫"，我真担心儿子和"坏孩子"一起学坏了，我该怎么办呢？

A 首先，家长要了解孩子为什么喜欢跟家长眼中的"坏孩子"做朋友。这可能是出于择友的互补性。孩子在父母老师的教导下一向循规蹈矩，对于"坏孩子"的世界难免好奇，尤其对青春期的孩子来说，"坏孩子"世界中的兄弟义气、他们丰富多彩的生活、他们酷酷的衣着方式，都令孩子感到兴奋和向往。

其次，要明白什么样的孩子才是"坏孩子"。家长心中的坏孩子有两个层次：一是行为怪异、衣着另类的孩子，其实这类孩子并不是真正的"坏孩子"，这只是他们青春期自我探索的表现，没有什么大不了的；二是真的有偷东西、欺负勒索同学等品行问题的孩子，如果孩子的朋友是这种类型，家长要充分引起注意。

所以，家长不要武断地给孩子的朋友贴上"坏孩子"的标签，先判断"坏孩子"是哪种"坏"。如果孩子的朋友只是行为不羁，并没有做出坏的行为，那父母没必要紧张，在充分肯定这些"坏孩子"优点的基础上，提出自己对孩子的担心，希望他不要染上一些不良行为；如果孩子的朋友是真的有品行问题，家长要态度坚决一些，跟孩子说清和这样的人交朋友的危害，让孩子减少甚至不跟他们往来，同时分析孩子和这些人交朋友的动机，是不是孩子内心的某些需求没有被满足，想办法满足孩子的内心需求，让孩子的生活丰富起来，避免孩子被真正的"坏孩子"影响而走上歪路。

这样不仅可以对孩子朋友的评价更加客观，也可以消除孩子对于父母主观臆断的抗拒心理。

策略 ④ 在孩子朋友面前要充分尊重孩子，给足孩子面子

中学阶段的孩子最看重同伴的看法，非常在意自己在同伴前的形象。所以，中学阶段的孩子最不能忍受的就是家长在同伴面前批评自己，不给自己面子。所以家长在孩子的朋友面前一定要给足孩子面子。

当家长认为孩子的做法不妥当的时候，不要当着孩子朋友的面提出，最好等孩子的朋友走后再说。如果非常紧急，可以找个借口到孩子朋友听不到的地方以商讨的口吻跟孩子提出。要注意，语气语调要温和，一方面是使孩子易于接受，另一方面避免孩子朋友听到。

例如，家长可以借口让孩子帮忙找东西，到另一个房间跟孩子提出自己的意见，希望孩子能够考虑。

当孩子的朋友来到家中做客时，家长最好给孩子跟朋友相处的时间和空间。不要让孩子感觉家长在监视他们的活动。如果孩子感觉父母在监视他们，会以为父母对他不够信任，不给他足够的自主权和隐私权，让朋友嘲笑。

例如，家长可以在跟孩子的朋友打过招呼后，送进一盘水果，然后到另一个房间关上门做自己的事情，或是借口有事离开家，把整个家的支配权交给孩子。

边博士直播间

Q 女儿在网上认识了一个女孩，两个人经常在网上聊天，很有共同语言。前几天，女儿说她的那个网友要到北京来参加一个竞赛，她们终于有机会见一面了。我跟她爸爸感到有些担心，虽然那个孩子看起来好像还不错，但网络毕竟是虚拟的，谁知道现实中是怎样的呢？网友见面风险太大了。

A 对孩子网络交友问题，要让孩子明白网络是虚拟的，无论网络那边的人看起来有多诚恳，都不一定是真实的，所以不要太过信赖网友，要对网友保持一定的警戒心，防人之心不可无。提醒孩子多多发现身边朋友的优点，现实的友谊更真实也更经得起考验。

如果孩子执意要见网友，要和孩子充分讨论与网友见面可能发生的各种情况。一种可能的情况是对方并不像在网络上那样，网络上的友谊极有可能"见光死"；还有可能这个网友和你见面有不良目的，若要见面就要注意保护自己；当然也可能对方和网上一样，那么见面就可能将一个虚拟的朋友变成了真正生活中的朋友。如果和孩子分析讨论后孩子还是坚决去见网友，家长不要过于反对，万一孩子瞒着家长跟网友见面更不好。家长要提前告诉孩子一些与网友见面的注意事项：

见面的时间和地点必须告诉家长，最好由家长陪伴去见面，见面后，家长可暂时回避，在远处等候；也可以让同学或朋友陪自己一起去。

如果想自己去，必须要将约会地点、时间、对方的情况及联系方式等告诉家长；不要在人少的地方见面；不要随便吃对方给的食物或饮料；不要有计划外的行动，改变见面地点要提前告诉家长。

同伴交往技能

上初一的圆圆最近总是闷闷不乐。上了中学，学校变了，学习的科目多了，老师和同学也是陌生的，圆圆感到非常孤独。她在新学校没有交到新朋友，而原来小学的朋友也都忙着适应新环境对她不像以前那么关心了。看着班上的同学三五成群地一起吃饭、玩闹，自己却总是一个人，圆圆感到特别孤单、无助，她不知道怎么才能交到朋友。

进入中学后，同伴关系替代亲子关系成为孩子最重要的人际关系。有的孩子好像天生受到眷顾，无论在什么环境中都能轻松结交很多的朋友；有的孩子却在交朋友方面困难重重。学会与同伴交往的技能是收获友谊的基础。

成长规律

规律 ❶ 同伴交往技能差异导致中学生的受欢迎程度不同

根据受欢迎程度的不同，可以将孩子分为五类：受欢迎的孩子、被拒绝的孩子、有争议的孩子、被忽视的孩子和一般的孩子。

● 受欢迎的孩子，指那些在同伴中很受欢迎、朋友很多的孩子。受欢迎的孩子一般有良好的社会适应能力，他们掌握人际关系的规则，愿意给他人提供帮助，给予他人情感支持。受欢迎的孩子在同伴中一般比较活跃，他们的观点和看法也容易被大家认可。一般来讲，中学阶段受欢迎的孩子，成年后的人际关系也能处理得比较好。

● 被拒绝的孩子，指那些很少被同伴喜欢和接受的孩子，是跟受欢迎的孩子相反的类型。他们会受到同伴中大部分人的排斥和讨厌，他们很少有朋友，并且难以跟朋友维持较为亲密的关系。

● 有争议的孩子，指那些被一些同伴所喜欢和接受，但同时也被一些同伴所讨厌的孩子。

● 被忽视的孩子，指那些既不是很受欢迎、又不会被讨厌的孩子，他们一般在同伴中比较沉默，在同伴中处于可有可无的地位。被忽视的孩子会有为数不多的几个朋友，但他们与朋友间的关系一般不够亲密。

● 一般的孩子，指不是很受欢迎、但也不会被大多数人排斥的孩子，这样的孩子虽然不像受欢迎的孩子那样被很多人喜欢，但他们一般有几个亲密朋友。

特别提示

关注被拒绝和被忽视的孩子。

由于缺少朋友，被拒绝和被忽视的孩子往往表现出更多的行为问题和心理障碍，在以后的生活中，也会遇到更严重的适应不良，如孤独、焦虑等心理问题等。研究表明，一半以上被拒绝的孩子是因为具有攻击性、破坏性等特征，有大约10%~20%的被拒绝的孩子是害羞的孩子。

规律 ❷ 获得成就和良好的个人品质是影响同伴交往的重要因素

在学习、体育、音乐和其他社会活动等方面获得成就，可以帮助中学生获得同伴的接纳和赞许。

研究发现，在我国，中学生的学习成绩与同伴接纳有显著的相关关系。学习成绩好的中学生，往往更容易获得同伴的认可和接纳。而学习成绩较差的中学生，其社交地位往往较低，不容易获得同伴的喜爱和接纳。

友谊作为人与人相处而产生的感情，相处的融洽程度影响交友的顺利与否和友谊的质量。个人品质在相处中非常容易表现出来，拥有友善的个人品质有利于同伴交往。

规律 ❸ 交友技巧在友谊的建立阶段发挥重要作用

如果说友谊的维持需要良好的个人品质，那么友谊的建立则更需要一些交友技巧。在新的环境中，大家往往根据最初的印象确定可以交往的朋友，使用一些交友技巧可以帮助孩子提高在别

知识库

成功交友的秘诀

真诚对待朋友。 以朋友的利益为出发点，真心为朋友着想。对朋友知无不言言无不尽，不为了自己的利益欺骗朋友。向朋友提出意见和建议，不为了维持好的关系而一味迁就朋友。

例如，当朋友请孩子推荐参考书时，孩子不应该为了保持自己学习上的优势而骗朋友说自己没有参考书，或是推荐一本不怎么好的参考书。

信任朋友。 相互信任是友谊建立的基础，在托朋友办事时相信朋友的能力，在朋友的说法与自己的推理不符时相信朋友。

例如，当东西丢失时，不要轻易怀疑是朋友偷的，更不要因此而对朋友冷嘲热讽。

愿意为朋友付出。 互惠性是友谊的一个重要特点，在朋友需要帮助的时候伸出援助之手比说许多好话更能增加朋友对自己的信任。

例如，当朋友遇到不开心的事情时，陪朋友聊聊天、逛逛街，或者只是单纯地陪朋友坐着，给朋友一种支持。

理解朋友。 站在朋友的角度去想一些事情，多多理解他的想法和做法。

例如，莫名其妙跟朋友吵架，不要一味责怪朋友不可理喻，而是看看自己是不是说错话了，伤了朋友的心，或者想想朋友是不是刚刚遇到不顺心的事，心情不好，并不是故意吵架。

发现朋友身上的闪光点，不吝啬自己的赞美。 发现朋友身上的闪光点，真诚表达对朋友的赞美，可以使朋友心情愉快，对自己的态度更友好，提高友谊质量。

例如，真诚而自然地赞美一下朋友的新衣服，也可以对朋友在活动中的表现表示鼓励。

尊重朋友的隐私，为彼此留一些空间。 朋友之间关系再好，也有可能有不同点和不愿分享的事情，所以不要强迫朋友说出自己的隐私，也不要勉强朋友跟自己统一行动。

例如，当朋友被老师批评时，不要强迫他说出具体的细节。当知道朋友的父母关系有问题时，也不要一再追问他父母之间的事。

保留自己的个性，不要为了讨好朋友而丧失自我，也允许朋友坚持自我。 朋友之间无论多么相似，多么合适，想法也无法完全一致，所以没必要为了迎合朋友的想法而改变自己，也不要要求朋友完全改变。有个性的人更会被欣赏。

例如，当朋友以跟以前的好朋友断绝联系为条件才接受孩子加入他们的小团体时，孩子应当学会拒绝。

人心里的最初印象，获得友谊。

一些交友技巧：

● **尽快记住别人的名字。** 在很短的时间内能准确叫出他人的名字，会让对方感到被重视，产生好感，而这种好感是成为朋友的前提。

例如，可以在别人自我介绍时用手机或小本子把名字记下来，或是在别人说完名字后再复述一遍以增强记忆。

● **目光交流。** 跟别人说话的时候要目视对方，以示尊重和认真，但是注视对方眼睛的时间不要超过三十秒，避免尴尬。

● **面带微笑。** 微笑是善意的象征，可以缓解自己和对方的紧张感，让对方感觉到善意而愿意交往。

● **适当放慢说话速度。** 刚开始交往的时候难免会紧张，紧张容易语速加快。有意放慢语速，不仅可以让对方听清楚自己表达的意思，还可以显得交流更加从容，态度更加和善。

● **用心倾听，找出交谈点。** 孩子如果不习惯主动与人搭讪，做一个用心的倾听者也是不错的交友策略。用心倾听会让对方感受到尊重，并认为孩子是个很善解人意的人，于是愿意与孩子交往。此外，用心倾听还可以找出对方感兴趣的话题，有的放矢，更容易与对方产生共鸣，结为好友。

心灵加油站

友谊的本质在于原谅他人的小错。

——大卫·史多瑞

养育策略

策略 ❶ 让孩子接受自己目前的受欢迎程度

孩子常常会羡慕那些被好多朋友簇拥的同学，渴望被关注、被重视。让孩子明白并不是越受欢迎越好，维持那么多的好友也是一件很辛苦的事情。

例如，家长可以跟孩子一起分析一下班里最受欢迎的同学是什么样的，他为了维持友谊做了

规律 ❹ 中学阶段容易出现同伴矛盾

中学的孩子情感丰富，不善于控制自己的情绪，容易跟朋友闹别扭。他们又往往比较敏感，因为一些小事可能产生较大的误解，生朋友的气。

例如，孩子有一次向朋友借钱很长时间都忘了还，朋友可能在同学们中间传播孩子是个借钱不还的人，孩子就会很生气，觉得朋友太不给自己留面子，于是两个人的关系就此疏远，甚至可能闹得绝交。

中学阶段的孩子一般比较冲动，当误会出现特别是感觉自己被朋友欺骗、冤枉时，很容易以牙还牙，做出报复等过激行为。而这种报复会使得友谊的裂痕更大。

例如，孩子被朋友冤枉后可能会想办法"陷害"朋友，比如编造朋友在背后说其他人坏话的故事，让他也尝尝被冤枉的滋味。

哪些努力，问问孩子是否愿意并能够成为那样的人。

帮助孩子意识到，友谊的质量也是友谊很重要的一方面，鼓励孩子用心维持已经获得的友谊。

例如，父母可以跟孩子讨论他现在的好朋友的情况，问问孩子跟朋友相处中还有什么不足，哪里还能提高。

边博士直播间

Q 我家孩子在学校表现一般，不是那种特别优秀、特别受欢迎的孩子。她有几个挺要好的朋友，但不是很多。她看到班里特别受欢迎的同学有那么多朋友总是很羡慕，朋友一定要越多越好吗？

A 一个人的朋友分布就像金字塔一样。塔基也就是人数最多的称为一般朋友，只要相互印象不错就可以做朋友；塔的中间称为好友，好友之间感情真挚深厚，大家能够同甘苦共患难；塔的顶端被称为知己，知己人数最少，有些人甚至终生碰不到知己。朋友并不是越多越好，友谊质量才是最重要的。与其交很多的朋友但只是泛泛之交，在需要朋友的时候不能提供充分的支持，还不如维持不多的几个好友，在需要的时候互相扶持。

拥有一个较广的交友圈子，对一些孩子来说是比较难做到的。因为这需要很好的社交技能，可能还需要出众的外表或杰出的能力，这些都是较难改变的。并且与很多朋友维持友谊需要顾及很多人的感受，需要花费很大的精力。

而与少量好友维持深厚的感情则是很多孩子能做到的，并不需要高超的交际技巧和个人吸引力。告诉孩子，朋友并不是越多越好，如果有几个要好的朋友，彼此之间有较深厚的友谊也很不错。经过深入交往后，维持友谊更重要的是为人的真诚和对朋友的关心。只要设身处地为朋友着想，真诚交往，这些中学时期陪伴自己成长的朋友可能成为自己一生的挚友。

心灵加油站

心里的人际楼层

地球上将近有60亿人口，我们可以拥抱的人有多少？可以牵手的有多少？可以讲话但不能碰触的人有多少？擦身而过的又有多少？有时候真的觉得，可以进入自己内心的人，如果用手来数，是不是一只手就够用了呢？

如果可以选择，我宁愿退化成猴子，一堆一堆的依偎在树上、躺着一起晒太阳、吹风、看人。

我发现人际的心灵里有许多不同的空间，具体一点说像是不同的楼层！

一楼是"店面朋友"，通常二十句固定的话就够用。例如：你好吗？吃饭没？去哪里？好漂亮！还好！没啥！就这样！……每个人看来都很平稳、安定、满足和成熟。

二楼是"客厅朋友"，可以坐在一起泡泡茶、侃侃政治经济、新的商机、最近的媒体新闻、体育彩票……大家一起嘻嘻哈哈打发时间，可以绕过每一个人内心里的孤独，然后觉得自己好幸福。

"厨房朋友"在三楼，就是可以剖腹谈心的那种。这类朋友如果是女性族群，就会用一堆笑声或几把眼泪来做收场。然后觉得自己充分被对方所了解，人生一点也不寂寞。

四楼是"卧室朋友"，可以亲密、触摸的朋友。有些卧室开着传统的日光灯，一切依照传统的规矩来进行。有些卧室总是把灯关上，可以自由地幻想和投射，各自编织自己的梦。也有很多装进口灯的。不管装哪一种灯，通常卧室都具有一种隐蔽性的魔术电力，懂得怎么用开关的人，你的室友就是"伴"，常把开关开得不是时候的人，那个伴就有可能变成"绊"！上天最聪明的地方就是教你做这种魔术的主人。

顶楼的阳台是"缘分朋友"，那里一般是空着的，没有规定要摆放什么。有时会飞来一只鸟，有时会吹来一根草，堆积一些泥土，落下几粒种子，你不知道它何时会开花，会开什么花。当然，更没有期望结出果实。也许一阵细雨飘来，滋润了心灵，也许刮起一阵狂风，吹乱了芳心。无意之间闯入楼顶的人，有些走得快，有些走得慢……也许还有不走的呢！这个屋顶看起来也许是空空的，但是你知道它不空，它装满了"曾经"。这些"曾经"偶尔会在夜空下跑出来陪你，也会帮你记录岁月，它们也许就是你用来拉近与儿孙距离的话题，这些"曾经"会让你从眼角的皱纹回忆起当年的心情，并沉溺于先前的许多故事。

我习惯用：一秒钟穿过店面，两秒钟经过客厅，三分钟停在厨房，四个小时在卧室里睡一觉，花五天的时间在屋顶等待，等待上天为我生命中带来的惊奇和美丽。

策略 ❷ 帮助被忽视和被拒绝的孩子提高交友愿望和能力

● 被拒绝的孩子由于长期受到同伴的排斥和拒绝，可能会对同伴感到失望，也可能会讨厌他们，导致交友的愿望很低。为了使孩子不再受到拒绝，家长首先要帮孩子恢复交友的愿望。

例如，家长可以多带孩子去参加自己与朋友的聚会，让孩子感受跟朋友在一起的快乐，看看大人之间是如何相处的，学习一些交友技巧。如果孩子不愿意参加大人的聚会，家长可以跟孩子一起策划一些活动，帮孩子想一些好玩的点子，邀请同学参加，在愉快的活动氛围中，拉近孩子与同伴的距离，增加孩子的交友愿望。

● 被拒绝的孩子往往是因为不恰当的交往方式而难以与同伴维持友谊，所以家长需要帮助孩子改变过分主导和攻击性强等不恰当的交往方式。

例如，家长要首先为孩子树立榜样。当爱人或者孩子说话时，不要随意打断；当孩子习惯随便打断别人时，当着外人的面不要指责孩子，事后跟孩子说这样是不礼貌的行为，以后要注意。

● 被拒绝和被忽视的孩子一般都缺乏交友的技巧，因此家长要帮助他们掌握一定的交友技巧。

家长可以对孩子进行"吸引注意三步法"训练。所谓"吸引注意三步法"是指：认真而友好地倾听——提问——针对同伴的兴趣谈谈自己的想法。

认真而友好地倾听，指不随意打断别人，抱着接纳、学习的态度来听，可以用一些肢体语言，如跟同伴有眼神交流、身体前倾、表情认真，等等。

第一步比较容易做到，而提出问题和表达看法，可能有的孩子不太容易做到。父母可以有意识地对孩子进行训练。

例如，在吃晚饭时，父母可以谈谈自己白天发生的事情或者最近的新闻，要挑跟孩子有关系的、孩子感兴趣的话题。然后让孩子在听完后提一个问题，不论什么问题都可以，让孩子在谈话时慢慢从"没有问题"向"有问题"、"有好问题"转变。

● 被拒绝和被忽视的孩子对友谊的认识有时存在偏差，父母需要帮助他们认识到友谊的重要目的是互助，使他们更多地为朋友着想，更愿意信任朋友并为朋友付出。

例如，父母可以借助看电视、新闻等机会，跟孩子讨论什么样才算是朋友，什么样的做法是不讲友谊的，改变孩子自我中心和自我封闭的状态。

策略 ❸ 提高孩子在某一方面的成就，让孩子在活动和分享中收获友谊

个人成就能够帮助孩子获得同伴的欢迎。学习、体育、音乐等方面的成就都能帮助孩子获得同伴的接纳和赞同。帮助孩子发现他感兴趣并擅长的活动，鼓励并帮助孩子在这一方面做到卓越。

例如，如果孩子喜欢游泳，可以在周末或者暑假帮孩子报一个游泳班，让孩子在游泳方面学得更精，鼓励孩子游的距离更远、学更多的游泳姿势，慢慢形成在游泳方面的优势。

另外，给孩子买一些游泳健将的训练光碟或者成长故事，让孩子储备这方面的知识，这样孩子跟同伴交流时就有了更擅长的话题。

提醒孩子对于自己的优势不能骄傲自满，要主动与同学分享，利用自己的特长指导同学。这样不仅可以增加跟同学的交往，也可以体现孩子热心、乐于助人的品质，帮助他收获友谊。

例如，如果孩子擅长游泳，在学校游泳比赛前，不妨组织参赛的同学进行简单的训练，教给大家一些技术要领。

策略 ❹ 让孩子学会真诚和友善

良好的品质能帮助孩子获得并维持友谊，而家庭是培养孩子个人品质的温床。如果一个家庭充满了冷漠，家庭成员之间缺乏温暖的交流，很难想象成长在这样的家庭环境中的孩子会成为一个热情外向的人。所以，父母要做好孩子的榜样。

● 在孩子面前展现好的交往方式，让孩子感受到热情真诚的品质能够促进人与人之间的信赖，增进友情。

例如，父母可以在周末跟孩子一起外出的时候，跟邻居热情地打招呼，聊会儿天。

● 真诚地对待孩子，把孩子当成平等的个体来对话，通过日常的交流让孩子习惯友善平等的交往方式。

例如，家长可以在自己遇到不开心的事情时，寻求孩子的帮助，跟孩子说"妈妈今天遇到不开心的事情了，你可以听我说一下吗？"或者"妈妈今天身体不舒服，能不能今天你来洗碗？"等等。

● 让孩子在家中慢慢学会理解、宽容，这样孩子在跟同伴交往时才会接纳同伴，善待同伴，受到同伴的欢迎。

例如，家长可以把自己工作上、人际上的矛盾讲给孩子听，征求孩子的意见，分析看看是不是存在什么误会。让孩子养成宽容他人、站在他人角度想问题的习惯。

策略 ❺ 在孩子进入新环境或好朋友离开时，给予孩子支持和理解，帮助孩子建立友谊

孩子在刚进入新环境或好朋友离开时，容易缺少朋友的陪伴和支持，而友谊对中学生来说是非常重要的，友谊的缺失会让孩子缺少陪伴感，感到孤独。所以父母在这些时候的支持和理解显得尤为重要。

● 用平静而温和的方式认同孩子的孤独感和失落感。当孩子感到自己的感受被父母理解时，这种孤独和失落就会减少，从父母身上获得力量，这种力量可以在一定程度上弥补友谊缺失带来的无助感。

● 适当的时候给孩子建议。由于中学阶段的孩子习惯跟同伴交流各种问题，不习惯跟家长交流心情，家长要多注意观察孩子的情况，在适当的时候提供中肯的建议。在给出建议的时候，家长要放平心态，自己只是给出建议，孩子是否采纳是他的事情，不要逼孩子采纳自己的意见，避免给孩子说教的感觉。

例如，家长可以在倾听孩子的心情之后，先表达自己的理解和同情，之后向孩子提出一定的意见和建议，家长可以讲讲自己中学时候是怎么处理这些问题的，或者说说电视上、书上看到的故事。

● 告诉孩子，朋友的离开并不是友谊的结束，只是换了一种交往的形式，虽然与朋友的接触少了，但友谊仍然可以很深厚。孩子可以通过网络聊天工具、电话、写信等方式与同伴保持联络。

● 鼓励孩子跟其他朋友一起做一些户外的活动，让自己充实忙碌起来，减少孤独感。

策略 ❻ 换位思考、主动交流，有效处理矛盾

● 换位思考是想人所想、理解至上的一种处理人际关系的方式。当孩子跟朋友闹矛盾时，启发孩子换位思考，如果他站在对方的位置上，会怎么想，怎么处理。

● 主动交流，诚心道歉是解决矛盾的最好方法。但中学阶段的孩子都比较爱面子，他们也许最难做到这一点，家长要启发孩子，告诉孩子，友谊中先低头的人不一定是有错误的人，但肯定是更重视友谊的人，先低头的是勇者和智者。

例如，孩子可以假借收作业、打扫卫生或者同路的机会跟朋友说几句话，主动解除误会。

● 不要在朋友中宣扬与朋友的矛盾，否则会让朋友的意见更大。因为中学生都很在乎自己在别人眼中的形象，所以当与朋友产生矛盾时，最好建议孩子自己解决，而不要过多求助老师或是其他朋友。

边博士直播间

Q 孩子最近闷闷不乐的，因为她发现她最好的朋友跟她讨厌的人关系很好，她觉得非常不能忍受这一点，我该给她怎样的建议呢？

A 父母要做的第一件事就是理解孩子的感受。对中学生来说，朋友跟自己讨厌的人走得很近的确是很难接受的一件事。

朋友的选择是一件很自主的事情，并且不一定存在传递性（A与B是朋友，A与C是朋友，B与C就必须是朋友）。父母要让孩子明白，不要给朋友出"选我还是他"的选择题，无论朋友做出怎样的选择，孩子跟朋友的关系都会因此产生隔膜。

父母可以建议孩子听好朋友说一说她讨厌的那个人。如果朋友不知道她与另外那个孩子的矛盾的话，建议孩子先不声明，只是听朋友的分析和评价。这样孩子很可能会发现她讨厌的人的某些优点。

跟朋友说一说自己对这个人的看法，也许朋友会让孩子跟她不喜欢的人之间解除误会，孩子可能会因此多一个朋友。其实很多时候，孩子间的矛盾都是由一些小事和误会引起的，并不是大是大非的问题，而如果孩子由于各种原因确实不喜欢那个同学，就建议孩子跟朋友说清楚，让朋友理解自己对那个同学的不喜欢，但不要让朋友去做选择，让孩子表达自己的希望——不要让友谊受到影响。

应对同伴压力

方方和康康从小学开始就是很好的朋友。上初中以后，康康认识了新朋友，加入了一个新的小圈子。这以后，方方发现他改变了很多，打扮、言谈跟以前不太一样了，越来越像他那个"圈子"里的人。两人的友谊也有了变化，当跟新朋友在一起的时候，康康总是表现得像不认识方方一样，只有私下里才跟方方说话。方方质问康康是不是不愿跟他做朋友了，为什么不敢在公开场合跟他打招呼。康康说，他的新朋友都比较叛逆，不喜欢方方这种好学生，他害怕跟方方认识会让他们瞧不起。

每个人都渴望别人认可自己，喜欢自己，害怕受到孤立和排挤。在同伴交往中，这种渴望和害怕会成为一种压力，迫使中学生做出一些他本来不愿意的行为，我们称之为"同伴压力"。要让孩子学会正确地面对同伴压力。

成长规律

规律 ① 中学阶段，孩子感受到的同伴压力最大

同伴压力

　　同伴压力指的是在某种特定情境下，孩子原有个性特征完全屈从于同伴群体，导致孩子按照同伴的行为规则和方式决定自己的行为，进而做出一些并非自己本来愿望想做出的事情，甚至产生一些反叛行为和问题行为。

　　人的一生都会受到同伴压力，但中学阶段是同伴压力最大的时期。

　　中学生，尤其是初中生，开始寻找自我，建立自我同一性，在这个过程中，他们无法将自我从他人中区分出来。他们通过模仿他人来构建自我，同伴是主要的模仿对象。对中学阶段的孩子来说，同伴对自己的看法非常重要，这种重要性要远远高于其他阶段。为了获得同伴的支持和认可，避免受到同伴的排挤和鼓励，中学生会顺从同伴中的多数，于是产生了同伴压力。

实验室

哪条线段与标准线段等长？
　　——阿希的从众实验①

实验目的：
证明从众行为现象的存在。

实验设计：
　　实验材料是18套卡片，每套两张，一张画有标准线段，另一张画有比较线段。被试7人一组，其中6人是实验助手（假被试），第7人是真正的被试。被试的任务是，在每呈现一套卡片时，判断a，b，c三条线段中哪一条与标准线段等长。在前几次判断中，大家都一致做出了正确的选择，从第7次开始，假被试（助手）故意作出错误的选择，实验者观察真被试的选择是独立还是从众。

实验结果：
　　大约有1/4~1/3的被试始终保持独立性，无从众行为；约有15%的被试平均作了总数3/4次的从众行为；所有被试平均作了总数1/3次的从众行为。

---

① 边玉芳. 教育心理学. 杭州：浙江教育出版社，2009

规律 ❷ 同伴压力有消极影响和积极影响

处于同伴压力下，孩子会按照同伴群体的要求做事，而不加入自己的思考。长此以往，孩子在遇到事情的时候容易一味顺从别人，不利于孩子独立思考能力的培养。

例如，孩子习惯了听从同伴的观点，当被问起自己的想法时，往往回答不上来。

同伴压力并不一定都是有害的，它也有其积极的一面。同伴们好的处事方式和习惯也会通过同伴压力传递给孩子，使孩子变得更好。

例如，同伴们都很注意言语的礼貌，原本喜欢说脏话的孩子也会在同伴的压力下，改掉说脏话的习惯，变成讲礼貌的人。

规律 ❸ 不擅长社交的孩子更容易受到同伴压力

不擅长社交却渴望友谊的孩子更希望融入同伴群体，除了顺从群体以外，他们没有更好的获得同伴欢迎的方法。所以他们为了留在群体中往往会屈服于同伴压力。

例如，不擅长社交的孩子可能会做出跟同伴一样抽烟、喝酒等违纪行为，甚至做出勒索低年级同学、参与抢劫等违法行为。

而那些社交技能较强的孩子更有可能反抗同伴压力，因为他们相信即使自己不遵从群体的规范也不会被同伴排斥，他们也更有自信，更坚信自己的选择。此外他们往往是同伴群体的核心，

心灵加油站

善人同处，则日闻嘉训；恶人从游，则日生邪情。

——《后汉书·爰延传》

群体的规范往往由他们制定，所以很少会不符合他们的想法，他们感受到的同伴压力小。

相比于女生，男生更讲兄弟义气，也更容易因为同伴的怂恿而做出并非自己本意的事情。并且，男生比女生更容易冲动，所以他们在同伴压力下做出不良行为的可能性也更大。

例如，男生常常会一群人一起去打群架，其实并不是每个人都认为非打架不可，只是在同伴的压力下才去这样做。

规律 ❹ 随着孩子心理成熟度的增加，孩子受同伴压力的影响会减少

刚进入初中的孩子，社交重心开始转向同伴，特别在意同伴的看法，很希望获得同伴的喜欢，融入群体中。为了显示同伴群体关系的亲密，他们会努力维持同伴间的一致性，并对不一致的同伴施加压力。由于思想不够成熟，孩子往往会把依从群体意见当成结交朋友、融入群体的唯一方法，因此对同伴压力往往选择顺从。

随着年龄的增长，中学生的自我同一性建立，他们对自我越来越肯定，不必通过严格的穿衣、言行标准来明确群体成员资格，并且他们对是非的判断能力逐渐增强，能够明确同伴的言行是否正确，不再一味顺从于同伴压力。

规律 ❺ 控制性过高的父母，孩子更容易顺从同伴压力

孩子生活里所受的控制越多，他们就越容易顺从同伴压力。

有的家长在教养孩子的过程中，对孩子控制过多，这其实是在训练他们的孩子顺从同伴压力。虽然父母应该告诉孩子什么是对的、什么是不对的、什么是应该做的、什么是不应该做的，但是，当父母过度强调自己的看法而忽视孩子自己的思考时，孩子会慢慢形成这样一种观点——

最重要的声音是来自他人的。因此，当孩子到了中学阶段，虽然他们开始反抗家长，强调"我长大了，我希望按照自己的想法去做"，但是，他们已经习惯听从外界的声音，不能坚持自己的观点，于是，他们会遵从同伴的要求。

养育策略

策略 ❶ 关心孩子跟朋友的相处，注意引导朋友对孩子的影响

孩子与朋友的相处方式以及孩子的变化，很能体现出朋友对孩子的影响。

例如，孩子变得更加开朗，在家经常说起朋友间发生的事情，说明孩子与朋友相处得很愉快，朋友对孩子主要是正面的影响。而如果孩子很担心自己与朋友间友谊的持续，总是小心翼翼地害怕触怒朋友，就说明孩子很可能会因为同伴压力而做出自己不喜欢的行为。

当发现朋友对孩子有比较正面的影响时，家长可以多认可孩子与朋友的相处，鼓励孩子向同伴学习，促进孩子与同伴多接触。

例如，家长可以建议孩子把同伴带到家里来做客，鼓励孩子跟同伴更多地相处。

当发现朋友对孩子有负面影响时，家长一定不要急于否定孩子的同伴，要先承认同伴的优点，再帮助孩子认识到同伴对他不好的影响。

例如，家长发现孩子会说脏话了，一定不能直接指责孩子的朋友不讲文明，而可以先跟孩子聊一聊同伴的优点，比如讲义气，然后再说到说脏话是不好的，希望孩子能够学习同伴的优点，帮助同伴改变不足。

策略 ❷ 帮助孩子意识到不是服从就能获得友谊

帮孩子建立自信，让孩子意识到除了服从，自己还有很多优点可以吸引同伴，所以不需要过分服从同伴的要求。

例如，家长可以跟孩子一起分析选择朋友的原则和同伴愿意跟孩子交往的原因，看看服从对于友谊有多大的重要性，让孩子设想一下坚持自己的意见会不会失去同伴，告诉孩子同伴间应该是允许存在差异的，每个人都应该有他独特的个性。

帮助孩子意识到，不是只有服从才能表现出对同伴的尊重、关心。发掘共同爱好，为同伴着想，热情地帮助同伴，都是表达友谊的好方式。

例如，家长可以建议孩子多做一些自己喜欢的跟同伴一起做的事情，发展共同爱好，多在自己擅长的领域帮助同伴。

家长还要告诉孩子，有时盲目服从会造成违法犯罪等恶果，没有及时制止同伴，其实是在伤害同伴，也会失去友谊。

例如，家长可以找一些少年团伙犯罪的案例跟孩子一起讨论，帮助孩子明白，盲目服从同伴可能会害人害己。

小提示

有时候孩子顺从于同伴压力，也是无可奈何的事情，他们心里也许会觉得难过和委屈，因为这不是他们的价值判断。告诉孩子你能理解他，他这样做也是重感情的表现，但这种做法其实不恰当，人应该在必要的时候坚持自己，讲原则。

策略 ③ 允许孩子坚持自己的看法，鼓励孩子参与决策，培养低顺从性的孩子

对孩子控制过多的父母，无形中增加了孩子顺从同伴压力的可能。因此，父母有必要思考一下自己是否对孩子控制过多。

在孩子做错事后，千万不要马后炮地说"看看，你应该听我的"，重要的是引导他们怎样在错误中学习而不是打击他们做决定的勇气。不要怕孩子犯错，只要不是危险的事情，让他们跌倒一下也未尝不可，孩子在错误中渐渐习惯听从来自他们大脑和内心的声音，而不是外界的声音。这样，当他们面对同伴压力的时候，他们能够坚持自己的看法，做出正确的判断，不屈从于同伴压力。

家长要鼓励孩子勇于表达想法，在家里给孩子参与决策的机会。

例如，全家假期一起出游，可以开一个家庭会议讨论去哪玩、怎么玩。讨论的时候如果出现意见不统一，鼓励孩子说明自己的理由。也可以全家每人都做一个PPT，展示自己想去的地方，阐述理由。这样不仅让孩子拥有了表达自己想法的机会，也锻炼了孩子的表达能力和演讲能力。

策略 ④ 让孩子建立做人的"底线"与做事的"边界"，有些事情坚决不能做

有时候孩子为了赢得同伴的接纳，顺从于同伴压力，勉强自己去做一些他不愿意做的事情，即使他心里并不赞成。

家长要帮孩子知道，作为人，应该有一个基本的做人原则，应该有一个"底线"。"底线"是做人的最低要求，这个底线在任何情况下都要坚守。做人应有"底线"，做事需有"边界"，越界的事情不能做。

家长一定要跟孩子声明，不管同伴压力有多大，突破"底线"和"边界"的事情坚决不能做；在必要的时候必须坚持原则，即使会失去友谊，也决不能妥协。比如不是自己的钱不能要，作弊、偷盗、赌博、吸毒这些事绝对不能做。

心灵加油站

拒绝的艺术

——星云大师

一、不要立刻就拒绝：立刻拒绝，会让人觉得你是一个冷漠无情的人，甚至觉得你对他有成见。

二、不要轻易地拒绝：有时候轻易地拒绝别人，会失去许多帮助别人，获得友谊的机会。

三、不要盛怒下拒绝：盛怒之下拒绝别人，容易在语言上伤害别人，让人觉得你一点同情心都没有。

四、不要随便地拒绝：太随便地拒绝，别人会觉得你并不重视他，容易造成反感。

五、不要无情地拒绝：无情地拒绝就是表情冷漠，语气严峻，毫无通融的余地，会令人很难堪，甚至反目成仇。

六、不要傲慢地拒绝：一个盛气凌人、态度傲慢不恭的人，任谁也不会喜欢亲近他。何况当他有求于你，而你以傲慢的态度拒绝，别人更是不能接受。

七、要能婉转地拒绝：真正有不得已的苦衷时，如能委婉地说明，以婉转的态度拒绝，别人还是会感动于你的诚恳。

八、要有笑容地拒绝：拒绝的时候，要能面带微笑，态度要庄重，让别人感受到你对他的尊重、礼貌，就算被你拒绝了，也能欣然接受。

九、要有代替地拒绝：你跟我要求的这一点我帮不上忙，我用另外一个方法来帮助你，这样一来，他还是会很感谢你的。

十、要有出路地拒绝：拒绝的同时，如果能提供其它的方法，帮他想出另外一条出路，实际上还是帮了他的忙。

十一、要有帮助地拒绝：也就是说你虽然拒绝了，但却在其它方面给他一些帮助，这是一种慈悲而有智能的拒绝。

策略 ⑤ 帮助孩子掌握一定的拒绝技巧

拒绝技巧是指能有效地说"不"的沟通技巧。恰当使用拒绝技巧可以帮助孩子有效地抵抗来自同伴的压力，把拒绝对友谊的损害降到最低。

表达拒绝时的语气要坚定，还可以适当加上一些肢体语言来表达态度的坚定。

给出说"不"的理由，让同伴知道孩子拒绝是有理由的，不是随便就可以说服的。同时，恰当的理由也会减少同伴因为被拒绝而产生的愤怒。

确保行为与言辞相吻合。言行不一，半推半就代表还在犹豫，也就是说还没下定决心。此时，同伴就可能再来劝孩子，再要拒绝就没那么容易了。所以，一旦拒绝就做出行动，切忌犹豫。

如果需要可以向成年人寻求帮助。有时候孩子觉得很不好意思向同伴说"不"，这时候他既可以搬出成年人说过的话来代替，比如"我妈妈说这样不行"；也可以直接找成年人来代为拒绝，比如请妈妈来带自己回家。

策略 ⑥ 让孩子不对同伴过分要求，避免成为同伴压力的施力者

虽然相似性是孩子选择同伴的重要原则，但是由于每个人的成长环境、习惯和想法都不一样，一味要求同伴跟自己行为一致会给孩子和同伴造成困扰。孩子的要求可能会转化为同伴压力，导致同伴产生心理负担，做出不是出于自己本来愿望的事。

帮助孩子意识到同伴与自己的差异性，允许同伴跟自己想法有所不同，做事存在差异。

例如，家长可以跟孩子一起分析，孩子跟同伴成为朋友的原因，让孩子在发现他们之间重要相同点的同时，也意识到他们的不同点，对同伴变得宽容。

鼓励孩子将心比心，体谅同伴受到同伴压力的感受，尽量减少给同伴施加压力。

例如，可以建议孩子提要求时态度委婉些，不用"必须""应该"等词，给予同伴选择的权利。还可以建议孩子尽量私下向同伴提要求，这样可以减少同伴的尴尬，减少公开场合带来的同伴压力。

不良交往方式

　　圆圆是一个害羞的孩子，尤其是在陌生人面前，容易脸红，不擅长在很多人面前讲话。圆圆妈妈很担心，觉得女儿太不擅长人际交往了。

　　方方则跟圆圆很不一样，他脾气有些暴躁，跟同学几句话说不上来就能打起来，喜欢欺负比他弱小的孩子，方方妈妈也十分担心儿子的人际交往。

　　不良交往方式在中学生的同伴交往中并不罕见。有的孩子像圆圆一样害羞，有的孩子像方方一样暴躁，喜欢欺负同学……这些不良交往方式影响了孩子正常的人际交往，也不利于孩子将来的发展，需要引起重视。

成长规律

规律 ❶ 害羞和攻击是常见的不良同伴交往方式

● 害羞是一种在人际环境中感到不舒服和压抑的状态，表现为在社交场合感到不自在、紧张，避免与他人接触，产生情感上的社会性抑制。

很多中学生表现出害羞现象，如遇到陌生人或在新环境中感到窘迫，不敢大声说话，不敢看人；一说话就脸红，对他人的一举一动比较敏感，十分在乎别人对自己的评价，等等。

● 攻击是指有意对他人身体或心理进行伤害的行为。攻击主要有三种类型：身体攻击、言语攻击和关系攻击。另外，欺负也是一种特殊的攻击。

规律 ❷ 生理发育和自我认知不成熟是中学生害羞的重要原因

青春期的生理发育是导致中学生害羞的重要原因。进入青春期，中学生的身体迅速发育成熟，身高、体重迅速增长，第二性征开始出现，女孩乳房突起、男孩长胡须。面对身体的急剧变化，有些中学生不能正确认识这些生理上的变化，感到紧张、焦虑，害怕直面他人，不愿别人注意到自己的身体发育，从而产生害羞心理。

科学研究表明，有些害羞具有一定的生理基础，美国一项研究显示，人的性格之所以有害羞和外向之分，与脑扁桃体功能上的差别有关。

知识库

害羞的表现

害羞在认知、行为、情绪和生理方面的表现

认知方面： 对自己、他人和情境存在消极想法，害怕自己得到负性评价，低自尊、对自己求全责备、要求完美，潜意识中存在自己比不上他人的想法等；

行为方面： 逃避社交场合，抑制、被动，说话声音低沉，言辞单调、表达不流畅，神经质地紧张不安等；

情绪方面： 尴尬、痛苦，情绪沮丧低落，感到羞耻、焦虑、孤独等；

生理方面： 心率加速、发抖、出汗、口干舌燥、脸红、眩晕、反胃等。

知识库

身体攻击、言语攻击和关系攻击

身体攻击是指利用身体触碰而对他人造成伤害。例如，打人、抓咬人等。这种攻击比较外显，容易察觉。

语言攻击是指通过语言伤害他人。例如，说脏话骂人、取笑嘲讽别人、给他人取外号。

关系攻击是指故意操纵和破坏他人的同伴关系从而伤害他人的行为。这类攻击行为具有隐蔽性，遭到报复的可能性更少。有时候又称间接攻击。例如，在背后说另一个人的坏话，叫同学们不跟他玩。

对中学阶段的孩子来说，害羞的形成还有生理发育带来的心理原因。进入青春期，伴随着生理的迅速发育成熟，中学生的自我意识迅速发展。在人际交往的过程当中，中学生非常在意别人对自己的评价，希望给别人留下良好的印象，呈现给别人一个完美的自我；同时，由于自我意识发展尚不成熟，中学生往往通过别人的评价来认知自我形象，当自己在别人面前表现得不够完美时，就会形成负面的自我认知，觉得自己比不上别人，怕别人笑话自己，不敢在公共场合表现自己，导致社会交往中的害羞。

规律 ❸ 父母过度保护容易导致害羞

中学阶段的孩子，需要从家里走向外面，跟同伴发展平等的社会关系。但是，很多家长对孩子过度保护，孩子往往缺乏与人沟通的主动意识、交往技巧及心理承受力，在公共场合胆小怕人、不知所措，也缺乏对挫折或突发事件的应对能力和心理承受力。这是害羞心理形成的潜在因素。

规律 ❹ 中学阶段，女孩更容易害羞，但男孩害羞的负面影响更大

一般来说，中学阶段女孩比男孩更容易害羞。女孩的性别角色认同偏向温柔、善解人意，进入青春期之后，女孩可能会更加自我控制，不愿意在公共场合表现过于突出，当受到过多关注的时候，容易紧张、害羞。此外，与青春期男孩相比，女孩更敏感一些，对外界的评价更在意，她们更容易因为自己表现不好而感到难为情，导致害羞。

男孩害羞的负面影响更大。男孩的社会角色被认定为应该具有较强的社交能力，害羞的男孩会被认为没有出息，会受到同伴的嘲笑，因此，害羞的男孩承受更大的心理压力。而对女孩这方面的要求不像男孩那么强烈，有时候害羞的女孩会被认为是一种矜持、可爱的表现，所以女孩害羞的负面影响不像男孩那样大。

规律 ❺ 中学阶段，身体攻击减少，言语和关系攻击增多，但身体攻击的严重程度上升

随着语言能力的发展以及思维复杂程度的增加，当跟同伴发生矛盾时，中学生一般不会采取打架这种简单粗暴的方式解决问题（即身体攻击），更倾向于使用语言进行驳斥和争论（即言语攻击），或者通过破坏对方的同伴关系以达到打击对方的目的（即关系攻击）。

虽然中学阶段身体攻击行为有所减少，但是，身体攻击的严重程度反而上升了。小学阶段的身体攻击程度相对缓和，打打闹闹而已，不带有很大的恶意，给对方带来的实际伤害较小。但中学生的身体攻击一般是因为比较严重的冲突矛盾，较为剧烈，带来的实际伤害也较大。

一些经常打架斗殴的孩子不仅给被攻击者带来很大的伤害，也给自己带来伤害，会让周围的同学产生恐惧感，人际关系紧张，严重的甚至由于打架斗殴走上违法犯罪的道路。

知识库

攻击行为的危害

攻击行为是中学阶段一种危害较大的行为，无论是身体攻击、言语攻击、还是其他形式的攻击都会带来一定的负面影响。

经常受到攻击的中学生容易产生情绪抑郁、焦虑、孤僻、厌学等，严重的甚至会导致自杀。

对攻击者来讲，则容易造成攻击型人格，也就是总靠攻击来解决问题，而不是通过协商等温和互利的方式。攻击型人格不仅会影响孩子的正常社交，而且给他们成年期的社会交往和人际关系建立带来困难。

规律 ❻ 自我控制不足导致中学生易出现攻击行为

中学生的认知、情绪感知和运动能力都有了一定发展。但由于中学生大脑前额叶发育不成熟，情绪控制能力较弱，容易冲动，且中学生，尤其是男生，有些争强好胜，对事情的反应常常有些过激，很小的事情也可能引发很强的愤怒，因此他们会采取攻击行为。

例如，有的孩子被人碰了一下就会很生气地骂对方，如果对方没有马上道歉，就有可能升级为打斗。

规律 ❼ 粗暴的父母教育方式是引起攻击的首要原因

如果父母管教方式粗暴，特别是对孩子进行体罚的话，孩子也会倾向于使用粗暴、伤害他人的方式解决问题。其实也就是孩子在无意间学会了父母的处事方式。父母对孩子的惩罚会令孩子感到不舒服，甚至痛苦，当孩子在同伴关系中遇到麻烦或者同伴令自己生气的时候，他们也会采用使他人感到痛苦的处事方法。如果孩子的身体素质或是社交能力处于优势的话，他们就会把这份痛苦转嫁到弱势群体身上。

如果父母经常打孩子，孩子就会认为暴力是让别人屈服的好方法。当他想让别人同意自己意见时，最先想到的办法不是讨论，不是讲理，而是动用暴力。

孩子在家里经常被父母打骂，到了学校就会打骂比自己弱小的同学，以得到情绪的宣泄。

规律 ❽ "英雄情结"和同伴压力常导致中学男生爱打架

每个男孩心里都有一个英雄梦，"英雄情结"是伴随男孩一生的特征。受一些影视节目中英雄形象的影响，很多男孩认为"动用武力取胜"是当英雄的必要条件，以为打人、骂人是很勇敢的表现，朋友之间讲究"义气"、"出手相救"是"英雄所为"。打架赢了或是欺负了别人会让男孩有种征服者的快感，"英雄情结"在一定程度上得到满足。

例如，著名的黑帮电影《古惑仔》影响了一批少年，让他们以为打群架、收保护费的行为很英雄、很酷，于是纷纷模仿。

同伴压力也是很多男孩爱打架的重要原因。中学生易受同伴压力的影响，如果孩子的同伴圈子都喜欢打架，那么即使孩子不认同打架这种行为，但迫于同伴压力，他也要跟着一起打架，否则便会被同伴排斥。

例如，小义的朋友小涛被欺负了，大家知道后特别愤怒，一定要为小涛报仇，于是一群人浩浩荡荡地去复仇了。小义虽然并不认同大家的做法，他知道以暴制暴不是解决问题的方法，但作为那个同伴圈子的一员，他没办法退出，否则会被大家瞧不起，只好跟着一起打架去了。

特别提示

经常玩暴力游戏的孩子，由于电脑游戏形象逼真，情节刺激，当回归真实生活时，他们常常会把电脑游戏中的英雄做派用到日常与人相处中，出现攻击行为。

养育策略

策略 ❶ 让害羞的孩子正确认识自我，悦纳自我

对由于现实自我与理想自我的差距而产生害羞心理的孩子来说，最重要的是帮助他们正确认识自我，悦纳自我。世上没有十全十美的个体，人总是有这样、那样的缺点，关键是如何去看待它。告诉孩子，如果这个缺点是可以解决的，那他应一如既往地去努力；如果这个缺点是无法改变的，那也要摆正心态，乐于接纳自己，包括自己的缺点。

策略 ❷ 训练孩子主动参与社交，改变害羞心理

害羞的孩子可能很希望跟别人交往，但他们往往因为害怕被拒绝，不敢主动跟别人交往。因此，家长可以跟孩子做一个约定，通过一点小小的改变和努力，一步步改变害羞心理。

- 课上主动回答三个问题。
- 主动跟不太熟的同学聊天，话题不限。
- 找出一个问题，主动跟老师交换意见。
- 主动同一个小区的长辈聊一会天。
- 主动要求参与某个平常不会参加的活动。

......

边博士直播间

Q 我家女儿性格比较内向，很害羞，不擅长跟别人交往。看到女儿总是孤单单一个人，我们做父母的感到很苦恼，也很心疼。我们该怎么帮孩子交朋友呢？

A 害羞的孩子由于不擅长在别人面前表现自己，刚开始跟人接触时可能不能给别人留下很深的印象，甚至会让人误解为孤傲，这确实会影响交友。但是，随着交往次数的增加和相互了解的深入，害羞孩子的紧张和拘束会有所好转，并且同伴也会慢慢发现孩子只是害羞，而不是对人不友好。所以，经过较长时间的相处，害羞的孩子也会交到朋友。

引导孩子关注自己的优势而不是害羞的劣势。帮孩子分析他在交友方面的优点，将目光放在孩子的优点上（如真诚、对朋友信任、愿意为朋友付出等）。害羞的孩子往往被认为更善于倾听，更能理解朋友，更不愿干涉同伴的隐私，不会泄露秘密，这些也是他们的优势。

当然，为了交到朋友，害羞的孩子也需要适当地改变自己害羞的个性，扩大交往的圈子。父母可以鼓励孩子多参加一些学校的活动，多带孩子参加一些自己的朋友聚会，介绍孩子认识朋友的孩子。这样，随着人际交往的增加，孩子在别人面前的拘束感和不安感会有所减轻。

策略 ❸ 帮助男孩正确理解"英雄情结"，体现自己是英雄的方式不是打架

受武侠片、枪战片和各种小说中武打场面的影响，男孩天性中的"英雄情结"被激发，以为打架斗殴是英雄所为。

家长要让男孩知道，英雄绝对不是"打架能手"，而是伸张正义的使者。只有和"正"在一起的，才能叫"义"，只有伸张正义的行为才能称得上是英雄行为。为报仇而打架、或者无故欺负弱者绝不是正义的行为，只能给被攻击者带来痛苦，而不能证明他的能力或者他英雄的身份。

例如，家长可以跟孩子一起分析他崇拜的英雄人物，是锄强扶弱的侠义精神而不仅仅是打斗能力，绝对不是恃强凌弱的欺负使得英雄成为英雄的。

家长可以帮助孩子站在受欺负者的角度来想问题，如果是他一直被欺负，他会有什么感受，让孩子意识到自己的行为给被欺负的同学带来多大的痛苦和困扰。

例如，家长可以把查到的、听说的受欺负者的痛苦讲给孩子听，让孩子明白受欺负者其实没有做什么错事，却因为弱小受到了如此不友好的对待。

心灵加油站

一个少年犯的自白

这不是虚构，也没什么大道理，这是我亲身经历后自己明白的事情。

我，是一个90后，这篇感悟送给所有处在叛逆期的90后少年们，希望你们听我一句劝。

我，刚出校园到社会工作，在学校时懒散惯了，整天有事没事就打架，家里人的好心相劝，全都当成了耳边风听不进去。我当时整天以为"我能打，我认识那么多人，我怕谁？！"正是因为这个思想，差点让我走上了不归路。

那天，我和几个"兄弟"一起找到了一份工作，工作很轻松，工资也不低，试了几天工也没感觉什么不妥的。正式上班的第一天，不知道什么原因，我们还没进门，主管就开始用粗口大骂我们。主管是个河南人，看着他口沫横飞乱骂一通的样儿，我们哥儿几个都满头雾水莫名其妙，我们没迟到又没犯错，干吗要骂我们？几个兄弟越想越气，立马罢工走人。回去之后，我们几个就准备对这个河南籍主管实行报复。我们找来了几根棍棒，用麻袋装了起来，第二天晚上便开车赶到那家伙的住地，进屋后便乒乒乓乓将他群殴一番。河南主管最后倒地不起，流了一地血……我以为没什么事，谁知道三天之后，一副冰冷的手铐就铐在了我的手上。到派出所后我还很讲义气，自己背完了所有事。

……

在此，我真诚地告诉每一位处于叛逆期的90后，什么都能犯，但千万不要犯法。打架不是什么好玩的事，人的生命很脆弱，动不动就会出人命。与其用你们的空闲时间去打打杀杀，不如去做些有利于社会有益于自己身心的事，那样会更有意义。出去混，你以为你是最厉害的那个了，其实比你猛比你有钱有势力的人一大把。出去混，迟早是要还的，看你是还给国家还是还给人家。还有，我提醒我们所有的90后，要好好珍惜现在的生活，好好珍惜你的父母，犯法可不好玩，监狱不是宾馆，不是想来就来想走就走的。趁着没铸成大错之前趁早回头，别等到做错了才后悔，那时候就真的已经晚了。我写这篇感悟是想向你们敲响警钟，千万别步我的后尘。

策略 ④ 让有攻击行为的孩子找到更好的情绪发泄和表达自我的方式

攻击和欺负是不恰当的情绪发泄和自我表达方式。如果不良情绪能通过更好的方式得到宣泄，孩子自然而然会减少攻击行为。

通过运动、倾诉等方式宣泄情绪。在情绪不好或是感觉压力大的时候，多运动可以转移注意力，发泄不良情绪。而向同伴、父母倾诉，或者写日记，则可以帮助孩子理顺自己的思路，找到解决问题的办法。

家长还可以帮助孩子发掘自身优势，在体育、各种活动等方面展现出自己的特长，而不必采用攻击和欺负的方式，从别人的痛苦中获得成就感。

例如，家长可以给孩子提供各种培训的机会，还可以跟相关的教师联系，希望他们能够帮助孩子在学习和活动等方面取得一定的成绩。

策略 ⑤ 帮助男孩将过剩的精力和能量引向合理的地方，让孩子忙起来

男孩打架，有时是因为精力过剩，无处发泄。这种情况下，家长要让孩子忙起来，有事儿做，将孩子过剩的精力和能量引导到合理的地方去。

● 家长可以让孩子参加相对剧烈的运动，像篮球、足球、长跑、拳击、击剑等运动项目，让孩子在运动中消耗精力。或者让孩子参加一些有助于稳定情绪、修身养性的活动，如射击、慢骑自行车、打太极等。

● 让孩子参加社团活动。鼓励孩子参加他感兴趣的社团，像摄影社、登山社、羽毛球社，等

等。参与社团不仅能让孩子消耗多余精力，也能让孩子的各方面能力在活动中得到锻炼，同时还能让孩子认识志同道合的朋友。

● 鼓励孩子参加社会活动。像宣传环保知识、清理黑色广告、组织图书漂流、走进敬老院，等等。尤其是一些帮扶类的社会活动，能激发孩子的同情怜悯之心，反省自己的欺负行为。

策略 ⑥ 让被攻击的孩子学会适当求助，积极反抗

攻击行为，尤其是欺负行为的目的就是想看到受欺负者无力反抗，逆来顺受。越是胆小懦弱，越是会让对方变本加厉；相反，积极反抗会让对方的欺负和攻击行为有所收敛。面对攻击和欺负要勇敢一些，不要形成惯性恐惧心理，即使不能在体力上对抗对方，也要在心理上勇敢一些。

家长可以带孩子去参加一些体能训练或者极限运动，让孩子挑战自己，增强对自己意志和能力的信心，这样，面对欺负和攻击，孩子会更加勇敢。

遇到欺负和攻击时，还要学会在适当的时候求助。让孩子明白向他人求助不是一件丢人的事情，求助是一种利用资源的能力。在受到欺负时，寻求朋友的帮助是一种很好的办法。在受欺负的时候可以向朋友求助，请朋友来制止，多跟朋友在一起，让欺负者无从下手。在必要的时候也可以向老师和父母求助。

例如，孩子可以多跟朋友一起行动，显示出自己有很好的人缘、很多的朋友。这样欺负者就会担心可能会得罪一大批人，欺负行为有所收敛。

异性交往

　　下雨天圆圆没带伞，同班的康康送她回家。圆圆妈妈看到后十分紧张，不停地打听康康的情况，什么家住在哪？学习好不好？平常有没有一起玩？前几天打电话的是不是他？圆圆感到很烦，很无奈。圆圆妈妈担心女儿早恋，而圆圆觉得妈妈过于紧张了，她觉得跟男生做朋友不一定就是早恋，跟他们做朋友很自在，他们不像女生一样动不动就生气。圆圆希望妈妈能理解她，不要整天紧张兮兮的。

　　异性交往是中学阶段的一个敏感话题。很多家长最担心的就是孩子无法把握异性交往的尺度，出现"早恋"。其实，正常的异性交往对孩子的发展是十分必要的，有利于孩子的身心健康和人格发展，也为其成年的婚恋生活奠定良好的基础。当然异性交往不当也会带来问题，影响孩子的情绪和正常的学习、生活。异性交往，需要把握好"度"。

成长规律

规律 ① 中学生进入异质社交性阶段，异性交往需求增加

中学阶段是异性交往的敏感时期，异性交往是中学生及其家长无法回避的一个话题。

在人的社会心理发展过程中，要经历三个主要的社会交往阶段：自我社交性阶段、同质社交性阶段和异质社交性阶段。中学生已经从同质社交转向异质社交。中学生既需要同性友谊，也需要异性友谊。

三个社会交往阶段

社会交往阶段	时间	特点
自我社交性阶段	学龄前	幼儿在与同伴交往过程中的快乐和愉悦主要来自他们自己，且他们与同伴的交往是不分性别的。
同质社交性阶段	小学阶段，青春期前	儿童一般会与相同性别的小朋友一起，交往的愉悦和满足主要来自同性同伴。
异质社交性阶段	从青春期一直到成人期	同伴交往的愉悦和满足来自多方面的交往，包括同性交往和异性交往。

异性友谊的需求是伴随着青春期发育而来的，青春期生理发育导致孩子性意识觉醒，他们开始对异性产生好奇，渴望与异性进行交往，希望得到异性的友谊。

"2010中国少年儿童发展状况调查"显示，10.6%的初中生与同学朋友在一起经常讨论异性同学，大概是小学低年级（2.5%）和小学高年级

（2.7%）时的4倍[1]。

据调查，80%的中学生都有异性好朋友，并且认为异性朋友有同性朋友不具备的很多优点。

规律 ② 异性交往具有不同时期，从"朦胧期"向"钟情期"发展

异性交往具有不同的时期，不同年龄的孩子可能处于不同的异性交往阶段，具有不同的异性交往特征。

1. "朦胧期"：女孩9~11岁，男孩10~12岁（大约小学四、五年级至初一），开始明确自己的性别角色，对性别差异非常敏感。男孩女孩在一起时会感到拘束、害羞，往往采取疏远和躲避的态度。

例如，小学高年级的男孩跟女孩基本不会一起玩，也不会一起讨论学习问题。如果有男孩女孩走得稍微近一些，就会有同学悄悄议论谁喜欢谁的问题。

2. "爱慕期"：女孩11~13岁，男孩12~14岁（大约是初中一、二年级）。此时，男女生在一起觉得有意思，开始同异性谈话与交流，并且开始注意自己的服饰、举止，想给异性留下好印象。然而，此时异性之间的好感是泛泛的，没有具体对象。

例如，孩子上初中后会突然开始注意打扮，女生聚在一起常常会讨论班里哪个男生最帅，统一的校服也要努力穿出特色，吸引异性的眼球。

3. "初恋期"：女孩13~15岁，男孩14~16岁（大约是初二到高一）。男孩女孩的性机能发育基本成熟，内心开始萌发初恋的"幼芽"，如

---

① 孙宏艳，赵霞. 中国少年儿童十年发展状况研究报告（1999-2010）. 北京：人民日报出版社，2011

果发现喜爱的异性，会给予特别的注意和关心，感情上希望多接触、多交往，而理智上又有种种顾虑。这个时期，异性同学的一个眼神、一个微笑、一个动作或者一次活动中的出色表现都会成为一种巨大的吸引力，让他们沉醉其中。这时候的孩子特别注意自己的外貌和打扮，见到喜欢的异性会心神不定。此时，对异性的好感仍不是完全一对一的。

4. "钟情期"：（大约进入高二以后）此时有的孩子会很专一地倾慕、爱恋某个异性。他们由于对浪漫爱情的向往而把自己塑造成"痴情男女"，一旦相爱，便不顾一切。由于涉世未深，对人生没有充分认识，往往陷入其中难以自拔，一旦受挫，会意志消沉，产生厌世心理，有的还可能走上放纵自己的道路甚至轻生。

规律 ❸ 适度的异性交往有益于孩子的发展

● 异性交往能促进自我概念的形成和自我同一性的发展。通过与异性的交往，孩子更加清楚自己的性别角色及在社会中的地位，对自己的认识更加深刻。

例如，有良好异性交往的男生会变得更加绅士，注意照顾身边的女性。同时，他们会更加愿意担负责任，能够对自己和别人负责。

● 异性交往不仅像同性间的同伴交往一样可以提高孩子的心理健康水平，异性的承认和接受还可以提高孩子的自信，使孩子更容易表现出友好、谦虚的品质，更容易适应环境。

● 异性交往能帮助孩子练习与异性交往的技能，为日后获得成熟的爱情奠定基础。有良好异性交往的孩子更懂得与异性交往的诀窍，比如要给男生留面子，女生较真的时候要先安慰后讲道理等。这些技巧也使得孩子成年后的异性交往比较顺利，更容易跟喜欢的人相处，获得爱情。

● 异性交往给孩子听取不同角度意见的机会。由于男性和女性思维方式上的不同，对于很多问题异性会有完全不同的角度。与异性朋友在一起讨论问题，给了孩子获取多方面建议的机会。

例如，当女生跟好朋友产生矛盾的时候，喜欢一个人生闷气，不理对方，一段时间都无法解决矛盾、心情压抑。而男生可能会给她建议有什么问题直接说出来，这样更有利于矛盾的解决。

● 孩子与异性同学进行交往还可能获得学习上的帮助。由于性格及智力发展上的差异，女生一般更擅长文科，而男生理科成绩更好。异性同学可以互相帮助学习自己不擅长的科目。

例如，女生费尽心思解不出来的物理题，男生画个图很快就做出来了，还有可能会教给女生一点儿自己总结出来的规律和窍门。

规律 ❹ 异性交往不当容易造成早恋，带来一些不利影响

中学生的心理尚不成熟，自我控制能力较差，不容易把握异性交往的尺度，导致"早恋"。

早恋带来情绪波动，孩子会花心思考虑对方，想两个人的相处，占据了孩子很大的精力。并且，中学生的心理还不成熟，两个人相处很容易出现矛盾，影响孩子的心情和正常的学习、生活。此外，早恋也会给孩子带来心理压力，父母、老师的责难和同学的疏远都给孩子带来心理上的负担。对异性的牵挂也会影响他们的学习态度和日常生活的心情。

特别提示

并不是异性交往越少越好。有些青春期的孩子与异性交往时比较敏感，不敢多做表露和接触，害怕受到父母、教师的斥责和同学的嘲讽。这使得孩子不能自然地与异性交往，与异性同学相处时紧张、胆怯。

例如，暗恋同学的孩子往往会因为那个"他"对自己多说了一句话而开心很久，又会为自己该怎么表现、如何才能创造更多接触机会而反复思量。

理现象。中学生对异性变得很敏感，渴望了解异性的心理和生理，为了满足这种好奇心，就想结交异性朋友，建立"恋爱"关系。

● 虚荣心理。有的中学生把获得异性好感、与异性交往当做是对自己容貌、能力等的肯定，尤其是一些在学校表现平平的孩子，他们平常默默无闻，得不到老师和同学的重视，缺乏成就感。如果这时候有异性对他们表示爱慕，他们很有可能为了引起大家的关注而早恋。

● 叛逆心理。有的中学生因为叛逆，越是大人反对的越是要做，尤其是在二人尚未确定关系的时候，如果大人强烈反对，孩子极有可能在逆反心理的作用下发展成早恋关系。

● 从众心理。有的孩子看到周围的朋友都早恋，出于羡慕或者"与大家一致"的同伴压力而早恋。

规律 ❺ 早恋有五方面动机：对爱的渴求、好奇心理、虚荣心理、叛逆心理和从众心理

造成中学生早恋的原因有很多，从中学生自身来说，主要有五方面的动机。

● 对爱的渴求。有的中学生在家庭中缺少父母情感上的关爱和支持，内心觉得孤独，缺乏安全感，渴望从异性身上得到相应的情感补偿。

● 好奇心理。对异性产生强烈的好奇心，是青春期的孩子随着性意识的发展而产生的一种心

养育策略

策略 ❶ 支持孩子与异性同伴正常交往

家长要支持孩子与异性同伴的正常交往，既不能听之任之，也不能捕风捉影。

例如，可以鼓励孩子积极参加课外活动，与一同参加活动的异性同伴互帮互助。也可以鼓励孩子在组成学习小组时接纳几名异性同学，充分发挥男女生各自的优势。

中学生往往很看重异性交往，但他们普遍缺少异性交往的经验，所以他们需要父母的关心和指导。当孩子跟异性好友相处存在困惑时，可以建议孩子跟好朋友坦诚地聊一聊。由于男女生的思维方式和表达方式都不同，孩子可能对异性好友的某些行为理解偏误而造成误会。

例如，可以建议孩子选择当面或者打电话这类比较直接的方式与异性好朋友交流，特别是在解释误会时，直接寻求朋友的支持与谅解比较有效。

特别提示

一项调查显示，大多数青少年希望父母能够支持其正常的异性交往，不要太过敏感，同时他们也希望父母帮助他们处理与异性交往的尺度。

策略 ❷ 根据孩子的年龄段特点，提前进行教育和引导，避免早恋

● 对于处在朦胧期的孩子，要引导他们正视自己的性别角色，在与异性同龄孩子交往中要大方、诚恳，克服拘束、害羞的心理。

例如，可以给孩子树立熟悉的同性成年人榜样，告诉孩子作为男性/女性遇到问题时恰当的反应方式和需要承担的社会责任。

● 对于处在爱慕期的孩子，要教育孩子尊重异性和自我尊重，注意自身的仪表和文明礼貌，

男女生坦诚合作。另外也要注意异性交往过程中的一些礼节。

例如，告诉孩子看人时表情要友好，尤其不能一直盯着异性同学看，避免尴尬。

● 对于处在初恋期的孩子，父母要教育引导他们多参与群体活动，尽量不要与异性同学单独相处，避免萌发初恋之情。教育孩子与异性交往时注意自己的言行，不随便打闹，不动手动脚。

例如，要让孩子在跟异性朋友相处时注意开玩笑的分寸，特别是男生，注意不能讲黄色笑话。

● 对于处在钟情期的孩子，特别是萌发对异性朋友爱慕的孩子，可以建议他们为了自己和对方的长远发展、以及这份感情的好结果，暂时搁置"爱情"，维持好朋友的相处方式，全身心投入学习和集体生活。

例如，家长可以从长远婚恋的角度跟孩子分析现在开始恋爱的诸多隐患，建议孩子到上大学之后再开始正式恋爱，目前继续考察自己和对方对感情的认真程度。

策略 ❸ 家长要规范自己的言行，给孩子积极的影响

家长在日常生活中，要表现出对对方的真诚关心与人格的尊重，营造一个和谐的家庭氛围。

例如，在孩子面前不要说带有性别歧视的话，诸如"女人头发长见识短"、"男人都特别坏，没有好东西"之类。

家长在孩子面前，不要做过分亲昵的动作，不要穿过于暴露的衣服。无论在什么场合，家长都要注意文明礼貌，尊重异性，给孩子良好的影响。

例如，在酒场上，父亲可能会讲一些荤笑话，或者是拿女服务员开玩笑。孩子在场时父亲一定要注意。

策略 ❹ 注意观察孩子的言行，判断孩子是否有早恋的苗头

对中学阶段的孩子，家长要敏感一些，注意观察孩子的言行，了解孩子的状态。需要注意的是，家长对孩子的观察既要用眼也要用心，不要用偷看孩子日记这种方式，虽然这种方式能最快、最直接地了解孩子心里在想什么，但一旦被孩子察觉，孩子会很反感，容易做出跟父母对抗的行为。

策略 ❺ 对早恋的孩子，家长不要强硬压制，引导孩子在恋爱中成长

如果家长确定孩子早恋了，家长首先要克制、调整自己的情绪，不要冲动之下严厉指责、强制拆散，甚至把事情闹到学校，这些都是非常错误的做法。

● 首先，跟孩子表明自己的立场，告诉孩子自己不赞成他早恋，但因为他长大了，爸爸妈妈尊重他的选择。在早恋问题上，家长不要采取强硬的态度反对，但在恋爱期间双方的行为上，家长要严肃地跟孩子强调，有些行为如性行为是他们这个阶段绝对不能做的。

● 对早恋的危害性进行透彻的分析，让孩子做好心理准备。可能孩子心里知道早恋不好，但他们会下意识逃避这个问题，或者不知道具体不好在哪里。家长从中立的立场，给孩子解释早恋的不利影响。以"过来人"的经验告诉孩子怎样处理恋爱关系，怎样避免受伤害。

● 引导孩子带着责任感恋爱，共同努力。告诉孩子，早恋不要耽误学习，因为他的同学可能在这个时间越来越优秀，而他可能会被更加努力的人甩在后面。只有自己变得更好，才能配得上对方；只有两个人一起努力，才能有一个光明、稳定的未来。以此激励孩子，增强孩子的责任感和学习动机，跟对方一起，在学习上相互帮助，共同进步。

测试吧

测测孩子的早恋倾向①

观察孩子的日常表现，对以下问题作出判断，如果有半数或以上回答"是"，则孩子可能存在早恋倾向。

1. 是否突然变得爱打扮？
2. 是否常对着镜子左顾右盼？
3. 是否要求父母添置时髦衣服？
4. 学习成绩是否突然有明显下降？
5. 回家写作业是否心不在焉？
6. 活泼好动的孩子是否变得沉默起来？
7. 是否无缘无故与家人生疏起来？
8. 是否红着脸说谎？
9. 是否回家后一个人躲在房间里？
10. 是否情绪起伏大，有时兴奋、有时忧郁、有时烦躁不安？
11. 是否偷看一些描写爱情的文艺作品？
12. 是否对电影、电视中的爱情镜头特别关注？
13. 是否喜欢打听男女之间的事，对儿女情长的故事尤其感兴趣？
14. 是否偷偷写东西，看到家长又急忙掩饰？
15. 是否对某异性的名字特别敏感？
16. 是否常有异性打来的电话？
17. 是否经常有一些来路不明的小礼物？
18. 是否偷偷买些小礼物，不久又无影无踪？
19. 是否无意间谈起公园、溜冰场、音乐茶座等一些场所？

心灵加油站

绝无仅有的经典细节②（赵功强）

国外有一段经典的父子对话如下：

在一次晚餐时，父亲问道："奥罕，告诉爸爸，那个入你法眼的女孩叫什么？"儿子因为意外，显得非常吃惊，怔了片刻，随即垂着头轻声告诉了父亲。

父亲说："那你们还是到此为止吧，听爸爸的话。"

儿子感到父亲态度温和，胆子渐渐大了起来。他为自己辩解："爸爸，是她主动的。况且，她的条件的确不错呀！"儿子觉得自己是在为他们的那份感情辩护，心底有一股豪气油然升腾。

---

① 施双江. 高中生早恋问题研究：[学位论文]. 南昌：江西师范大学，2004
② 赵功强. 绝无仅有的经典细节. 现代青年（细节版），2009（4）：70

父亲轻轻摇头："奥罕，你还太小。"

"我们太小？爸爸，我已经19岁了，是一个男子汉了。而你，当年只有17岁就和妈妈好上了！"儿子自认为抓住了爸爸的把柄，情绪越发激动起来。儿子说的是实情，他等着父亲妥协。

可是，他听见依然和蔼的父亲说了这样一番话："你说的没错。可是，你知道吗？我17岁的时候已经能在葡萄酒作坊当酿酒师傅了，每个月能拿2000万里拉。我是说，我当时已经能够自食其力，有一定的经济实力为爱情埋单。你呢，一个里拉都挣不到，你凭什么心安理得地钟爱自己心仪的女孩？"

儿子桀骜的心被父亲的话征服了，埋头扒饭，一声不吭。

父亲又语重心长地安慰儿子："奥罕，不是爸爸古董封建。你想想看，一个男人，如果没有经济基础，不能为他的爱人提供必要的物质保障，如果你是女子，你会怎么看待他？儿子，我告诉你，我一直都认为，一个男人，如果没有一份挣钱的工作，不能自食其力，哪怕他40岁甚至50岁，都不配谈恋爱，谈了，就是早恋；相反，只要他有立业挣钱养家的本事，15岁恋爱也不算早恋！"

一语惊醒梦中人，经过思想斗争，儿子决定从她身边安静地走开，他从这段虚幻飘渺的无根之爱中抽身，尽管为此承受了半年的痛苦。牢记着父亲的嘱咐，儿子知道自己涉足爱情还为时过早，于是集中精力于学业，最终一举考上伊斯坦布尔科技大学——土耳其最好的国立大学，并在这里奠定了日后事业的基础。

这个儿子就是奥罕·帕慕克，2006年度诺贝尔文学奖获得者。

学习能力
发展

师生关系与学习

说我不认真学习，我就偏不听！

$$f(x)=sinx-cosx$$

　　方方的数学成绩最近下降得厉害，原因是这学期换了数学老师。方方不喜欢现在的数学老师，经常抱怨新的数学老师不好，解题死板，方法生硬。方方在数学课上也不爱听数学老师讲课，总是做自己的事，作业应付了事，再没有以前那种遇到难题一定要解出来的劲头。前两天摸底考试，方方数学考得很不理想，可他自己一点也不在乎，说："老师能力有限、我成绩下降是应该的。"

　　方方妈妈本来以为方方数学一直很好，即使不喜欢老师讲课，凭他的能力，自学也应该没问题的。可眼看方方的数学成绩一天比一天差，方方妈妈十分担心。

　　现实中有不少这样的"方方"，因为喜欢某个老师而喜欢某门学科，因为讨厌某个老师而排斥某门课的学习。中学阶段，师生关系对孩子的学习有重要影响。如何帮助孩子发挥师生关系对学习的积极作用、避免不良师生关系对学习的消极影响，是家长们需要思考的问题。

成长规律

规律 ❶ 中学阶段，师生关系的亲密性减少，冲突性增加

中学阶段的师生关系不像小学时那么亲密。中学生不像小学生那么崇拜老师，在课堂上不像以前那样喜欢积极回答老师的问题，课下不会总围在老师身边，心里话不太愿意向老师倾诉，有困难也不会主动寻求老师的帮助。

除了亲密性的减少，冲突性增加是中学阶段师生关系的另一大特点。中学阶段是从童年期向成人期的过渡阶段，中学生身心发展的特殊性导致中学阶段师生矛盾较小学阶段突出。

一项有关师生冲突的调查显示，在被调查的初中生中，有50%以上的初中生承认与老师有过冲突，有10%以上的初中生认为自己与老师经常发生冲突。

首先，中学生自我意识增强。由于生理的逐渐成熟，中学生的自我意识增强，产生成人感，他们不希望老师还像以前那样把他们当孩子看待，对他们过多管束。老师的教育会被追求独立的中学生当作一种束缚，他们通过反抗老师来挣脱束缚，从而建立成人感。

其次，中学生的逻辑思维能力和批判能力提高。他们对老师有自己的理解和认识，不再把老师看作绝对的权威，也不再盲目赞同老师的观点。当学生跟老师发生意见分歧时，容易导致师生矛盾的产生。

此外，由于中学生特殊的生理和心理特点，中学生情绪不稳定，容易因为一点儿小事产生很大的情绪反应。当跟老师的观点不一致时，中学生很容易冲动，顶撞老师，产生师生冲突。

规律 ❷ 师生关系与中学生的学业表现密切相关

中学阶段，孩子在家与父母相处的时间变少，在学校的时间增多，学校中的师生关系对中学生的发展具有重要意义。

中学阶段是孩子学习的关键期，学习科目增多，课业负担加重，孩子的学习压力较大，中学生与老师之间的关系直接影响到孩子的学业成绩。

研究表明，积极的师生关系与学生的学业成绩呈正相关关系，而师生关系中的消极成分与学业成绩呈负相关关系，也就是说良好的师生关系能促进学生取得良好的学业成绩。

实验室

师生关系越好，学生学习成绩越高
——师生关系与学习成绩关系的调查实验[1]

实验目的：

探讨师生关系与学生学习成绩之间的关系。

实验设计：

有研究者对北京八中的初一年级学生进行了师生关系的测查，按师生关系得分将学生分为师生关系较差组、一般组、较好组和最好组。比较四组学生语文、数学、英语三科成绩。

实验结果：

拥有积极、正向师生关系的学生的学习成绩较好，拥有消极、负向师生关系的学生的学习成绩相对较差。

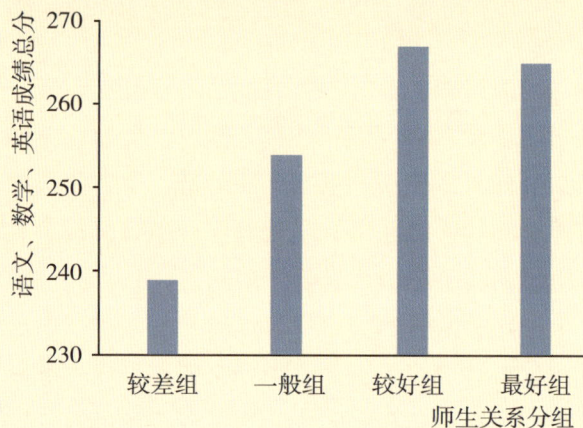

规律 ❸ 师生关系影响学习情绪

师生关系影响中学生的学习情绪。

如果师生之间友好相处，中学生易产生积极的情绪体验，在课堂上喜欢听老师讲课，注意力集中、思维活跃，课堂教学的效果就好，学生课下也愿意拿出更多的时间学习该门课程。如果师生关系不好，学生易产生消极的学习情绪，通过在课堂上不听课的方式表达对老师的不满，课堂学习效果不佳，课下也不会主动进行弥补。

心灵加油站

善学者师逸而功倍，又从而庸之；不善学者，师勤而功半，又从而怨之。

——《礼记·学记》

规律 ❹ 教师期望影响学业成绩

期望对一个人的影响是非常大的。对于自我评价尚不稳定的中学生来说，他人期望尤其是教师期望对他们自我评价和行动力的影响很大。

研究表明，教师期望对初一年级学生的影响比对初中其他年级（初二、初三）学生的影响更大；在高中也是如此，教师期望对高一年级学生的影响最大。

在学习方面，如果中学生处于良好的师生关系中，会得到教师积极的期望，教师会向学生传递一种"你很优秀"的信息，学生能感受到老师的信任和激励，增强学习自信，学习更加努力，成绩就会更好。处于不良师生关系中的中学生，学生从教师那里获得消极期望和消极评价，学生会认为自己不受重视、不够优秀，学习自信降低，甚至产生自卑心理，影响学习。

---

① 张凤兰，石秀印，唐燕.师生关系与学习成绩之间的关联.中国心理卫生协会第四届学术大会论文汇编，2003：69-72

实验室

天才儿童还是普通儿童?
——教师期望效应实验[1]

实验目的:

探究教师期望对学生学习的影响。

实验设计:

美国著名心理学家罗伯特.罗森塔尔在1968年进行了一项有趣的研究。他们对一所小学的学生进行了一个智力测验,之后告诉老师通过智力测验测试出一部分"天才儿童",实际上这些学生只是随机抽取的。在学期末的测试中,比较这些"天才儿童"和其他学生的成绩差异。

实验结果:

这些"天才儿童"在学期末的成绩比班上其他学生好得多。

这就是"皮格马利翁效应"(也称"期望效应")在学习中的体现。由于教师认为这个学生是天才,因而寄予他更大的期望,在上课时给予他更多的关注,通过各种方式向他传达"你很优秀"的信息,学生感受到教师的关注,产生一种激励作用,学习时加倍努力,因而取得了好成绩。

后来这个实验被重复验证很多次,证明教师期望对中学生也有很大的影响。

心灵加油站

顽童当州长

罗杰·罗尔斯出生在纽约的一个叫做大沙头的贫民窟,在这里出生的孩子长大后很少有人获得较体面的职业。罗尔斯小时候,正值美国嬉皮士流行的时代,他跟当地其他孩童一样,顽皮、逃课、打架、斗殴,无所事事,令人头疼。

幸运的是,罗尔斯当时所在的诺必塔小学来了位叫皮尔·保罗的校长。有一次,当调皮的罗尔斯从窗台上跳下,伸着小手走向讲台时,出乎意料地听到校长对他说,我一看就知道,你将来是纽约州的州长。校长的话对他的触动特别大。

从此,罗尔斯记下了这句话,"纽约州州长"就像一面旗帜,带给他信念,指引他成长。他衣服上不再沾满泥土,说话时不再夹杂污言秽语,开始挺直腰杆走路,很快成了班里的主席。

四十多年间,他没有一天不按州长的身份要求自己,终于在51岁那年,他真的成了纽约州州长,且是纽约历史上第一位黑人州长。

---

① 边玉芳. 教育心理学. 杭州:浙江教育出版社,2009

养育策略

策略 ❶ 留意孩子对老师的评价，跟孩子谈谈他对老师的看法，了解孩子的师生关系

师生关系对孩子的学习有重要影响，尤其是孩子感受到的师生关系，即孩子认为他跟老师的关系如何会对孩子的发展产生重要影响。因此，家长有必要了解孩子对老师的看法。

● 留意孩子的言行，观察孩子对老师的评价。孩子在平常的一言一行中总会不经意地流露出一些信息，家长要善于观察。

当谈到某一位老师时，如果孩子表现出不屑或者进行反驳，那说明孩子对老师的评价是偏负面的，他的师生关系可能不那么和谐。

询问孩子以后是否想当老师，孩子的反应也会反映出他对老师的看法，这是他师生关系的体现。

● 了解孩子师生关系的另一条途径是跟孩子交流。家长可以先跟孩子谈谈他优势科目的任课老师，再扩展到其他老师。

家长可以这样说，"看到你学习这篇课文，我想起我以前的语文老师，我的语文老师是……"通过跟孩子讲自己以前学生时代的经历，拉近跟孩子的心理距离。然后问孩子"你从小到大最喜欢的语文老师是哪个？"，再引导孩子谈谈他跟目前这个语文老师的关系、对语文老师的看法，等等。用这种方式了解孩子跟老师的关系。

心灵加油站

我爱我师，但我更爱真理
——亚里士多德

策略 ❷ 不要求孩子必须听老师的话，允许孩子对老师进行批判

很多家长认为孩子就应该听老师的话，孩子跟老师顶嘴、反驳老师是不对的。但对于中学生而言，让他们没有自己的思考与想法、老师怎么说他们就怎么做是违背他们身心发展特点的。

孩子进入中学之后，开始建立自我同一性，这个过程是探索的过程，也是批判的过程。只有经历这个过程，孩子的价值观、道德观才能建立，他的世界才会是一个成熟的、属于他自己的、新的世界。作为"旧世界"代表的家长和老师，会成为批判与反驳的对象。

作为家长，既要允许孩子对自己的批评和挑战，也要理解孩子对老师的批判与反思。况且，人无完人，老师也有自己的局限性，处理事情会有不恰当的时候。所以，面对孩子对老师的批判，家长莫要大惊小怪。

策略 ❸ 家长自己要理解老师，避免给孩子错误的引导

孩子要尊重老师，在尊重的基础上有所选择地接受老师的观点、反思老师的做法。尊重老师，家长自己要以身作则，如果家长在言行之中对老师讽刺、否定，孩子耳濡目染，会对老师产生负面评价。

家长要注意以下几点：

● 日常交谈中，不要说一些不尊重老师的话。

● 表里一致，不要当着老师的面很客气，背后说老师不好。

● 不要因为孩子的错误跟老师发生冲突，尤其是当着孩子的面，可以跟老师私下约时间好好交流。

边博士直播间

Q 我家孩子前两天跟他班主任起冲突了。那天早上他因为忘带班里活动要用的材料，中途回家拿，结果早自习迟到了。他班主任没有问清楚原因就批评了他。他觉得班主任很过分，也不解释，之后就一直跟班主任对着干，总是对班主任的话起哄不合作。遇到这种情况，我们家长应该怎么办呢？

A 首先，如果事情真如这位家长所言，家长不要一味指责孩子。孩子进入青春期，跟老师、家长发生矛盾是很正常的事情，家长不要过于紧张。

然后，跟孩子不带偏见地沟通。中学生都是很敏感的，当孩子跟老师发生冲突时，如果家长一开始就抱着"你是错的"这种想法，孩子肯定能感受到，他会拒绝跟家长好好沟通，甚至说一些激烈的、非本意的话来刺激不理解自己的父母，这样家长就没有办法了解孩子跟老师发生冲突的真实情况。家长可以这样说"我知道你跟老师发生矛盾了，爸爸先表明立场，我不会在不了解情况的时候指责你，这样对你不公平。现在我们可以就这件事谈一谈吗？"

根据了解的真实情况，与孩子讨论问题解决的方法。事实上，只要把事情说清楚了，孩子自己也会有解决问题的方法。比如，孩子会说自己找老师沟通，说清事情的前因后果。当然也要告诉孩子，无论如何应该尊重老师，孩子需要为自己的态度给老师诚恳地道歉。

最后，要跟孩子说明，冲突不是解决问题的好方法，聪明人会想其他的方式来解决问题，希望孩子下次遇到这种情况的时候用更聪明的办法解决。

边博士直播间

Q 我家女儿这学期新换了英语老师，她很不喜欢这个老师，上课不愿意配合老师，课后学英语的时间也少了，英语学习成绩下降得厉害，我应该怎么帮助孩子呢？

A 家长首先要弄清楚为什么孩子不喜欢这个老师，是不是跟老师有矛盾。

孩子不喜欢老师的原因一般有以下几个：1. 老师比较严厉；2. 老师处理问题的方式比较简单，跟孩子沟通不良；3. 孩子跟老师发生过冲突，认为老师总是针对自己；4. 有的老师"偏心"，对学习好的同学比较偏爱，对学习相对差的学生比较冷漠；5. 孩子不喜欢老师的教学方式。在了解的基础上与孩子有针对性地沟通。要让孩子明白，人无完人，不能对老师太过苛求。老师不可能是完美的，老师也会有缺点，用一颗平常心来看待老师。

让孩子感受到自己是受老师喜欢的。家长一方面可以在家里强化这个观点，例如告诉孩子老师曾经夸过他。另一方面家长可以跟老师好好沟通一下，让老师关注一下孩子，让孩子感受到老师的关注和重视，那么孩子会认为自己是受到老师喜欢的，进而摒弃对老师的偏见，喜欢这个老师，也不会排斥学习了。

要让孩子明白学习是自己的事情，不能因为对老师的偏见就排斥某个学科。这一点非常重要，但是不容易做到，家长需要不断地给孩子渗透这个观点，也可以抓住孩子跟老师矛盾解决之后的契机告诉孩子这个道理，或者以自己为例，告诉孩子工作中不允许感情用事，即使自己不喜欢某个上司，也会把他交代的任务完成，因为这是自己的工作，而学习也是孩子的工作。

策略 ④ 加强与老师的沟通，让老师关注孩子，发挥教师期望效应的积极作用

关注孩子的师生关系，一方面要从孩子的角度，让孩子对老师尊重但不盲从；另一方面，家长要多跟老师沟通，从老师的角度了解孩子在学校的表现，引导老师给孩子积极期望。

跟老师沟通是有技巧的，家长在跟老师沟通时要注意引导老师给孩子积极期望，这样有利于促进孩子的进步。

● 电话联络。电话联络是一种跟老师保持联系的好方式，老师平常工作比较忙，电话联系既不会耽误老师很多时间，也能够了解到孩子的情况。

例如有的家长给老师打电话的时候，经常喜欢这样开始："孩子最近在学校有没有问题？是不是上课经常捣乱啊？"这样其实给了老师一种暗示，家长比较关心孩子表现不好的方面，老师以后就会更关注孩子表现不好的方面。

正确打电话的方式应该引导老师关注孩子好的方面，这样老师给孩子传递的也是一种积极的期望，可以这样说："我们孩子很喜欢您讲的课，总说您上课很有意思。他最近有没有进步啊？"老师就会意识到这位家长关注孩子的进步。这样，老师就会经常注意孩子的优点和长处。孩子发现老师欣赏他，他会更乐于学习。

● 当面交流。家长也可以利用平时去接孩子放学的时间，或者周末跟老师约一个时间，和老师当面交流。交流的时候也要注意引导老师对孩子的积极评价，让老师多去发现孩子好的方面。可以在合适的时间把孩子叫来，一同对孩子做出鼓励与要求，效果会更好。

● 另外，家长要注意维护跟老师的关系。可以在节日里通过短信、电话、邮件等为老师送上真诚的祝福。当家长跟老师的沟通更融洽时，老师会更加了解孩子的成长情况，处理孩子的问题时能采取更合适的方式，同时家长也可以从老师那里了解孩子更多的在校情况。

● 当然，家长也要注意与老师交往、沟通的时间和方式。老师们一般都比较忙，根据老师的作息规律找到合适的时间和方法很重要。

学习动机

这天，圆圆妈妈和方方妈妈聊起孩子学习的事，真是各有各的无奈。

圆圆妈妈："圆圆最近老是闷闷不乐的，她班主任跟我说她上课老走神，学习上一点劲头也没有。她自己说觉得学习没意思，不知道为什么要这么辛苦地学习，已经学疲了。"

方方妈妈："那还不是为了以后考上好大学嘛。"

圆圆妈妈："对呀，我也是这样说的，结果这孩子说我们总是这一套，上了大学也没意思，总之学习就是两个字'没劲'，唉……"

方方妈妈："你家圆圆是学习学累了，但起码知道学习，可我家方方心里压根就没有学习这回事。都说男孩开窍晚，可都上初二了，他还是没有学习的自觉性。上课老师在上面讲，他在下面玩，你说说他吧，他总是借口一大堆，什么老师讲得无聊，什么昨天太累了。寒假的时候，我给他找个了家教，家教跟我说，给他补课得看他心情，只有跟他聊得嗨了他才配合，否则根本不理人家家教。"

圆圆妈妈："俩孩子都挺让人头疼的，让孩子学习怎么就那么难呢？"

中学阶段，家长对孩子的学习愈发关注。可有的孩子不爱学习，家长怎么说都没有用。如何增强孩子的学习动机、让孩子主动学习是很多中学生家长面临的一道难题。

成长规律

规律 ❶ 学习动机是推动学习的直接动力

> **知识库**
>
> **学习动机**
>
> 学习动机是指激发个体进行学习活动、维持已引起的学习活动，并致使行为朝向一定的学习目标的一种内在过程或内部心理状态。

学习动机是推动学习的动力。学习动机能够引导孩子的学习行为向某一特定目标推进，是孩子取得学业成功的重要因素。

研究表明，学习动机水平高的孩子能在较长时间的学习中保持认真的态度，坚持把学习任务完成，而动机水平低的孩子缺乏学习的稳定性和持久性。

规律 ❷ 中等强度的学习动机最有利于学习和心理健康

研究表明，中等强度的学习动机最有利于学习，也最有利于心理健康。

学习动机过弱的孩子，缺乏对学习的积极性，他们的主要精力往往不在学习上，他们认为学习是不重要的事情，在学习方面的投入较少。

但学习动机不是越强越好，学习动机过强的孩子固然在学习上很勤奋，但是容易产生一些心理问题。

学习动机过强的孩子对学习结果的要求很高，当不能取得预期的学习效果时，往往不能接受，产生懊恼、自责、愤怒等负面情绪，产生挫败感，严重的甚至产生厌学心理。

规律 ❸ 中学阶段，内部学习动机更重要

根据学习动机的动力来源，学习动机可分为内部学习动机和外部学习动机。

> **知识库**
>
> **学习动机对学习的作用**
>
> 学习动机在学习中发挥着重要作用，主要有以下几个功能：
>
> 1. 激发学习行为。学习动机是学习行为产生的前提和动力，它能激起学生的学习行为，使学生集中注意力投入学习。
>
> 2. 决定学习方向。没有明确的学习目标，学习就没有方向也无法维持。学习动机推动学生向着一定的学习目标努力奋斗。
>
> 3. 决定学习过程。学习动机维持了学习行为，使学生保持一定的行为强度直到学习行为的结束。学生的学习行为能否持之以恒，很大程度上取决于学习动机的大小。
>
> 4. 影响学习效果。学习动机的大小决定着学习效果，但并不是学习动机越强越好。

一般来讲，内部动机的作用比较持久，能够使孩子较长时间进行积极的学习活动；而外部动机的影响力较弱，持续时间较短，一旦外部奖励消失，学习动机也随之消失。

中学生受内部动机的激发而进行的学习，能够在学习过程中和学习结束之后，得到心理上的满足感，如获得知识的愉悦、自信心的满足、成就感的获取等。这种满足感又作为一种内部的自我激励，融入到内部动机之中，加强了内部动机对学习的推动作用。因此，内部动机强的孩子对学习更加执着、热忱，并且不畏困难。当孩子以内部动机为主时，能积极主动地投入学习活动中，享受学习中的乐趣，更容易获得学习上的提高。

实验室

走迷宫的小鼠
—— 耶克斯—多德森定律[①]

实验目的：

通过在不同电刺激下小鼠形成"黑白辨别习惯"的时间差异，探讨刺激强度与学习效果之间的关系。

实验设计：

1. 让小鼠走由黑白通道组成的迷宫。

2. 当小鼠进入白色通道时，给小鼠一定的电刺激，训练小鼠形成走黑色通道的"黑白辨别习惯"。

3. 观察小鼠在不同强度的电刺激下，形成"黑白辨别习惯"的时间。

实验结果：

在低强度和高强度的电刺激下，小鼠都要花很长时间才能养成走黑色通道的习惯；而在中等强度的电刺激下，小鼠养成这种习惯所需的时间较短。

以上是著名的"耶克斯—多德森定律"，又称"倒U曲线"，它表明中等程度的刺激最有利于学习效果的提高。后来，这个定律延伸到动机与效率，证明学习效率与学习动机之间也存在这种"倒U型"关系，即学习效率先随着学习动机水平的升高而升高，到达峰值之后又随着学习动机水平的升高而降低。

知识库

内部学习动机与外部学习动机

内部学习动机： 孩子在学习时有多种多样的内部心理因素，在一定条件下，这种内在心理因素可以成为推动孩子积极进行学习活动的内部力量。这种由内在心理因素转化而来的学习动机，称为内部动机，如兴趣、信念、理想、好胜心、求知欲、荣誉感、自我实现等。

外部学习动机： 很多外在条件可以驱使孩子积极进行学习活动，这种由外在力量激发产生的动机称为外部动机。如父母的鼓励、教师的表扬、奖励、分数与文凭等。

---

① Teigen, K.H. Yerkes-Dodson: A law for all seasons. Theory & Psychology, 1994. 4（4）：525~547

规律 ❹ 中学阶段，学习动机中的回避失败倾向明显

根据阿特金森的成就动机理论，成就动机由两种稳定的倾向组成，即追求成功与回避失败。追求成功的动机与回避失败的动机同时存在于人的动机结构中，只是有的人追求成功倾向强一些，有的人回避失败倾向强一些。

回避失败的目的是保护自我价值、被人认可及获得赞赏。对中学生来说，学习是自身能力的一种重要体现，学习成绩不好说明这个人不够聪明，而中学阶段的孩子比较敏感，对他人评价十分在意，为了维护表面自尊，回避失败带来的挫败感，中学生学习动机中的回避失败倾向明显。

回避失败的孩子往往选择过于容易或过于困难的任务：容易的任务可以保证成功，减少了失败的威胁；困难的任务，则为失败找好了借口——不是我不行，而是任务太难。

中学生回避失败的一些表现：故意缺课或迟到；课堂不听讲；事先声称对考试没做好准备；课堂上低着头或匆匆忙忙记笔记，希望不被老师打扰或注意，避免被提问。

强的回避失败动机在两类孩子身上表现突出：

一类是学习很好、追求完美的孩子。他们学习一直很好，在学习上"只许成功、不许失败"，当感到自己无法完成学习任务或无法取得预期的成绩时，他们会过分紧张，为可能的失败寻找各种借口。

另一类是学习不好的孩子。因为学习失败的经历较多，他们对学习感到自卑、无助，认为自己学习肯定不行，为了减少挫败感，他们会尽量回避与学习有关的各种活动，表现得对学习很不在意，其实他们并不像他们表现的那样，他们只是想让人以为"我学习不好是因为我不努力，而不是我不聪明"。

规律 ❺ 获得尊重和自我实现的需要是中学生的重要学习动机

根据马斯洛的需要层次理论，动机由多种不同性质的需要组成，各种需要之间，有先后和高低之分，按照人类的需要由低到高分为五个层次：生理的需要、安全的需要、归属与爱的需要、尊重的需要、自我实现的需要。

学习动机也是由不同的需要组成的。对中学生而言，获得尊重和自我实现是他们的核心需要。

● 获得尊重的需要。中学阶段的孩子自我意识提高，他们渴望获得别人的尊重和认可，希望得到父母、老师的称赞和同学的钦佩，尤其在学习方面。

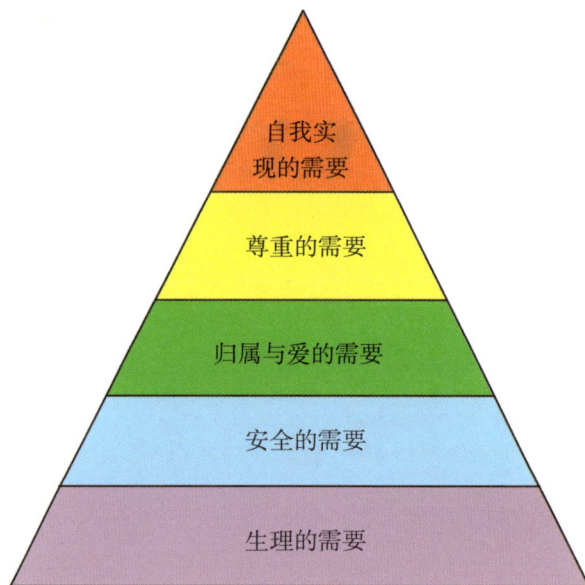

马斯洛的需要层次图

● 自我实现的需要。中学生比较关注自我发展，他们愿意通过学习使自己的价值和潜能得以实现，愿意为了自己的理想和更好的自我发展努力学习。

规律 ❻ 自我效能感高的孩子，学习动机较强

班杜拉提出自我效能感的概念，认为自我效能感水平会增强或削弱动机。

📚 知识库

自我效能感

自我效能感是20世纪70年代由班杜拉提出的一个心理学概念。主要是指人们对自己是否利用自身的某项能力去达成某个目标的自信程度。

自我效能感高的人对自己的期望较高，有自信，乐于迎接挑战，遇到困难能够努力克服。自我效能感低的人遇到困难畏缩不前，在压力面前束手无策。

学习自我效能感高的孩子对自己的学习能力非常自信，认为自己可以通过努力获得满意的学习效果，学习动机表现出较强的内生性，内部动机较强。这样的孩子敢于面对学习中的困难，并为之付出努力，他们通过战胜学习中的困难获得满足感和荣誉感。

规律 ❼ 学习动机在一定程度上是父母期望和要求的体现

父母的思想反映在言语和行为上，又反映在孩子的头脑中，在他们的心里产生不同的学习动机。

例如，有的父母认为学习是为了自我提升，学习是一件能让自己得到快乐的事情，这样的父母往往是比较民主的，孩子容易形成内部动机，认为学习是为了获得自我成长和快乐，而不是为了获得奖励或名次。

再比如，有的父母在年轻时由于种种原因没有读书或中途辍学，这对他们来说是无法弥补的遗憾。他们会把这个未了的心愿附加在孩子身上，希望孩子能够好好地完成学业，了却他们的心愿。这种家庭的孩子往往会产生"学习是为了让父母骄傲、我不好好学习会对不起爸妈"的想法，由此而来的学习动机会给孩子带来过大的压力。

还有，有的父母从小对孩子要求比较严格，孩子体会不到学习的乐趣，认为学习是很痛苦的事情。这样的孩子很难形成内部学习动机，对学习有抵触情绪。

规律 ❽ 同伴影响中学生的学习动机

随着在校时间的增多和同伴关系重要性的增强，同伴对中学生的影响越来越大，同伴在中学生的发展中具有成人无法替代的作用。研究表明，同伴关系是影响中学生学习动机的重要因素，同伴通过影响中学生的学习动机而影响其学习成绩。

同伴对学习动机的影响可能是积极的或消极的。在中学生的同伴圈子里，同伴之间相互影响，最终趋于相同的价值观和道德判断。如果孩子的同伴圈子很多人持有消极的学习动机，认为学习是不重要的、学习是为了父母而学或学习是为了在朋友中有面子，那么即使有积极学习动机的孩子也容易被同伴圈子所同化，形成消极的学习动机。而如果孩子所在的同伴圈子大部分人都拥有积极的学习动机，那么，孩子很容易受到这种积极动机的影响，并形成这种积极动机。

养育策略

策略① 中学阶段，重点培养孩子的内部学习动机，合理给孩子物质奖励，避免外部动机过强

对中学生而言，内部动机应该成为主要的学习动机。家长应该注重孩子内部学习动机的培养，学习兴趣、信念、理想、好胜心、求知欲、荣誉感、自我实现等都可以作为内部动机，家长可以适时地强化这些因素。

在培养孩子的学习动机时，要结合每个孩子的实际情况。

如果孩子十分缺乏学习动机，可以先用适当的物质奖励和精神奖励作为强化物刺激孩子，当孩子对学习有一定的学习兴趣时，再让孩子的外部动机慢慢转化成内部动机。给孩子物质奖励时，最好是对孩子学习有帮助或有一定教育意义的东西，如一两本新书、一次旅行、一个和名人交流的机会……不要让孩子单纯地将物质因素作为自己的学习动力。

知识库

家长不应说的话

"你这次考试进班里前十，我奖励你一个ipad"；

"你期末考试前进五名，就允许你暑假看电视"；

"你不好好学习，将来就得去修地球，去扫大街"；

"你这次数学再考不好，以后周末就别想出去玩"。

当孩子因为物质奖励取得进步时，要及时引导孩子，问他取得进步的感受，是不是有一种满足感和自豪感，告诉他这种快乐才是最大的收获，引导其外部动机内化。

如果孩子本身就喜欢学习、对学习的兴趣很浓厚，那说明孩子内部动机很足，此时再对孩子实施物质奖励就是多余的了。反而会把孩子的注意力转移到外部刺激上来，削弱孩子强大的内部动机。

策略② 对回避失败的孩子，让他明白勤奋比聪明更重要

中学阶段的孩子，往往对自己是不是聪明看得很重，他们宁可让别人认为他不勤奋，也绝不能承认自己不聪明，回避失败动机明显。

● 对总是失败、也回避失败的学习比较差的学生，家长要让孩子明白决定个人发展的关键往往不是智力，而是非智力因素。如果他努力了，即使成绩不好，也是优秀的，因为他拥有勤奋的品质；相反，如果他不努力，即使有一点小聪明以后也会被更加努力、更加勤奋的人所超越。

例如家长可以找一个正在上大学的哥哥姐姐，让他跟孩子聊一聊，让他们用自己的经历和体会告诉孩子：在中学阶段，也许聪明的人会得到大家的喜欢，而到了大学，勤奋的人才会获得同学的尊重和认可。让孩子明白勤奋的重要性。

● 对那些回避失败、追求完美的好学生，家长要让孩子明白，再完美的人也不可能事事成功。不为失败找借口、只为成功找理由，勇于面对失败、坦然承认自己做得不好的人是值得尊敬的。

策略 ❸ 多给孩子赏识和认可，将孩子对尊重和自我实现的需求转化为学习动机

依据马斯洛的需要层次理论，顺应中学生对尊重和自我实现的需求，将其转化成学习动机。

人除了物质需求外，还有被尊重、被认可的需求，中学阶段的孩子更是如此。父母可以针对孩子的这种心理特点，将孩子获得尊重的需求转化为学习动机。

例如，当孩子在学习上取得一点小小的进步时，要在家人或亲友面前表扬孩子，给孩子一个满意的微笑，一个赏识的眼神，使他产生被尊重的喜悦感，这种被尊重的体验会转化成学习动机。

或者，让孩子帮忙解决一个问题，用到他所学的知识，如历史问题、地理知识等。当孩子帮忙之后，给孩子真诚的表扬，让孩子意识到学习可以给他带来尊重和认可。

自我实现的需求。每个孩子，都会对自己的未来有憧憬。父母不妨让孩子充分发表他们对将来的希望，不管是多么不切实际的想法，和孩子一起讨论为了实现自己的理想需要具备哪些知识，让孩子明白，为了自己的将来，目前辛苦读书是必须的，激发孩子学习的积极性。

小提示

奥苏伯尔指出："动机与学习之间的关系是典型的相辅相成的关系，绝非一种单向性的关系。"这就是说，动机促进学习，而学习的成功又可以反过来增强学习动机。因此，在种种激励动机的手段中，也许最根本的是如何让孩子通过学习取得一定的成功。

策略 ❹ 提高孩子的自我效能感，增强学习动机

提高孩子的自我效能感是增强学习动机的一种方式。

提高孩子自我效能感的关键是让孩子对自己有自信，相信自己能够克服困难、取得成功。鼓励孩子在擅长的方面争取更大的进步，增强孩子的信心，然后在适当的时候告诉孩子相信他在其他方面也能做得很好。

例如，如果孩子擅长电脑，可以请孩子帮你做一个工作PPT，然后跟孩子一起搜集材料，一起完成PPT。等你在公司汇报完之后，可以这样跟孩子说：

"你帮妈妈做的PPT很成功，妈妈受到表扬了，大家都没想到我的PPT会做得这么漂亮。谢谢你，儿子，你真厉害。"——给孩子肯定与感谢。

"妈妈通过跟你一起学习做PPT的过程，明白了一些道理，任何事情都没有想象的那么难。我本来觉得做PPT很难很复杂，可是跟你一起做好这个之后，我明白虽然我可能还有很多东西不会，但是，我相信通过学习和努力我会做好的。"——告诉孩子，困难不可怕。

"你在学习中遇到的困难跟我遇到的这个困难是一样的，妈妈相信你能解决。"——告诉孩子，在他面对学习、生活上的困难时，要相信自己可以做好。

策略 ❺ 弱化动机过强孩子的学习动机，避免学习动机过强带来的不良影响

孩子的学习动机不是越强越好，学习动机过强的孩子，对学习结果过于重视，容易因为学习挫折而产生强烈的挫败感，不利于心理健康。对学习动机过强的孩子，家长不必担心孩子不爱学习的问题，反而应该担心孩子对学习过于看重，

这样不利于孩子的全面发展和身心健康。

如果孩子的学习动机过强，家长应该注意弱化孩子的学习动机。向孩子传递一种"学习固然重要，但是生活中还有许多重要的事"的信息，可以让孩子多参加一些其他活动，在日常生活中多劝孩子以平常心看待学习和考试成绩，不要把考试成绩看得过重。

策略 ⑥ 尽量规避同伴对孩子学习动机的不良影响

同伴影响学习动机。如果孩子周围的同学都是比较爱学习的孩子，那么，他容易受到好的影响，在学习上比较努力；如果孩子周围的同学不爱学习，那么他也容易受其影响，觉得学习不重要。

因此，当孩子突然变得不爱学习时，家长要关注是否是同伴带来的不利影响。如果是，家长可以想办法让孩子多与爱学习的孩子接触交往，也可以请孩子尊敬的成人，多与孩子聊聊。但这么做的时候切忌生硬，以比较自然的方式让孩子与他们交往。要尽量让孩子形成自己的内部学习动机，拥有自己的内部正能量。孩子内部的力量强大了，自然能够抵御外界的不利影响。

学习计划与自我调整

　　圆圆上初三了。面临中考，本来圆圆妈妈还有一些担心，但是她看到圆圆每天按照自己制订的学习计划复习，节奏很稳定，圆圆妈妈感到很欣慰。

　　圆圆根据中考时间，制订了周计划、月计划和学期计划，从粗到细，条理分明。周计划将每天的时间安排得很细致，有学习的时间，也有休息娱乐的时间；每周末会根据这周的计划完成情况制订下周的计划，并对月计划适当调整。圆圆妈妈看到女儿将学习安排得这样好，对女儿的学习更加放心了。

　　对中学生来说，制订学习计划、根据计划对自己的学习情况进行监控和调整是一种非常重要的能力，即心理学中的"元认知能力"。由元认知能力引申出的元认知学习策略，对中学阶段的学习非常重要。

成长规律

规律 ❶ 元认知策略是中学阶段应该重点发展的学习策略

元认知策略是学习者对自己认知过程进行计划、监控、调节、评估等的策略。简单说来，就是指制订学习计划、在学习过程中反思并及时调整学习计划或学习方法。元认知策略是学习策略的一种，中学阶段是元认知策略发展的关键期，元认知策略发展的好坏极大地影响中学生的学习。

有研究表明，到了中学阶段，学业成绩和简单学习策略（如复述、背诵等）相关不大，而和元认知策略呈显著正相关，即中学生使用元认知策略的水平越高，成绩越好。

知识库

元认知

元认知是美国心理学家弗拉维尔于20世纪70年代提出来的，指个人对自己的认知过程及结果的意识和控制，简单来说，元认知就是对自身认知的认知。

在中学阶段，制订学习计划、对学习进行反思并调整学习计划十分重要。中学阶段，自主学习的重要性大大增加，除了课堂学习，中学生需要根据自己的学习情况制订学习计划，并在学习计划执行过程中反思学习效果，随时调节以便更好地学习。

规律 ❷ 计划是整个元认知策略的基础，在学习中占有非常重要的位置

计划策略是指根据认知活动的特定目标，在一项活动之前进行具体活动策划。例如，预测完成作业需要多长时间、制订考试复习计划、制订学习计划等。一个完整的计划策略大致包括预测结果、确立目标、决策分析、有效分配时间、拟定细则等环节。

计划是自主学习活动的起始环节，决定着学习活动的效果。计划策略是其他元认知策略的基础，在整个元认知策略中占有非常重要的位置，没有计划，也就谈不上监控和调整。

规律 ❸ 中学生自我控制能力较弱，需要重点发展监控策略

监控策略是指在认知活动进行的实际过程中，根据认知目标及时反馈认知活动的结果，正确估计自己达到认知目标的程度、水平。例如，考试时监控自己的做题速度和时间。

监控帮助学生在学习过程中不断主动地进行自我反馈，及时发现问题，从而做出相应的调整，减少学习的盲目性和不合理性，有利于学习效率的提高和学习效果的改善。

但是，中学生的自我控制能力较弱，缺少主动监控的意识，也缺乏监控自己完成学习任务的毅力。因此，对中学生来说，监控策略是元认知策略中相对不容易养成的策略，需要重点培养。

例如，有的孩子在制订计划之后，不能很好地监控自己每天按计划完成学习任务。

规律 ④ 中学生辩证思维能力提高，自我调节能力得到发展

调节策略是指根据监控的结果，找出认知偏差，及时调整或修订目标。例如，在阅读困难或不熟的材料时放慢速度，考试时跳过某个难题、先做简单的题目等。调节是监控的下游行为，在监控的基础上调节，选取最佳的学习方法，对学习要素进行合理配置。

中学生辩证思维能力提高，能够在发现问题的时候及时进行调节，从而使学习方法更灵活、学习效果更有效。

例如，当孩子发现某个题目用这种方法无法解出时，会主动换用其他的方法；当孩子在计划投入实施时，发展原有计划可行性不高，会根据自己的实际情况作出调整。

规律 ⑤ 计划、监控和调节三者相互联系，成为一个整体，影响中学阶段学习活动的效果和质量

一般而言，学习活动越简单、越初级，元认知策略的重要性越低。对于小学阶段的学习来说，不需要孩子对学习进行太多的计划、监控和调整，就能顺利地完成学习任务，因此，元认知策略在小学阶段一般不起很大的作用。到了中学阶段，学习内容增多、难度加大，这时候的学习往往需要孩子对学习过程进行较多的计划、监控和调节，才能顺利地完成学习任务，元认知策略对学习效果和学习质量有较大的影响。

一般来说，中学生先是认识到自己当前的任务，制订学习计划，然后在执行计划过程中随时关注计划的实施状况，出现问题及时调整。在计划完成之后，反思自己的学习活动，根据监控和反思的结果进行调整和补救。这三方面相互结合，共同促进中学生的学习活动。

养育策略

策略 ① 按照学习目标、学习内容、时间安排和实施方法等方面，制订学习计划

一份完整的学习计划通常包括学习内容、时间安排、具体的实施办法或措施等内容。在帮助孩子制订学习计划时，要慎重考虑这几个方面，科学合理地制订学习计划。

● 学习目标。目标太高，不容易达到，很多孩子容易把目标定得过高，开始还能坚持一下，但时间一久就无法坚持下去，会影响孩子的自信心和学习积极性。目标太低，影响学习效果，不利于学习的提高。所以目标的制定要经过仔细思考，根据孩子的学习情况，帮助孩子找准一个合适的目标。

● 学习内容。要根据老师的学习进度，脱离课堂、盲目规划学习内容容易使学习计划实施性不强。

● 时间安排。学习时间不要排得过满，要留出休息和娱乐的时间，留出一定的时间处理突发情况。

● 实施办法。针对学习内容，在不同的学习时间采用适合的学习方法。例如，看笔记、整理知识点、做习题。

一个中学生的学习计划表

学习计划表									
本周学习目标	1.语文：继续将文言文复习完，整理文言文常用虚词用法。								
	2.数学：数列部分常见题型与方法总结。								
	3.英语：前三章单词与课文背诵，做到熟练程度。								
	4.物理：电磁一章复习，将参考书"知识点梳理"按照自己的逻辑整合，串好知识点。								
	……								
时间安排		周一	周二	周三	周四	周五		周六	周日
上午	第一节					8:00-8:50			
	第二节					9:00-9:50			
	第三节					10:30-11:20			
	第四节					11:30-12:20			
中午	12:30-2:30					午休			
下午	第一节					2:00-2:50			
	第二节					3:00-3:50			
	第三节					4:30-5:20			
晚上	7:00-7:50					7:00-7:50			
	8:00-8:50					8:00-8:50			
	9:00-9:50					9:00-9:50			
每日总结	计划完成情况					计划完成情况			
	不足与改进					不足与改进			
本周计划完成情况									
经验与反思改进									
积一时之跬步，臻千里之遥程。加油！					签字：　　　年　月　日				

策略 ❷ 设定长期目标，细化短期计划

学习计划包括长期计划与短期计划。

● 长期计划是一段时间内的计划或者目标，实际中学习情况变化很多，又往往无法预测，所以长期计划不需要很具体，只需要有一个大概的目标，并根据学习情况及时调整。

● 短期计划，即短时间内的学习计划，不同于长期计划的目标性，短期计划需要进行细化，一个有效方法是制定作息时间表。在制定作息时间表时要注意以下几点：

计划好课堂时间和自由支配时间。课堂时间，根据情况配合老师的讲课，或者完成老师布置的学习任务；而自由支配时间要合理规划，文

边博士直播间

Q 我家孩子最爱制订学习计划了，每次都计划得很好，但总是不能按学习计划执行，怎么办呢？

A 为保证学习计划的有效执行，应该注意以下几点：

计划要可行。考虑孩子的"最近发展区"。"最近发展区"是指孩子的现有水平与经过一定努力可以达到的水平之间的区域。根据孩子的"最近发展区"确定学习目标，可以避免学习目标过低，对孩子的学习没有刺激和激励的作用；也可以预防"好高骛远"的恶果伤害孩子的学习热情和学习积极性。

制订学习计划不能只考虑学习而不顾其他。其实，学习只是一天生活中的一个方面，其他活动对学习都有一定的影响，所以，在制订学习计划时，必须全面考虑。既要使学习在一天中占首位，又要使学习同其他活动协调起来。也就是说，在一天的作息时间表里既要有吃饭、睡眠、上课、课外活动的时间，也要有休息、娱乐的闲暇时间，还要留出同同学、朋友、家人聊天、听广播、看电视等时间。总之，一天的活动要多样化，各种活动都应该适时且协调地进行。有规律而充实的生活是提高学习效率的基本条件。

给意外留出时间。生活总是会有意外的，在一开始制订计划时就要考虑留有余地，给意外留出时间。例如，一周留出1~2个机动时间，这样有意外发生的时候，可以用这一两个机动时间来弥补。这样即使有意外情况出现，也可以保证后面的学习计划顺利进行。

科和理科内容交替进行，避免大脑疲劳。

提高时间利用效率。 注意力比较集中、较完整的时间，可以安排比较枯燥或不太喜欢的科目；零星的、注意力不易集中的时间，可以安排做习题和比较感兴趣的学科。

注意文理搭配、学习娱乐交替。 安排学习时，要文理交替安排，相近的学习内容不要集中在一起学习；不要长时间持续学习，半个小时或者一个小时以后休息一下，或者做一些运动，让大脑放松一下。

策略 ③ 在学习计划制订、计划进行和学习任务结束三个阶段，培养孩子自我监控的意识

监控策略在整个学习任务的开始、进行和结束过程中，都发挥一定的作用，家长要帮助孩子在这三个阶段有意识地进行自我监控。

● **计划制订阶段。** 先跟孩子一起审视学习任务的进行是否顺利、计划是否存在问题，培养孩子不断审视、调整的意识。

● **计划实施阶段。** 如果孩子自我监控的意识不强，家长应先发挥"他控"的作用，督促孩子执行学习计划，定期检查孩子完成学习计划的情况，并逐渐引导孩子自我监控。如果孩子在学习计划实施中遇到困难，跟孩子一起解决，并告诉孩子，遇到困难是好的事情，这样有利于调整学习计划，取得更好的结果。

例如，当孩子在执行考试复习计划遇到问题，不能按计划完成时，跟孩子一起思考计划是否有问题，计划的进行是否没有考虑到孩子自身实际的学习情况，及时调整，给有困难的部分留出更多的学习时间。

● **学习任务结束阶段。** 在学习任务结束阶

段，应该检查任务完成情况，总结经验教训。

例如，家长可以先跟孩子一起完成某项学习任务的总结，包括任务完成时间、效果、中间是否存在问题等。让孩子按照这种模式，以后养成自我监控、自我总结的习惯。

策略 ❹ 学习过程中，及时调整学习方法、学习进度和学习内容，促进高效学习

根据计划实施情况，及时调节，保证学习效果。

● 调节学习方法。在学习过程中，如果遇到某个学习任务完成困难，极有可能是学习方法的问题。当孩子遇到问题的时候，启发孩子从另一个角度去思考，尝试用另一种方法解决问题。

● 调节学习进度。计划不可能是完美的，总会存在一定的问题。当发觉学习计划有问题的时候，要及时调整，给有困难的部分更多时间，让容易的内容高效率完成。

● 调节学习内容。学习内容的合理安排也是非常重要的。学习内容之间联系很紧密，学习内容的先后顺序对学习效果有很大的影响。当发现学习内容不合适的时候，要及时调整，让某些基础性的学习内容在提高性学习内容之前，如果顺序颠倒的话，不利于学习内容的高效完成。

策略 ❺ 结合其他学习策略，促进孩子的学习

计划、监控与调整策略帮助孩子学会自主学习。还有一些其他学习方法，家长可以了解和使用，促进孩子的学习。

1. 多感官参与学习法。运用多种感官（如听、看、读）协同记忆，在大脑中留下多方面的记忆线索，从而提高记忆。

2. 利用无意识记忆。很多研究者倾向于这样一种说法，人们在睡觉之前看过听过的东西，会在人进入睡眠的时候，在大脑中不断地反复出现、不断地巩固。因此，在睡觉之前，看一会儿很难记忆的知识，也许，在睡觉的时候就会潜移默化地进入到记忆系统中。

3. 善于利用联想记忆。联想记忆给枯燥无味的知识赋予意义，使记忆变得更加生动有趣，从而加强记忆。例如，形象记忆、谐音记忆、关键词联想。家长可以跟孩子一起创造一些好玩的记忆方式。

4. 利用图形和表格，整理知识结构。

心灵加油站

授人以鱼，不如授之以渔。

——老子

学而不思则罔，思而不学则殆。

——孔子

形成一种独立的学习方法，要比获得知识更为重要。

——卢梭

学习资源整合与利用

有哪些资源可以利用呢？

调研报告

方方进入高一了，高中的第一个寒假，老师布置了一份不一样的假期作业：进行一次社会调研，写一份调研报告。

一回家方方就跟妈妈说寒假作业很有意思，他要好好策划一下，大展身手。方方在确定主题时，跟爸爸妈妈讨论过，还跟在研究所的叔叔打电话请教了一番。确定主题之后，方方开始进行方案设计，他先在网上查了资料，后来去市图书馆借了一些专业书，经过几天的努力，方案做出来了，还有模有样的。最后的调研实施，方方自己打电话联系了好几个地方，有的成功了，有的被拒绝了，但他不气馁，主动问爸爸怎么处理这些情况。最后，方方交了一份优秀的假期作业。

案例中的方方寒假作业完成得这样好，是因为他资源管理策略运用得很好。资源管理策略，是除元认知策略之外中学阶段又一重要学习策略，涉及学习资源整合与利用，对中学生非常重要。对中学阶段的孩子来说，学会整合和利用资源，不仅有利于学习，也对孩子以后的发展有重要影响。

成长规律

规律 ❶ 中学阶段，资源管理策略对孩子的学习有重要影响

资源管理策略，是学习者对环境和资源的使用策略，有助于学习者适应并调节环境。资源管理策略包括时间管理策略、学业求助策略、努力策略、学习环境设置策略和学习工具的利用策略。

有研究表明，对初中生的学习成绩有显著影响的策略依次为时间管理策略、努力策略、学业求助策略；而对高中生学习成绩有重要作用的策略依次为调节策略和努力策略。这说明，在初中阶段，学生对学习活动的有效计划、面对学习任务积极努力、遇到困难寻求他人帮助是提高学习成绩的关键；而进入高中阶段，灵活调整自己的学习方法、努力钻研显得更重要。

资源管理策略类型[1]

资源管理策略类型	定义	举例
时间管理策略	合理安排时间、在规定时间内完成学习任务。	统筹安排时间、高效利用最佳时间、灵活利用零碎时间等。
学业求助策略	寻求同伴和师长的帮助、查找资料。	利用老师的帮助、同学的合作与讨论来加深对知识的理解。
努力策略	为维持学习者的意志努力，不断进行自我激励。	激发内在动机、自我奖励、正确认识成败的原因等。
学习环境设置策略	调节自然环境与学习空间，以利于学习活动的进行。	在温度适应、光线明亮的地方学习，根据喜好进行学习空间的设置。
学习工具的利用策略	利用一些外界的辅助工具促进学习的进行。	利用参考资料、网络、电视广播、图书馆等资源，促进学习。

规律 ❷ 学习时间管理策略包括时间的统筹安排、高效利用和灵活运用

时间管理策略是资源管理策略的一个方面，包括统筹安排时间、高效利用最佳时间和灵活利用零碎时间。

● 统筹安排时间。根据学习目标，对时间做出总体安排。

● 高效利用最佳时间。在不同的时间里，人的体力、情绪和智力状态是不一样的。根据生物钟安排学习活动，根据一周内、一天内学习效率的变化来安排学习活动。

一般来说，存在学习效率三种变化模式：先高后低、中间高两头低、先低后高。每个人要根据自己的模式，安排学习内容，确保状态最佳时间学习最重要的内容。

● 灵活利用零碎时间。充分利用零碎时间，长此以往，可以收到意想不到的效果。

---

[1] 卢强主编. 教育心理学（第三版）. 北京：北京出版社，2010

例如，可以利用几分钟的闲暇时间读一篇文章、背几个英语单词或者记几个化学公式；可以在休息的时候跟同学讨论一下不明白的问题。

规律 ③ 中学生不爱向人求助，学业求助对他们尤其重要

中学阶段的孩子自我意识发展到一定水平，他们十分在意自己的形象，同时又有些敏感，往往因为爱面子，不喜欢向别人求助，觉得问别人问题会被看不起。中学生遇到学习方面的问题时，他们往往不愿意向别人求助，尤其不愿意向老师求助。

因此，对不爱向人求助的中学生来说，学会求助尤其是学业求助对中学阶段的学习和以后的发展非常重要。

规律 ④ 学习环境的合理设置有助于孩子的学习

环境对人影响很大。设置学习环境是为了使周围的环境更有利于学习活动的开展。如果孩子在一个舒适的环境中，将有利于他们的学习；相反，如果学习环境十分压抑、嘈杂，将影响孩子的学习情绪。

学习环境的设置，包括要注意调节自然条件，如流通的空气、适宜的温度、明亮的光线、和谐的色彩等，还有学习空间的设计，如空间范围、室内布置、用具摆放等。

据一项调查研究显示，孩子若是长期在方形的房间内学习，就比较容易集中精力，而在不规则形状或圆形的房间里，则容易分散精力和胡思乱想。同样，光线的明暗也能左右孩子的情绪，光线较暗的房间容易让人情绪低落，而光线明亮的房间则会让人心情舒畅。

知识库

色彩对生理的影响

不同色彩对人的生理有不同的影响。

红色： 刺激和兴奋神经系统，增加肾上腺素分泌和增进血液循环。

橙色： 诱发食欲，帮助恢复健康和吸收钙。

黄色： 可刺激神经和消化系统。

绿色： 有益于消化和身体平衡，有镇静作用。

蓝色： 能降低脉搏、调整体内平衡。

靛蓝： 调和肌肉、止血、影响视听嗅觉。

紫色： 对运动神经和心脏系统有压抑作用。

黑色： 精神压抑，导致疾病发生。

规律 ⑤ 学习工具的恰当利用能有效帮助中学生的学习

对当代中学生来说，学习工具的种类大大扩展，如电脑与网络、图书馆、广播、电视、各种工具书等。

学习工具虽然很多，但并不是每一项都有利于孩子的学习。如果学习工具利用不当，有可能会起反面作用。

例如，网络对中学生是一柄双刃剑。从好的方面来说，网络给孩子提供了很多资源，使得孩子学习知识、搜索知识更加便捷；从不好的方面来说，网络上有很多不利于中学生健康成长的资源，如果择取不当，可能危害孩子的身心健康。

心灵加油站

假舆马者，非利足也，而至千里；假舟楫者，非能水也，而绝江河。君子生非异也，善假于物也。

——《荀子·劝学》

养育策略

策略 ① 科学有效地管理和利用时间，提高学习效果

● 统筹安排时间。让孩子学会根据学习任务统筹安排学习时间。

例如，可以跟孩子一起思考怎么安排时间是比较恰当的，制作一个简单易行的时间表；跟孩子一起上网查阅制作时间表的好方法，或制作电子版的时间安排表。

● 高效利用最佳时间。人的学习效率在一天中的不同时间是不一样的，引导孩子寻找自己的高效学习时间点。在学习效率高的时候，集中完成比较难的学习内容；在学习效率低的时候，学习相对简单的内容或者进行适当的休息。

● 灵活利用零碎时间。零碎时间主要有课间时间、吃饭时间、上学和放学路上的时间等。利用零碎时间进行分散记忆的效果比集中记忆的效果要好。可以利用这些零碎时间记忆一点内容，学习内容不要太多，否则容易成为负担。

例如，吃晚饭的时候，看一些电视新闻，了解国内外大事，积累作文素材；等公交车的时候，记几个单词；吃饭的时候，跟同学讨论一下不懂的知识；睡觉之前，回忆一下老师课上讲的内容。

策略 ② 鼓励孩子向老师提问，跟同学讨论

很多中学生，尤其是女生，会很在意自己的"面子"，不喜欢问老师问题，觉得问问题是很丢人的事情。家长一方面要理解孩子的这种心理；另一方面，要告诉孩子，老师喜欢问问题的学生，自己在工作中也喜欢诚实爱问的后辈，打消

孩子的顾虑。另外，鼓励孩子跟同学讨论问题，相互帮助。

帮助孩子建立有学习困难可以求助的系统。与让孩子上补习班相比，帮助孩子找到他愿意请教的老师更重要。有许多家长会困扰于是否给孩子报补习班，我们的观点是，如果能让孩子带着问题去补习，使孩子的学习有针对性，这样的补习还是有作用的。当然要注意给孩子充足的自主学习和休息时间。有的家长把孩子的时间填满就心安了，这是要不得的，重要的是这些学习活动是否能真正帮到孩子。

策略 ③ 布置孩子的房间时，要考虑孩子的性格，房间的颜色和光线，不要过于繁杂，让孩子在怡人的环境中学习

一个整洁的、井井有条的、令人愉悦的环境，不仅有助于孩子集中精力，还能促进他学习的积极性。帮助孩子布置适宜学习的环境，如适宜的温度、明亮的光线、和谐的色彩等。

● 孩子房间的布置首先要考虑到孩子的个性特点。对于活泼好动的孩子，房间布置应尽量以淡雅的色调为主，以免助长不稳定的情绪；对于性格内向的孩子，则可以让房间的色调略微活泼一些。

● 在为孩子布置房间时，应注意以线条简洁、光线明亮为主，避免使用过于醒目的颜色。强烈的色彩会刺激孩子的神经，容易助长浮躁的情绪，而平和的色调则有助于情绪安定，静心思考问题。另外要注意保持室内空气的流通。

● 不要摆放过多的装饰品，也不要有过多的杂物。室内装饰过多、花色斑驳，孩子容易分散精力去关注房间内的其他物品，这样的房间布置

心灵加油站

求助也是一种力量①（陈亦权）

那是在我6岁的时候，父亲带着我去海边的沙滩上野炊。

我们一起捡了许多被海浪冲到沙滩上来的小虾和贝壳后，父亲坐在有两块大石头的地方开始清洗那些小虾和贝壳，清洗完毕后就可以搭灶生火了。

搭灶最起码需要三块大石头，很明显这里的两块还不够，父亲朝离此十多米处的一块岩石指了指说："去把它搬过来！"

我奉命前去，那块石头看上去不大，但是它近一半陷在沙子里，所以重量远远超出了从视觉上的估计。我用尽全力想搬动它，可是只能松动一点点，然后因为力气不够而松开手，无奈地眼看着它重新陷回沙里。

我努力了很久，但是每次都以失败告终！父亲走到我身边问："为什么不用尽全力？"

我说我已经用尽全力了，但是我依旧搬不动它。我边说边继续努力地尝试着想搬移那块石头，并以此证明给父亲看，他对我的怀疑是错误的！

"不，你没有尽全力！如果你尽全力了，你应该想到向我求助，我相信凭我们两个人的力量，足以将这块石头搬移过去！"父亲说完后就走了过来，和我一起把那块石头抬到了锅旁边。

放下石头后，父亲拍了拍手上的沙子说："你要记住，你的全力并不仅仅是指你自己一双手臂上的所有力量，它还指你的脑力，甚至是求助于别人！"父亲说。

"可是，别人的力量是从别人身上发出来的，又怎能算是我的力量呢？"我不解地问。

"你说得很对！但是当你在面对一项你无法凭一己之力做到的事情时，求助便也是一种属于你的力量！"父亲说。

几十年过去了，父亲的话至今清晰地保存在我的记忆中，并一直对我的人生之路产生着至关重要的影响。

很多次，当我与别人分享父亲的这番话时，很多人都认为父亲是在提倡一种并不可取的、依赖他人的性格。其实，那是因为他们没有真正理解父亲那句话中最关键的一点：先尽自己的全部能力，只有在一己之力无法做到的时候，求助才算是一种真正属于我们的力量！

就不利于孩子专心学习。

● 书桌上摆放课本、文具以及必要的工具书，不要放零食或其他杂物，零食和杂物容易分散孩子的学习注意力，降低学习效率。

以上是一些基本的原则，但中学阶段孩子的自主意识增强，孩子很可能喜欢按照自己的方式布置房间，可以让孩子参与自己房间的布置与改造，让孩子按照自己的喜好布置适合学习的空间。

---

① 陈亦权. 求助也是一种力量. 少年文摘，2010（007）：30

策略 ④ 利用学习工具促进学习

学习工具包括学校图书馆、电脑网络、电视广播、参考资料、工具书等。关键是让孩子乐于发现周围可以利用的学习资源和工具，并善加利用。

● 电视广播。孩子可以通过听广播练习英语听力、学习英文单词，或者看一些电视节目积累语文作文素材。

● 参考资料和工具书。高效利用参考资料和工具书，对孩子的学习非常有帮助。

例如，孩子做参考书上的练习题，加强知识点的复习与巩固，比单纯的死记硬背要好得多，并且有的参考书会把知识点进行梳理，孩子对知识点的把握会更清晰。

小提示

发挥学习工具对学习的促进作用，需要注意的是，不要为了利用工具而使用工具，有时候工具的过度使用反而会分散孩子的注意力。

边博士直播间

Q 孩子就要中考了，我看到市面上那么多参考书，觉得这本也很好，那本也不错，总想都给孩子买回家。让孩子多做一些题，总没坏处吧？

A 许多家长和孩子都以为多做练习有益无害，其实，买很多参考书、搞"题海战术"对孩子不一定有帮助。

做适量的练习题能帮孩子巩固知识点，灵活运用知识。但是，无休止地做题、忽视基础知识则会导致知识体系杂乱，影响孩子对知识的梳理和总结，并且做过多练习题会加重孩子的负担，引起精神上的疲劳。因此，不建议家长给孩子买太多参考书。

那么，如何帮孩子选择并利用参考书呢？

首先，使用老师推荐的参考书，再根据孩子的情况选择一本到两本适合的参考书。老师在教学上比家长有经验，所以尽量选择老师推荐的参考书，再根据孩子的实际情况，选择一本到两本难度适宜的书，选择的时候可以请老师帮忙推荐。

利用参考书，就必须把参考书与课本结合起来。有的孩子看到参考书某一段讲得比课本还明白透彻，就只看参考书不看课本了，这种做法是错误的。家长要提醒孩子，课本是"本"，参考书是围绕着课本而演变的，根据参考书的提示回归课本，才能明白知识的来龙去脉，不偏离根本。

对好的参考书，可以让孩子反复做两遍、三遍、甚至四遍。对好的参考书，第一遍的时候通做，把所有题目都做一遍，标注其中的重点和难点，后面几遍的时候只做重点和难点，其他题目可以不看，最后一遍作系统回顾。

学习压力应对

圆圆上初三了，都说青春期的孩子叛逆啊早恋啊，但圆圆妈妈最担心的是女儿的学习。小学的时候圆圆很活泼，放学回家嘻嘻哈哈的，对学习不是很在意，但成绩很好。可进入初中之后，班里的同学学习都很厉害，圆圆一下子成了班里的中下。这以后圆圆就不像以前那么开心了，有时候解不出题就在自己房间里乱发脾气。有一次她期中考试没考好，周末把自己关在房间里整整两天，不跟爸爸妈妈说话，还把做过的一些练习册都撕了。现在圆圆上初三了，更是整天闷闷不乐，经常喊着头痛。圆圆妈妈担心再这样下去，孩子的中考怎么办？

压力是成长的必然，每个阶段会有不同的压力，以驱使他们向下一个阶段前进。对中学生而言，学习压力是最主要的压力源。该如何帮助孩子应对学习压力呢？这是很多家长心中的困惑。

成长规律

规律 ❶ 学习压力是中学生最主要的压力源

研究表明，我国中学生的压力主要来自六个方面：1. 学习；2. 父母；3. 老师和同伴；4. 环境；5. 自我发展；6. 时间。排在首位的就是学习压力。

一项调查表明，在被调查的中学生中，感到学习压力非常大的占9.1%；感到学习压力较大的占32.9%；感到学习压力适宜的占47.0%；感到学习压力较小的占6.4%；感到学习压力非常小的占3.1%。（其中8人没有做出选择。）

知识库

学习压力

学习压力是指在学习过程中，孩子受到的来自外部的影响力和来自自身的心理负担的总和。

外部压力主要是指在学习过程中遇到的困难，如学习课程繁多、学习内容变难、考试压力、升学压力等。

自身的心理负担指孩子因学习问题而产生的心理困扰，如害怕自己学习不好被家长骂、认为学习不好在同学间没有面子、担心考不上大学没有出路等。

学习压力的影响既跟外部压力的大小有关，也跟孩子的心理承受能力有关。如果孩子认为外界的压力在自己能力范围之内，就会将外界压力视为动力；如果孩子认为外界压力超过自己的能力范围，就会产生心理负担，甚至出现心理问题。

知识库

中学生学习压力的表现①

经常担心学习退步；

感到班上竞争很激烈；

对于考试非常厌倦；

感到情绪沮丧、郁闷；

感到学习生活很苦闷；

脾气变坏，很烦躁；

一提到考试就紧张；

莫名地想哭；

感到自卑、自怜；

对未来感到没希望；

常做考试成绩不好的梦；

……

规律 ❷ 学习压力具有正面和负面双重作用

学习压力对孩子的影响具有两面性。

适度的学习压力对孩子的学习有正面促进作用。适度的学习压力可以提高大脑的活跃程度，使孩子在学习中保持精力旺盛，注意力集中，思维敏捷，从而取得良好的学习效果。

---

① 赵丽霞，袁琳. 学生学习压力的现状调查. 天津市教科院学报. 2006（2）：18~21

特别提示

学习压力适中对孩子的学习最有利。研究表明，学习成绩会随着压力的增大而提高，但当学习压力超过一定限度后，学习成绩将会下降。

但是，如果学习压力过大，持续时间过长，会影响学习效果，并给孩子带来一系列生理上的不适和心理上的问题，损害孩子的生理和心理健康。

知识库

学习压力过大对孩子的负面影响

生理方面：

学习压力过大会使孩子产生身体方面的症状反应，如胸闷、心悸、头痛、头晕、肚子痛、恶心呕吐、浑身无力、容易疲劳等。

心理健康方面：

学习压力过大首先会影响孩子的认知过程，易造成注意力分散、理解困难、记忆力减弱等。

其次，学习压力过大容易使孩子产生情绪上的不良反应，如暴躁、爱发脾气、抑郁、焦虑、悲伤等。

此外，学习压力过大会对孩子的品质发展产生影响，降低孩子学习的恒心和毅力，面对学习困难退缩、不求上进，对自己缺乏信心、自暴自弃，严重的甚至会厌学、逃学。

心灵加油站

释放所有的压力确实不好，应该要保持一定程度的紧张。

——宫崎骏

规律 ❸ 中学生的学习压力随着年级升高而增大

研究表明，中学生的学习压力比小学生要大，且随着年级升高，学习压力呈增大趋势。

中学生的学习压力存在年级差异，高中生的学习压力显著高于初中生。在初中阶段，初一年级学生感受到的压力相对较小，初二年级学生的学习压力较大，初三年级学生的学习压力进一步增加。在高中阶段，高二年级的学习压力大于高一年级，到了高三，中学生的学习压力达到最大。

与小学相比，初中课程内容增多，学习难度增大，这是初中生学习压力大的外部因素。并且初中的孩子正处于青春期，青春期的特点决定了这个阶段的孩子情绪不稳定，自我评价较低，容易因学习困难产生学习压力。

到了高中阶段，虽然青春期问题渐趋缓解，但是高中生面临着高考，老师和家长会给孩子各种有形和无形的压力，再加之学习内容更加复杂，学习与生活节奏更快，导致高中生的学习压力增大，尤其是高中毕业生。

规律 ❹ 自我评价不稳定的中学生遇到学习挫折，容易放大学习压力

中学阶段是儿童到成人的过渡期，也是自我同一性建立的关键期。生理的发育使中学生产生成人感，他们开始探索自我，寻找"我究竟是一个什么样的人"的答案，通过各种途径评估自己。但由于中学生生理、心理还都不成熟，他们在评价自己时往往过于片面，当遇到挫折时，容易全盘否定自己。这种自我评价的不稳定导致中学生在学习中难以形成正确的认知和评价，容易因学习挫折对自己失去信心，产生紧张、焦虑、抑郁等不良情绪，导致学习压力。

例如，一次偶然的失败可能使中学生对自己失去信心，认为自己处处比不上别人，因而变得自卑气馁。

规律 ⑤ 家长期望过高是学习压力过大的重要原因

一项有关中学生父母期望的调查显示，对孩子考试分数和排名"很重视"和"比较重视"的家长比例高达73%，"理性对待"的家长仅占15%。

很多家长将成绩看得很重，希望孩子好好学习、成绩优秀、考上重点高中、考上好大学……但是，正是家长的这种期望使孩子处于一种无形的压力之中，孩子过于在乎学习上一时的成败得失，不能允许自己有一点差错。当遇到学习挫折时，孩子会感到惶恐，担心被父母责骂，害怕被同学和老师看不起，产生心理负担。

特别提示

对孩子期望过高的家长，容易对孩子要求过高，剥夺孩子玩乐的时间，恨不能所有时间都用来学习。

家长要明白，学习时间和学习效果没有直接关系。不要因为孩子学习成绩不好就强迫孩子长时间学习，学习时间过长反而会降低学习效率，影响学习效果。要给孩子放松、休息和娱乐的时间。

规律 ⑥ 学习压力会通过归因方式影响孩子的身心健康

研究表明，学习压力会通过归因方式影响孩子的身心健康（如产生情绪问题），即相同的学习压力对不同归因方式的孩子引起的效果不同。

当孩子的学习压力较大且学习效果较差时，若孩子进行内部、可控的归因（如，认为考试失利是因为不够努力、复习方法不对），他们会更多地责备自己，消极情绪更多；若孩子进行外部、不可控的归因（如，认为考试失利是考题太难），他们会感到自己对学习结果的可控感较低，不安感更强。

当孩子的学习压力较大且学习效果较好时，若孩子进行内部、可控的归因（如，认为考试成功是因为努力复习、认真听课），他们会在以后的学习中更加努力，并相信只要自己努力一定可以学好；若孩子进行外部、不可控的归因（如，认为考试成功是考题太简单），他们会感到努力与否作用不大，也不太能感受到学习带来的成就感和愉悦感。

知识库

归因

归因： 是指根据有关信息、线索界定某项行为或结果发生的原因。根据所推断原因是否与自己相关，可分为内部归因和外部归因；根据所推断原因是否可以控制，可分为可控归因和不可控归因。

内部归因： 认为事情的结果是由于自己造成的。如孩子认为好成绩是通过自己努力获得的。

外部归因： 认为事情的结果是由于外部原因导致的。如孩子认为好成绩是运气或者这次题目过于简单导致的。

可控归因： 指把事情的结果归因为自己可以控制的原因。例如，孩子认为学习成绩的好坏与自己的努力程度密切相关，而努力程度是可控制的。

不可控归因： 指把事情的结果归因为自己不可以控制的原因。例如，孩子认为学习成绩的高低与当时的运气、试题难度密切相关。

归因方式： 也称"归因风格"或"解释方式"，是指个体根据过去的经验以及在当前期望的基础上，对生活中各种事件或行为发生的原因倾向于以一种相似的或习惯性的方式进行推理的过程。

规律 ❼ 学习压力过大容易导致"习得性无助"

有的孩子在遇到难题不会解或经历考试失败时，会感到自己对学习无能为力，认定自己不擅长学习，自暴自弃，产生"我根本就不是学习的料"的悲观想法，这其实是一种"习得性无助"。

习得性无助是一种强烈的心理暗示，当孩子认定自己学习不行的时候，得到的结果肯定是学习方面表现越来越差。

实验室

手指与噪音
—— 人的"习得性无助"实验[1]

实验目的：

验证"习得性无助"理论

实验设计：

1975年塞里格曼以大学生为被试进行实验，实验分为三个阶段。

第一阶段，把大学生随机分为三组：

第1组学生听一种噪音，且无论被试做什么，噪音一直存在；

第2组学生也听这种噪音，但他们通过努力可以使噪音停止；

第3组是对照，不听噪音。

第二阶段，让这三组学生进行另外一种实验。被试周围有一个"手指穿梭箱"，当被试手指放在穿梭箱的一侧时，会听到一种强烈的噪音，放在另一侧时，就听不到这种噪音。观察三组学生的表现。

第三阶段，让三组学生把混乱的字母排列单词，比如ISOEN、DERRO可以排成NOISE、ORDER。观察三组学生的表现。

实验结果：

第二阶段，第2组和第3组学生会把手指移到箱子的另一边，使噪音停止，而第1组学生他们的手指仍然停留在原处，听任刺耳的噪音响下去，不尝试把手指移到箱子的另一边。这个实验结果验证了"习得性无助"。

第三阶段，第2组和第3组学生能比较顺利地完成字母组字，但第1组学生很难完成这一任务，这个实验结果证明"习得性无助"对以后的学习有消极影响。

养育策略

策略 ❶ 引导孩子自己跟自己竞争，形成客观、积极的自我评价

自我评价不稳定是中学生产生学习压力的一个重要原因。当孩子对自己有一个正确客观的认识时，面对学习困难，他们就能主动地评估这个学习困难是否在自己的能力范围内，既不会丧失信心，也不会苛求自己，避免了因学习困难而产生心理压力。

家长可以跟孩子一起，对孩子的学习进行一

---

[1] Seligman, M.E. Helplessness. On Depression, Development, and Death. WH Freeman/Times Books/Henry Holt & Co, 1975

次客观的自我评估，包括在各个学科的水平，自己的优势、劣势等，让孩子在心里对自己有一个定位。然后，引导孩子正视自己的优势和不足，不要跟别的孩子比，只跟自己竞争，进步就是成功。

例如，让孩子去评估一个学习目标与自己能力的匹配，如果努力一下就能达成，那就下定决心，竭尽全力，争取漂亮地完成；如果确实超过了自己的能力范围，那也没有关系，不要用一个遥不可及的目标困扰自己，也不要想别人都会就自己不会，只要尽力就好，多多关注自己，看自己是否在努力的过程中有所进步，只要有进步就是值得的。

策略 ❷ 给予孩子恰当的期望，理性评价孩子的成功

成长比分数更重要，考试考砸了，是一件不愉快的事，但也是一次成长的机会。如果父母和孩子能正确处理这个问题，顺利战胜这些挫折，孩子就长大了一点、成熟了一点。雨果说过，"苛求等于毁灭"。家长不要对孩子要求过高，要对孩子提出合理的期望，多一点平常心，使孩子能正确面对学习上的挫折与失败。

我们的家长，有的担心孩子学习不好，以后没有好的出路；有的因为自己年轻时没有好好学习，担心孩子也重复自己的遗憾；有的则是好胜心太强，不能接受自己的孩子比别的孩子差……于是对孩子高标准，严要求，加重了孩子本来就已经很重的学习压力。其实，教育的目的就是培养孩子成人，没有那么多附加要求。如果孩子能拥有一个乐观的个性和积极的生活态度，那不是比一张漂亮的成绩单更令人欣慰吗？

所以，家长不要只关注孩子的学习，也不要用成绩来评判孩子。理性评价孩子，多关注孩子跟自己相比有没有取得进步，有没有收获快乐。只要我们的孩子善良、乐观，还能勇敢面对生活中的困难挫折，即使他的学习没有达到你的理想标准，这样的孩子也是一个很好的孩子，以后也会成为一个很好的人。请给孩子多一点宽容，少一些过高的期望。

心灵加油站

成功的另一种理解

什么是成功？成功的定义是什么？可能不同的人有不同的理解。

上帝为了寻求这个问题的答案，化装来到人间，想问问别人什么叫成功。

上帝问第一位先生："请问，您认为什么叫成功？"那位先生不假思索地说："成功就是当大款，有空闲，兜里有钱。"上帝又问了第二位先生："先生，您认为什么叫成功？"那位先生想了一会儿说："成功就是做大官，有权、有势。"上帝接着又问第三位先生："您怎么看待成功？"结果第三位说："成功就是当名人，因为当名人能够前呼后拥、无限风光。"

上帝听了这几个人的回答，没有听出个所以然，说："你们就直接说什么是成功，什么是成功的标准吧！"结果这三位先生都面面相觑，哑口无言，最后憋出一句话："噢！上帝！成功的标准我们也不知道，反正那东西不是我们定的。"

上帝想：换个方法或许我能够了解什么是成功。于是上帝变成一位富人来到公园，看见一位母亲正带着孩子在公园里嬉戏。上帝走过去问："这位女士，我是个有钱人，您觉得我和您相比谁更成功？"那位女士看了上帝一眼说："您是个富人，但是我觉得我是孩子慈爱的母亲，在家里我

是丈夫贤良的妻子，在企业里我是优秀的员工，在社会上我是守法的公民，每天过得平淡而又快乐，您只不过有钱而已，但是您真正快乐吗？幸福吗？您能告诉我什么叫成功吗？"

上帝听了默默无言，他又化装成一个名人，看到有一个骑自行车的年轻人从旁边经过，就把他请了下来。上帝问："这位先生，冒昧地问您一下，我是一位名人，住的是豪宅、开的是名车，您却骑着自行车。您说，你我之间谁更成功呢？"那位骑自行车的小伙子打量了上帝一眼，说："哦，您是名人，我呢，虽然没有出名，但是我有充足的自我空间，能够自主地支配自己的生活。我可以下班后骑自行车出来遛弯儿，想看书就看书，想欣赏音乐就欣赏音乐。工作完成之后，我可以自由地安排自己的时间，能够与自己的家人团聚、经常同朋友聚会，享受生活带来的快乐，我觉得我过得非常舒适。但您这位名人，我想恐怕没有什么自由，说不定连结婚都不敢对别人说，出门都要戴墨镜，吃饭都要坐角落，您完全像关在笼中的金丝鸟，您说咱俩谁更成功呢？"上帝听了这些以后若有所思。

于是他又往前走，看见一位老农在地里耕田，于是上帝把老农请过来，问这位农民："我想问您，我是一位有钱人，是一位名人，您是一位做农活的先生。我想，您能不能够告诉我，是您成功还是我成功呢？"结果那位老农说："俺不知道什么叫成功，俺只知道，就凭俺这双手，凭俺自己的辛勤劳动，俺已经把四个孩子都送进学校去了，而且现在他们对社会都有所贡献，俺觉得已经非常满足，非常幸福了。"上帝说："您这样劳动才够供四个孩子读书，但是我的钱足够供40个甚至400个孩子读书，您不觉得我比您更成功吗？"那位老农笑着说："是的，俺相信。不过俺想，可能您没有俺的这种自豪感。俺是农民，就靠这双手，去辛勤耕耘这些田地，用劳动来供俺的四个孩子去读书生活，俺觉得俺的自豪感、成就感，可能要比先生您强些。"

最后，万能的上帝也迷惑了：究竟什么叫成功？

其实成功是没有标准的。成功是对目标的达成，关键在于你追求的是什么。有的人追求事业，蓬勃发展的事业就是他的成功；有的人追求金钱，对他来说，赚很多钱就是成功；有的人追求冒险，挑战高山和险滩就是成功；有的人追求家庭幸福，有一个美满的家庭就是成功。不用别人的标准评判自己的生活，只要有自己的追求，并在追求中努力充实自己、完善自己，这就是成功。

策略❸ 了解孩子的归因方式，训练孩子形成"内部归因为主、外部归因为辅"的归因习惯，避免学习压力过大

学习压力通过归因方式影响孩子的心理健康。当孩子的学习压力过大时，了解孩子的归因方式，能有针对性地帮助孩子，缓解学习压力过大带来的心理压力。

例如，当孩子考试失利认为是因为自己不够努力时，这是一种内部、可控归因，容易产生沉重的心理负担和学习压力。家长在了解到孩子的归因方式之后，启发孩子，让他明白，任何事情的结果都是内部原因和外部原因共同造成的，既要从自身寻找原因，也不能忽视环境和偶然因素的作用。

帮助孩子形成"内部归因为主、外部归因为辅"的归因习惯，既肯定个人努力的积极作用，又不否定偶然因素的作用，坦然接受学习挫折。

例如，当孩子某项考试失利时，可以跟孩子一起分析原因，告诉孩子，任何事件的结果都是内因和外因共同造成的，对于考试失败，应该从自身和外界因素两方面寻找原因。

几种训练归因方式的方法：

● 强化纠正。常见的归因有：能力、努力、任务难度、老师的教学水平、同学的帮助、运气等。有意识地让孩子对自己的学习结果进行归因分析，并对孩子的归因结果给予反馈和建议，促使孩子形成积极合理的归因习惯。每当孩子做出比较积极的归因时（例如，努力不够和题目太难导致考试失败），给予孩子鼓励、肯定，从而强化孩子积极的归因方式。

● 榜样示范。一般说来，如果孩子看到别人积极的归因方式导致成功，就会认可同样的归因方式；如果看到消极归因引起不良后果，就会削弱或抑制这种归因方式。家长可以利用生活中的例子，让孩子从生活中学习正确归因。

● 团体讨论。团体讨论是一种归因训练方法。在家中，爸爸妈妈和孩子一起组成一个讨论小组，可以围绕一个问题，一起分析成败的原因，并讲述、分析自己或他人成败的事例，在讨论中让孩子学会积极归因。

策略 ④ 用积极的心态影响孩子，合理设置目标，避免"习得性无助"

父母对孩子有极其深刻的影响。如果父母对自身及孩子的评价总是消极的，孩子就会感到挫败。如果父母工作生活中遇到不如意时，总是怨天尤人，那么就会无形中给孩子一种不正确的心理暗示，当孩子在学习上遇到挫折时，产生消极的自我评价，这种挫折经历不断积累，导致"习得性无助"，以后做事情的时候，一旦发现有困难，就放弃努力。

如果父母能以积极健康的心态面对生活中的不如意，常常当着孩子的面谈论自己关于未来的美妙构想，那么孩子也会受父母积极乐观心态的影响，对未来充满信心。对于那些不自信的孩子，父母还可以有意识地引导孩子想象，想象他成功做好某件事情时的情景，给孩子一些积极有益的心理暗示，这样也可以帮助孩子提高自信，避免"习得性无助"。

有的孩子看似对学习不在意，实际上可能心里对自己的要求很高，在内心为自己设置了一个很崇高的目标。当他无法达到时，就会感到无助。家长应帮助孩子合理设置目标，根据孩子的实际情况，设置一个只要他肯努力就能达成的目标，让孩子通过努力获得成功体验，受到鼓励，进而更有信心地向着下一个目标继续努力。

例如，可以带孩子去参加一次孩子擅长的活动，让孩子获得成功体验，增强信心，激发孩子的学习信念，增强孩子对自己能力的信心。

策略 ⑤ 通过宣泄、倾诉等方式，帮助孩子缓解学习压力

目前中学生的学习压力普遍较大，家长要帮孩子适时缓解压力，避免压力过大产生情绪和心理问题。家长可以教给孩子一些缓解学习压力的小方法。

● 宣泄。如大声唱歌、哭泣、跑步、打篮球、游泳等，通过体力的消耗释放压力。

● 倾诉。如让孩子跟自己倾诉、跟其他长辈倾诉、跟大一些的哥哥姐姐倾诉或者写日记倾诉。

● 转移注意力。如全家一起爬山、一起骑自行车、一起去看电影、一起去看画展。

知识库

跑步的益处

跑步是最简单有效的一种运动方式。跑步可以促进机体血液循环，促使流经脑部的血量增多。脑细胞中的氧和营养物质增多，能及时带走代谢废物和二氧化碳，改善大脑内环境，增强大脑细胞的交联运作和兴奋性。跑步作为一种有氧运动，可使机体充分地吸收和利用氧，使血液和大脑组织中的氧气充足，从而增强脑力。此外，跑步还可以带来愉悦感，放松心情，给孩子带来快乐。总之，大脑累了去跑步，既可消除疲劳，又可促进大脑思维更加活跃敏锐，有益于更好地学习。

跑步可在室内原地跑，也可到空气新鲜的户外跑，一般保持中速，时间在15分钟左右。

策略 ❻ 对学习压力过小的孩子，提高孩子的学习动机

有的孩子，似乎完全没有学习压力。出现这种情况可能有两种原因：一种是压力过大导致的"习得性无助"，孩子干脆放弃了学习；另一种情况是孩子缺乏学习动机。

对缺乏学习动机的孩子，家长可以用适当的物质奖励和精神奖励作为强化物激发孩子的学习动机。给孩子一次真诚的赞扬、带孩子去旅行、答应孩子一个合理的要求……通过这种方式，逐渐培养孩子对学习的兴趣和注意力，增强孩子的学习动机。

考试焦虑应对

怎么还睡不着？明天考试考砸了怎么办？

下周就要期末考试了，圆圆很担心，觉得自己好多东西都没有复习好。还剩不到一周了，圆圆很想抓紧最后的时间把学过的内容好好复习一遍，但是圆圆感觉自己进入一个怪圈，越想好好复习，越是不能进入状态，一遇到不会的题目就很焦虑，做题的时候总犯一些低级错误。圆圆晚上还失眠，脑子里老想"万一考砸了怎么办？如果这次考砸了，家里人会怎样？同学们会怎样？"。

圆圆是太怕考砸了，因为期中考试成绩不理想，她很想期末的时候拿一个漂亮的成绩给所有人看。

有许多像圆圆这样平时学得不错、一到考试就很紧张的孩子，这其实是一种考试焦虑。考试焦虑是一种在考试情境的激发下，以担忧为基本特征的心理状态。表现为面对考试，有的孩子感到头昏，心跳加快，没有食欲，有的会出现注意力不集中、记忆力减退等现象。过度的考试焦虑会降低孩子的学习效率，影响学习成绩，需要引起关注。

成长规律

规律 ❶ 适度的考试焦虑有利于孩子考试的发挥

很多中学生在临考前都有一定程度的紧张或焦虑，这是正常现象。

适度紧张可以维持考生的兴奋性，增强学习的积极性和自觉性，提高注意力和反应速度等。

在考试及其准备过程中，维持一定程度的紧张是有必要的。如果孩子总是漫不经心，不把学习、考试当回事的话，是不利于他的考场发挥的。

规律 ❷ 过高或过低的焦虑水平不利于考试的发挥

并不是说考试焦虑水平越高，学习效率就越高，学习成绩就越好。

焦虑和学习成绩呈"倒U形"曲线，考试焦虑有一个最佳值，处于这个值时，考试效果最好，过低或过高，都会使学习受到抑制，这一规律被称之为"耶克斯—多德森定律"。

在下图中，a曲线是指不同水平焦虑在完成难易适中任务时的作用，很明显，中度焦虑才产生较高的效率；而b曲线针对困难、复杂的任务

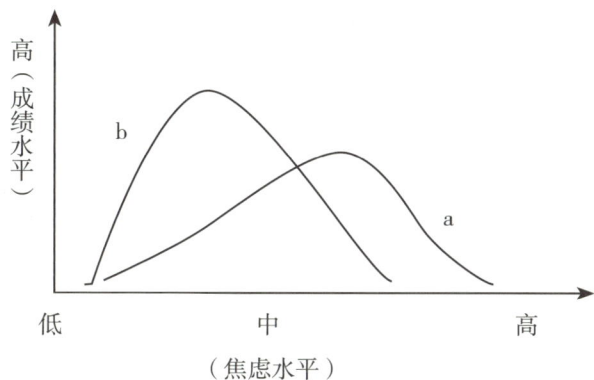

焦虑水平与学习成绩的关系

而言，可以看出，低度焦虑效果最好。

也就是说：对于难度不大的考试，保持中度的焦虑水平，利于考试的发挥；而对于中考高考这种难度比较大、要求比较高的考试，保持低度的焦虑有助于好成绩的取得。

规律 ❸ 父母的高期望加剧孩子的考试焦虑

家长对孩子寄予过高的期望，可能导致孩子出现高的考试焦虑水平。

例如：有的孩子尽管很努力但成绩依然处于中等水平，家长不顾这种实际情况，而给孩子定下考到班里前五名的目标。这种高期望使孩子的心理压力过重，怕考砸了难以向父母交代，辜负父母的一片苦心，这会导致孩子对学习和考试厌恶，加剧考试焦虑。

规律 ❹ 父母对待孩子考试后的态度影响孩子的考试焦虑水平

父母如果采取过分干涉、过度保护、惩罚严厉的教养方式，孩子的考试焦虑水平就会高。

例如：有的父母对考试成绩不理想的孩子，棍棒相加或批评责骂，这都可能使孩子的考试焦虑水平提高。

父母如果采取温暖、理解、民主的教养方式，则有助于缓解孩子的考试焦虑水平。

也就是说：如果父母能接纳成绩不理想的孩子，给他们鼓励、支持并和他们一起分析失误的原因、共同找出解决的办法的话，孩子就能感受到父母和他是站在一起的，他并不是孤军奋战，这有助于缓解孩子的焦虑水平。

小提示

有的孩子怕考不好而被父母、老师批评，被同学嘲笑，这是一种负面评价恐惧。负面评价恐惧是指对他人不良的评价恐惧，为负面评价而苦恼，以及对他人可能给自己负面评价的预期。

负面评价恐惧会加剧孩子的考试焦虑水平，表现出考试前失眠、考试时大脑一片空白等焦虑反应。

规律 ❺ 孩子对考试的认知影响他的考试焦虑水平

如果孩子把考试当作一种证明自己能力的好机会，那么便会激发他们的一些行为手段来积极地面对考试，发挥出应有的甚至是超常的水平。

如果孩子把考试当作是一件会对自己有负面影响的事情，那么就会引起焦虑、无助等负面情绪，导致孩子在面对考试时不能发挥出正常水平。

规律 ❻ 孩子的以往考试经历影响他的考试焦虑水平

以往的考试经历和体验左右着孩子对自己应对考试能力的评价。

如果孩子在过去的考试中积淀了对失败的恐惧以及对考试的消极态度，在随后的新的考试中，会有无能感、自卑感，体验到不愉快、焦虑、紧张等消极情绪，这可能导致他不能在考场上集中注意力，对自己不自信，考试紧张、焦虑等。这些又可能导致此次考试的失败，这样就造成了一种恶性循环。

养育策略

策略 ❶ 父母应树立正确对待孩子考试成绩的态度，避免对孩子的负面评价

父母对待孩子的成绩要有良好的心态，理性看待，把握好度。

父母应意识到成绩是体现孩子在一定阶段对所学知识掌握程度如何或对这些知识运用能力高低的一种评判，它会受很多主观、客观因素的影响，是一个相对的概念。

处于青春期的孩子，自主意识增强了，自尊心也强了，他希望被尊重、被理解、被认可、被肯定，他需要心理支持、情感安慰。

例如，面对刚刚从考场回到家的孩子，父母不应像审讯一样再三盘问，有时父母过分的询问会增加孩子考试焦虑的情绪。

面对考试失败的孩子，父母应该抛掉打骂、生气、批评的做法，耐心地和孩子一起分析失败的原因，找到解决问题的办法，并鼓励孩子，下次考试一定能行。

策略 ❷ 帮助孩子建立积极的"认知图式"

图式就是我们看待问题的习惯方式，它是由以往积累的经验和有组织的知识构成的。

例如，考试前，父母可以这样开导孩子：考试可以检验这段时间的学习情况，但是并不能完全反映出每个人的能力，如果这次成绩不理想，说明你在某个或某些知识上还存在漏洞，如能及时弥补，下次就可以提升自己，考出好的成绩。

可以告诉孩子上次没考好并不能代表这次也一定考不好，不要受之前考试情况的影响，不要否定自己，认真准备，就会有进步的。

考试失利后，不要过分指责孩子，可以帮

助孩子分析考试失误的原因，找到解决问题的办法。

策略 ❸ 父母不要给孩子过高的期望，给孩子制定恰当的目标

有的父母对孩子的要求过高过严，时时处处都要求孩子做到最好，这使孩子形成事事必须做到最好的自我要求，带来很大的心理压力。一旦考试没有考好，孩子内心就会无法接受，如果距离目标差距较大的话，孩子就会感到灰心失落，紧张焦虑，这更不利于他考试的发挥。

父母在给孩子制定目标时应和孩子商量，根据孩子的实际能力，循序渐进地为孩子设立目标。

例如，有的家长会和孩子约定，每次考试都避免一个因粗心而导致的错误。

策略 ❹ 通过运动、放松身体等方法缓解考试焦虑

运动消除焦虑法

学生以脑力活动为主，适当的运动是消除大脑疲劳的有效方法。家长可建议孩子根据自己的实际情况，散散步、打打球、做做体操。因为运动可以消除一些紧张的化学物质，放松神经。

兴趣消除焦虑法

人们在从事自己感兴趣的事情的时候，整个身心都会投入进去，什么忧愁烦恼都会抛到九霄云外。因此，家长可建议孩子在紧张的学习之余，做一些感兴趣的事情，如唱唱歌、看看报、听听音乐等，都可以消除疲劳，化解烦恼，远离考试焦虑情绪。

放松身体法

● 面部放松

双目圆睁，使眼睛与眼眶肌肉紧张，保持10秒钟，然后放松；嘴角尽力后拉，保持10秒钟，然后放松；咬紧牙关，保持10秒钟，然后放松；

用舌头抵住上颚，使舌头紧张，保持10秒钟，然后放松。各部分分别练习之后，可以做面部整体放松：眉头上拉，眼睛尽量睁大，嘴角尽力后拉，牙齿尽量咬紧，保持10秒钟，然后放松。

● 颈部肌肉放松

从前后左右四个方向绷紧颈部肌肉，保持10秒钟，然后放松。

● 背部肌肉放松

使双肩用力前收，体会背部肌肉紧张，保持10秒钟，然后放松。

● 腹部肌肉放松

尽量收腹，好像逃避别人的拳击，保持10秒钟，然后放松。

● 腿部肌肉放松

绷紧双腿，并向上抬，好像两膝盖之间夹着一枚硬币，保持10秒钟，然后放松；将双脚向前绷紧，体会小腿部的紧张，保持10秒钟，然后放松；将双脚向膝盖方向用力弯曲，保持10秒钟，然后放松。

策略 ❺ 通过一些心理调适方法应对考试焦虑

考试过程中，有的孩子会因为考试焦虑有怯场反应，如面红气促、手脚发冷等，严重的出现恶心、休克等状况。家长可以教给孩子一些心理调适方法，帮助孩子应付这种情况。这样孩子即使耽误一点时间，也能调节心态，慢慢放松心情，安抚紧张情绪，从容顺利地完成考试。

● 自我深度松弛。在考前进行这样的练习：在全身深度放松的情况下，想象考场的紧张情境。首先出现最弱的情境，然后想象最严重的情况，重复进行，慢慢便会在想象出的任何紧张情境中都不再感到焦虑。

● 按压太阳穴，闭目凝神。考试开始之前，闭目端坐，使自己心静神宁，作深呼吸十余次，再用双手拇指分别按压太阳穴，反复数次。还可

以想一想喜欢的人和愉快的事，或默念一些富有鼓励性的名言警句。

● 积极的自我暗示。自我暗示是指自己将某种观念暗示给自己。暗示是一种强烈的心理定势，引导潜在动机产生行为。通过自我暗示，可以调理自己的心境和情绪，对考试焦虑起到缓解的作用。

考试前，可让孩子每天早晨起床后及晚上入睡前，对自己说：我的复习状态越来越好，这次我一定可以取得进步。

考前面临紧张的考场，可反复在心里告诫自己"放松、放松、放松"，在这种自我暗示的作用下心中的杂念自会消除，从而消除焦虑，放松身心。

遇到不会的题目，可以让孩子这样想：我做不出的，别人也做不出；别人做得出的，我也做得出；但我做得出的，别人不一定能做得出。

小提示

避免考场焦虑的一个重要方面是不要总是看表，也不要规定多长时间做完哪些题目，对考试把握大致的节奏就好。

边博士直播间

Q 我家孩子平常学习不错，但考试的时候常常"脑子一片空白"，什么也想不起来。孩子现在一面临考试就紧张，非常害怕出现这种情况。该怎么办呢？

A 考试时"脑子一片空白"是考试焦虑的一种表现。孩子因心情紧张出现思维阻塞障碍，思考受阻。这种"脑子一片空白"叫做"现实脱离感"，从神经心理上说，是由于紧张导致的意识缩窄、精神集中，从而注意不到外界的情况。许多人面临重大考试都会有这种情况，只不过有些人持续时间短，半分钟、一分钟，有的人长一些，十几分钟。

出现这种情况，首先家长要通过一些方法缓解孩子的考试焦虑，如前面提到的：不给孩子过高期望、理性看待孩子成绩、帮孩子建立积极的考试认知，让孩子不对考试成绩过分看重，再结合运动、身体放松和一些心理调适方法帮孩子应对考试焦虑。

然后教给孩子一些应对考场"脑子一片空白"的技巧。告诉孩子，如果遇到这种状况，先不要慌，这是大脑活动的一种表现。

努力恢复镇静，暗示自己：没关系，我马上就静下来了。

转移注意力，思维障碍一般是引发于某一试题（不一定是难题）的求解，既然此题思路不顺，不如暂且放下，先做别的题目。

设法激活思路，如展开多向联想、逆向思考等，对试题进行多角度、多方位分析，使思维恢复正常。

策略 ⑥ 复习期间让孩子科学作息，健康饮食

有的孩子会因为复习考试打破平时的作息习惯，晚睡早起，熬夜复习。这样容易导致睡眠不足，甚至生物钟紊乱，影响白天的学习效率，也容易因睡眠不足而精神紧张、焦虑，影响情绪和心理健康。

所以，考前复习阶段一定要注意科学作息，劳逸结合。最好跟孩子一起制定一份科学的作息制度，让孩子努力做到早睡早起，不开夜车，不打疲劳战。这样才能保证考试时精力充沛，头脑清醒。

此外，复习期间的饮食也相当重要。备考阶段，学习任务重，脑力消耗大，家长要注意孩子的饮食营养，多吃一些富含蛋白质的蛋类、豆类、鱼类、肉类食品，还应多吃一些诸如苹果、香蕉、葡萄、芹菜、菠菜、萝卜类等补脑的水果和蔬菜。

测试吧

测测孩子的考试焦虑水平

这是一个有关考试焦虑的小测试，家长可以让孩子测一下自己的考试焦虑水平。每道题目的选项中，A表示很符合自己的情况，B比较符合自己的情况，C较不符合自己的情况，D很不符合自己的情况。

题号	题目	A	B	C	D
1	我对考试十分厌烦。				
2	考试前我经常失眠。				
3	在复习的时候，我经常会想："我要是这次考试考不好怎么办？"				
4	在考试前，我通常比较焦虑，容易发脾气。				
5	在考试前几天，我感到坐立不安。				
6	越临近考试，我的注意力越难集中。				
7	临近考试时，我会拉肚子。				
8	当听到开始考试的铃声响了，我的心会跳得很快。				
9	考试的时候，我的脑子比平时迟钝。				
10	在考试时，我总是想一些与考试无关的事情，注意力无法集中。				
11	在考试时，我有时会脑子一片空白，记得很熟的知识也回忆不起来。				
12	考试中，我想上厕所的次数比平时多些。				
13	在考试时，我紧张得手心出汗，写字不流畅。				
14	考试时，我经常会看错题目。				
15	在进行重要的考试时，我的头就会痛起来。				
16	当发现考试时间不够用时，我会急得手足无措，无法思考。				

各题的答案选项中，选A得3分、B得2分、C得1分、D得0分，得分越高，考试焦虑水平越高。如果孩子的得分在35分以上，那么孩子处于比较严重的考试焦虑中。

兴趣与学业的平衡

$$s=(a+b)\times h\div 2$$

方方今年上高二，最近方方妈妈因为他打篮球的事跟儿子发生了很大的分歧。

方方从小就喜欢打篮球，方方妈妈以前对儿子的爱好挺支持的，觉得打篮球既能锻炼身体，也能缓解学习压力。可到了高中，高考的压力比较大，方方成绩又不太理想，方方妈妈觉得篮球很占用儿子的学习时间，她希望儿子能够把兴趣爱好先放一放，专心学业。但方方对妈妈的这个观点很不认同："妈，我知道学习很重要，可是天天学习很枯燥的，打篮球是我唯一的乐趣了。""妈妈不是要剥夺你的乐趣，可高考决定着你未来的前途，要是考不上好大学，你有这个乐趣又有什么用！"方方妈妈和儿子谁也不能说服谁。

学业与兴趣孰轻孰重，可能在家长与孩子的心里有不同的答案。客观来说，中学阶段是孩子学习的一个关键时期，关系到孩子以后的升学和就业；而兴趣对孩子的发展来说也是非常重要的，关系到孩子的性格养成、未来的职业选择和以后的生活理念等。中学阶段，兴趣与学业需要权衡。

成长规律

规律 ❶ 兴趣的分类方式多样

兴趣是指一个人经常趋向于认识、掌握某种事物，力求参加某项活动，并且有积极情绪色彩的心理倾向。

兴趣有很多种，按照不同的分类标准，可以将兴趣进行不同的分类。从家长关心的角度，兴趣可以有两种分类方式。

● 按照是否与学习相关，可以将兴趣分为两类：一类是跟学习相关的，如科学、阅读、英语等；一类是跟学习相关不大的，如游泳、足球、漫画等。

● 按照兴趣的功能性，可将兴趣分为两类：一类称为特长，如钢琴、舞蹈、美术、篮球等，这些兴趣可能是孩子小时候由父母帮忙决定的，也可能是孩子自己形成的；一类称为非特长，如登山、旅行等，这些兴趣可以算作孩子的爱好。

规律 ❷ 特长类兴趣可助孩子获得高考加分

作为特长的兴趣如小提琴、美术等，如果孩子可以通过大学的特长生考试，就可享受高考加分。

高考特长生一般包括艺术特长生和体育特长生。艺术类特长一般包括音乐类、戏剧类、舞蹈类、书法类、曲艺类，一般要求考生出示市级、省级以上的专业证书或获奖证明。关于体育类特长，不同的学校对体育特长所属项目的要求不同，不过报考体育特长生一般都要求具备国家二级运动员或更高的证书。

教育部2009年出台的高考加分政策，对高考特长生有"增加20分投档"、"增加10分投档"和"优先录取"3种加分方式。但各省市、各大学对特长生的要求和给予的加分在不同年份会有变化，家长需要关注各省市、各大学公布的最新特长生招生简章。

规律 ❸ 有些兴趣是中学生未来职业规划的基础

兴趣的形成要经历一个这样的过程：感兴趣——投入时间和精力——取得成果——获得内在激励——继续投入——兴趣。也就是说，孩子在经历最初的感兴趣、时间精力方面的投入后，关键在于能取得一定的成果，证明自己在这方面是擅长的，这样孩子才有动机继续投入，并最终成为稳定的兴趣。

中学阶段养成的稳定的兴趣，往往是孩子喜欢并擅长的，这是未来职业规划和职业选择的基础，是对未来就业的准备活动。

例如，有的孩子喜欢汽车，大学有可能学习汽车工程专业，以后从事汽车设计、研发或汽车运行管理、经营销售等方面的工作。

有的孩子喜欢漫画，以后可能从事与之相关的生产、出版或销售工作。

有的孩子喜欢英语，大学有可能选择英语专业，以后从事翻译相关的工作。

有的孩子喜欢数学，以后可能从事数学相关的数据分析、统计、金融经济等工作。

特别提示

职业选择决定着一个人的工作幸福感和工作成就的大小。目前很多大学生不喜欢自己的专业，也有很多成年人不喜欢自己的工作，造成这种局面的原因是职业规划不足。职业规划不是要就业的时候才来做，职业规划应该早早进行，从兴趣入手，慢慢发掘。

规律 ❹ 有些看似无用的兴趣，可能是孩子未来人生中乐趣和快乐的源泉

中学阶段，跟学习相关较大的兴趣（如英语），家长往往不会反对，因为这些兴趣有利于孩子的学习，对高考也有帮助。而特长类兴趣如钢琴、舞蹈，可作为高考特长加分，家长往往也是支持的。

那些跟学习相关不大、又不能作为特长的兴趣（如登山、旅行），往往是中学生家长尤其是高中生家长所反对的。

从短期来看，虽然这类兴趣不能对孩子的学习或高考产生助力，但是，这类兴趣往往是孩子真正喜欢和热爱的，是孩子枯燥学习生活的调剂，能让孩子在以后忙碌的生活和工作中享受生活的乐趣，内心充实，精神富足。

心灵加油站

名人的爱好

古今中外，很多名人、伟人在自己的专业领域是佼佼者，与此同时，他们往往有自己独特的兴趣爱好。

（一）爱因斯坦与小提琴

爱因斯坦出生在德国一个犹太人家庭，他的母亲非常喜欢音乐，在爱因斯坦六岁时就教他拉小提琴。可是他似乎完全没有音乐天赋，拉得并不好。

有一天，他去请教一位老琴师。老琴师让他拉一支曲子听听。当然，小爱因斯坦拉得并不好，有好几处明显的错误。老琴师问他："你为什么特别喜欢拉小提琴？"小爱因斯坦说："我喜欢音乐，我想成为帕格尼尼那样伟大的小提琴演奏家。"老琴师又问："那你快乐吗？"少年答："除去复杂的拉奏技法，我非常快乐，没有什么比美妙的旋律更动听的了。"老琴师听后，对他说："孩子，小提琴能给你带来快乐，这已经是非常难能可贵的了，又何必非要成为伟大的小提琴演奏家不可呢？世界上有两种花，一种花能结果，一种花不能结果。不能结果的花虽然不会收获果实，但它们在阳光下绽放美丽，给自己和这个世界带来美好，这不也很好吗？"

小爱因斯坦听后终于明白，比起成就，兴趣带来的快乐更有意义。此后，他不再受限于复杂的技法练习，在轻松的心情下，他慢慢体会到小提琴演奏的技巧和奥妙，小提琴也成为他一生的精神伴侣和快乐的源泉，并为他的科学事业提供了巨大的灵感和支持。

（二）鲁迅的众多爱好

在很多人的心目中，鲁迅是为新中国奋力抗争的文化勇士。但可能很少有人知道，鲁迅还是一个很有生活趣味的人。

鲁迅小时候受叔父的影响，喜欢上了篆刻。他写的《蜕龛印存序（代）》，概括了印章的起源和变化，卓有见地地说明了印章的实用价值和审美价值，是我国印学宝库中难得的理论之作。除了篆刻，鲁迅从还很喜欢看戏，尤其是绍兴的戏文。晚年定居上海后，在繁忙的写作之余，鲁迅最大的娱乐就是观剧、看电影。此外，鲁迅还有很多爱好，像养鱼、种花、猜谜、绘画、习武……他认为爱好可以丰富生活、拓宽视野、愉悦身心。

（三）全能的普京

俄罗斯现任总统普京，素来以全能的形象著称。

普京很喜欢汽车，他的私家车库里停放着许多精心收藏的老爷车。2010年，普京为伏尔加汽车厂生产的越野车代言，成为第一个为品牌代言的国家元首。除了汽车，普京还非常喜欢柔道。在一次采访中，他说："我生性好动，练习柔道改变了我的个性。以前我总是喜欢动拳头，可是现在却越来越愿意讲道理，是体育改变了我的人生观和价值观，教会我尊重伙伴。另一方面，体育也培养了我永不服输的精神。"

普京还爱滑雪、划船、驾船、游泳、看书。在2012年的俄罗斯总统选举中，普京以绝对优势获胜，除了出色的政治才能，多才多艺的形象所散发的个人魅力也是一个重要原因。

爱好不仅能丰富生活，给人带来情感和精神的满足感，还能为工作注入更多的灵感和想法，名人之所以成为名人，爱好也许功不可没。

规律 ❺ 兴趣与学习相互促进、彼此补充

从脑科学的角度来说，兴趣和学习不是一种互斥的关系，兴趣和学习相互促进。

根据加德纳的多元智力理论，人的智力是一种多元智力，包括音乐智力、身体运动智力、逻辑-数学智力、语言智力、空间智力、人际智力和自我认知智力等。很多研究者和教育工作者认为，一种智力的发展可能带动其他智力的发展，各种智力是彼此互补、整体运作的，应该注重培养孩子多种智力的整体发展。

另外，根据斯佩里的左右脑分工理论，左半脑主要负责逻辑理解、记忆等，叫做"意识脑"、"学术脑"、"语言脑"；右半脑主要负责空间形象记忆、身体协调、美术、音乐等，被称作"本能脑"、"潜意识脑"、"创造脑"、"音乐脑"、"艺术脑"。人在学习过程中，运用的基本是左脑，而运动、音乐等兴趣可以帮助开发右脑，并缓解左脑疲劳。

可见，兴趣的合理发展对中学生的学业有促进作用。

规律 ❻ 兴趣促进中学生积极的自我评价

青春期是建立自我评价的重要时期，积极的自我评价不仅让一个人更倾向于友善和外向，而且让人有信心去尝试新的活动，接受挑战。自我评价的形成包括很多方面，学习、运动、社交等方面表现出众，都有利于中学生拥有一个较为积极的自我评价。

中学生在兴趣方面的表现优秀，会让孩子获得一种成就感，对自己更有信心。同时让孩子有更多机会接触同龄人，建立友谊，从同伴处获得有关自我评价的正面反馈，形成积极的自我评价。

规律 ❼ 兴趣是中学生发展同伴关系的重要依据

对中学生来说，同伴关系是非常重要的社会关系，同伴对中学生的影响甚至超过父母。

中学生发展同伴关系的基础，往往是个性相似或兴趣相投，兴趣对中学生发展同伴关系有非

常重要的作用。首先，孩子在发展兴趣的过程中，往往有更多的机会认识新朋友，如同一个兴趣小组、共同参加某项活动；其次，共同的兴趣让孩子有共同语言，更容易发展成真挚的友谊；此外，孩子在兴趣方面的突出表现，会让孩子更有吸引力，获得同伴的喜欢。

规律 ❽ 对中学生来说，兴趣的稳定性和广阔性很重要

● 兴趣的稳定性是指中心兴趣持续的时间或巩固的程度。兴趣稳定的孩子，一旦对某种事物或活动产生兴趣，就始终保持而长期不变，还会一步一步地深入下去；而兴趣不稳定的孩子，经常会对某种事物产生兴趣，但又不能持久，往往

三分钟热度，这种暂时的兴趣纵使很强烈，对实践活动的推动作用也不大。

● 兴趣的广阔性是指一个人兴趣范围的大小，或丰富性的程度。兴趣的广阔性具有明显的个体差异。有的孩子兴趣十分狭窄，对什么都没热情，也不感兴趣；而有的孩子兴趣十分广阔。兴趣的广阔与兴趣的分散不同。兴趣的广阔指一个人兴趣丰富，其中往往有中心兴趣。就是说，一个人对很多事物或活动具有广阔兴趣的基础上，对其中的某一事物或活动特别感兴趣，并以其为中心去发展其他各种兴趣。兴趣的分散指一个人兴趣易变、肤浅，而且没有中心兴趣，好像样样懂，但样样都不精，忙忙碌碌，无所创造。因此，在中心兴趣基础上的兴趣的广阔，才是兴趣珍贵的品质。

养育策略

策略 ❶ 将兴趣作为特长，帮助孩子获得高考加分

特长类兴趣可以作为高考加分，如果孩子通过特长生考试，将对孩子的高考十分有帮助。作为特长生，孩子在大学有参加大学社团（如合唱团、乐团）的义务，这给孩子一个认识有相同兴趣的朋友的机会，孩子还可以通过参加社团获得学分奖励。

对待这种特长类兴趣，家长当然不能盲目反对，评估一下孩子的水平与特长考试的要求，如果孩子的水平确实不差，鼓励孩子不要中断练习，努力通过特长生考试。

当然，高考特长加分固然能让孩子的高考更有把握，但不要舍本逐末，一心只放在特长上，忽视文化课的学习，每天留出固定的时间练习特长就好。

策略 ❷ 对"看似无用"的兴趣，允许孩子有节制地继续追求

除了可为孩子高考加分的特长类兴趣，有一些兴趣既不能为高考加分，也对孩子的学习没有直接帮助，很多家长会觉得发展这些"看似无用"的兴趣只是浪费孩子宝贵的学习时间，因此极力反对。

家长要明确孩子有一项喜欢的兴趣是一件对孩子有益的事情，有利于孩子积极自我概念的构建，还能缓解学习压力，并且发展的兴趣可能是孩子未来职业发展的基础，也可能是孩子未来提高生活品质、缓解工作压力的方法。

可见，兴趣对孩子的当前学习和将来发展都是有好处的，即使在紧张的高三，也不要把孩子的兴趣完全剥夺，允许孩子有节制地继续追求。

以喜欢打篮球的高中男孩为例，家长可以这样跟孩子交流兴趣和学业的问题。

首先，告诉孩子你的态度：绝对支持。"爸爸妈妈很高兴你有自己的兴趣，有兴趣的人是幸福的，你很幸运拥有了自己喜欢的兴趣，爸爸妈妈希望你一直保持下去，这样你以后也会是一个幸福的大人。"——表达你对孩子兴趣的肯定态度。

其次，提出希望：兴趣也要有节制。"人在每一个阶段都有每一个阶段的任务和责任，作为男人，更要明白这个道理。你现阶段的一个重要任务就是高考，爸爸妈妈希望你先把眼前这个任务做好。"——说明高考的重要性，让孩子明白自己的责任。

最后，跟孩子制定"君子之约"。充分考虑孩子对玩篮球时间的要求，跟孩子一起协商，制定一个约定，"爸爸妈妈尊重你的兴趣，你也要明白你的责任，希望你能遵守我们的'君子之约'，在玩的时候尽情地玩，但不要超过约定的时间。"——通过君子之约，让孩子有节制地发展兴趣。

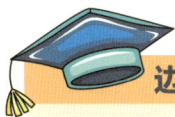

边博士直播间

Q 孩子上初中了，学习任务重，感觉孩子有点应付不了，应该让孩子继续上特长班吗？

A 孩子进入初中以后，随着学习任务的加重，很多家长都在该不该让孩子继续上特长班这个问题上犹豫不决。

到底要不要上特长班，家长需要根据每个孩子的实际情况决定。上特长班有一定的好处：首先，上特长班培养了孩子的特长、爱好、气质等；另外，也给孩子一个从繁重的学业中抽时间放松的机会；此外，孩子在特长班里认识新的同学，他们有共同爱好，可能成为很好的朋友。如果孩子乐在其中，那么家长不要剥夺孩子的这个乐趣，继续上就好了。如果孩子感觉上特长班成为一个负担的话，那就不要勉强孩子，如果家长不想让孩子丢掉这个特长，可以让孩子自己在家里练习，避免了上特长班在时间上给孩子的限制。

策略 ❸ 多关注兴趣给孩子带来的"隐性价值"

家长在看待孩子的兴趣时，不要以能否促进学习或是否影响学习为唯一标准。家长要把眼光放得长远一些，多关注兴趣给孩子带来的"隐性价值"。

如果真的是孩子的兴趣所在，他会全身心投入，不需要父母督促或老师提醒，自己就会愿意去做，没有时间也会挤出时间，有困难也会想办法克服，这种坚韧的品质不一定能在学习中得到培养。此外，孩子可能在发展兴趣的过程中某方面能力得到发展，个性变得更完善，眼界更开阔，知识体系更丰富，对生活更加充满热情……这些都是兴趣给孩子带来的"隐性价值"。

例如，如果孩子的兴趣是恐龙，那么他会搜集相关资料，学习相关的知识，如恐龙的分类、特征、灭绝原因等。在这个过程中，不仅促进了生物学科的学习，还能学到如何搜索、整理资料，养成深入钻研的品质，开发创造性思维。

策略 ④ 鼓励孩子培养稳定的兴趣，避免"三分钟热度"

对孩子兴趣的态度，初中生家长和高中生家长是有区别的。高中生的兴趣可能是比较稳定的了，关键是学习时间与兴趣的平衡。对初中生来说，初中的孩子可能比较叛逆，比较善变，正是他们探索自我的时候，家长不要阻止孩子发展兴趣，这是他们探索自我、发现自我的一种途径。对初中的孩子，家长要注意引导孩子保持稳定性和广阔性。既要允许孩子广泛发展各种兴趣，也要培养孩子形成稳定的兴趣，避免"三分钟热度"。

孩子在发展兴趣广阔性的过程中，会尝试各种感兴趣的事情。为了避免孩子"三分钟热度"，家长可以跟孩子约法三章，跟孩子一起讨论并制定一个章程，如果孩子对兴趣能够坚持下去，那么即使会占用一些学习时间，家长也给孩子支持；如果孩子的兴趣总是随便就放弃，不投入的话，那么应该限制他，避免对时间的无谓浪费。

例如，如果孩子想发展某个兴趣，要较多地占用课外时间，那么家长首先让孩子表述自己为什么要做这个事情，让孩子给出几点可信的、有说服力的理由。然后让孩子承诺会对这个兴趣投入，不会因为困难轻易放弃。当孩子放弃的时候，也要说明原因，如果是可接受的，就承诺孩子会继续支持他下一次兴趣的培养；如果是三分钟热度，因为困难就退缩，那就会影响对他下一次兴趣的支持。把这些都写在协议里，家长和孩子签字生效。

健康生活方式与观念培养

追星与偶像崇拜

　　圆圆特别喜欢那个叫SHE的歌唱组合。每当SHE出了新专辑，圆圆一定会在第一时间买到手，然后每天"曲不离耳"，甚至写作业的时候都在听。圆圆还热衷于去听SHE的演唱会，甚至坐火车去外地听过，还为了听演唱会跟老师撒谎请过假。爸爸妈妈给圆圆的零花钱不算少，但为了参加歌友会的活动或去听演唱会，圆圆时常得向同学借钱，有时还省下自己的午饭钱就为了买张SHE的海报。

　　追星，是很多中学生会有的行为，他们密切关注明星的一言一行，响应明星各种大大小小的号召。不少家长为孩子的追星伤透了脑筋，他们不仅担心孩子的学习受到影响，追星的各种开销对于一些家庭也是比较沉重的负担。

成长规律

规律 ❶ 中学生易产生偶像崇拜，出现追星行为

追星是指因为对明星的羡慕、敬佩、赞美、欣赏的情感而产生的种种崇拜明星的行为。追星一词来源于红极一时的明星组合小虎队在巡回演出时，疯狂的支持者成群结队地骑着自行车一路追踪的现象。

中学生容易将明星作为偶像，产生偶像崇拜，出现追星行为。有研究表明，一半左右的中学生都有自己喜爱的明星和不同程度的追星行为。大部分中学生追的主要是演艺界和体育界的明星。中学生通过收集海报、看演出或是比赛、购买相关产品和参加粉丝团活动等方式表达自己对于明星的崇拜和支持。

例如，喜欢周杰伦的孩子会去听他的演唱会，收集他的唱片，购买海报，在相关论坛和贴吧中发表意见等。

知识库

偶像崇拜

偶像崇拜指的是一种对于象征物和对象的极端信仰。做出突出事迹、对人们生活有巨大影响的人，往往会成为偶像。偶像崇拜的实质是寻找一种心理寄托，是赋予偶像某些意义后，按照自己的方式相信并选择效仿。

20世纪末，追星的对象大多只是局限在影视歌等狭义的娱乐圈。现在，追星的对象变得越来越大众化和多元化。除了各种影星歌星，小巨人

姚明、飞人刘翔、笑星小沈阳、魔术师刘谦、学术超女于丹，甚至是草根人物"犀利哥"都成为了"明星"。

近年来，许多像"好声音"、"快男超女"等的选秀节目，使许多原本默默无闻的"草根"一夜之间变成"明星"。中学生特别喜欢这些"草根明星"，因为他们对渴望获得成功和认可的中学生来说是一种巨大的激励，他们相信现在默默无闻的自己有一天也会像这些"草根明星"一样获得成功。

规律 ❷ 处于自我同一性构建阶段的中学生，将明星作为"理想自我"的代表，产生偶像崇拜

中学阶段是自我同一性建立的重要时期。处于同一性延缓阶段的中学生，他们产生"我是谁？我将成为一个怎样的人？"的疑问，他们要明确自己要做什么，要完成自我认识、自我规划、自我思考和自我探讨的过程。在这个过程中，他们往往会有一种迷失感，无所适从，他们迫切需要一个真实的、看似完美的、成功的形象作为一种情感寄托，或者叫做心理认同对象，即"理想自我"。

演艺界和体育界的明星是大众传媒中最活跃的人，中学生容易将目光转向曝光度高的公众人物，在公众人物中寻找具有自己欣赏特点的人作为偶像，进而产生偶像崇拜。

规律 ❸ 追星的过程，让中学生产生身份认同和价值感

追星的中学生常常自称"粉丝"。"粉丝"来

自英文"狂热者（fans）"的翻译。目前"粉丝"多用偶像名字中的一个字或谐音联想成一个代称，作为自己或群体的名称。例如，在选秀节目"超级女声"中，李宇春的"粉丝"叫"玉米"，张靓颖的"粉丝"叫"凉粉"，曾轶可的"粉丝"自称"可爱多"等。

"粉丝"的称谓给了正在追求自我认同的孩子一种身份的确定和角色的划分，让他们产生一种全新的身份认同。作为"粉丝"，他们关心明星，为明星做一些事情，这个过程中感受到自己的价值。

此外，许多选秀节目中的粉丝投票环节，让孩子感觉到自己不仅可以远远地欣赏自己的偶像，还可以真实地参与到与明星的互动中，这给中学生带来一种自我存在感，当他们崇拜的明星成功的时候，他们感到自己的价值得到了实现。

规律 ❹ 明星作为一种榜样力量，有一定的积极意义

明星是一种榜样力量，会给孩子带来一定的积极影响。

很多孩子不仅会模仿明星的穿着打扮和行为，也会崇拜明星身上的闪光点，努力学习明星的优秀特质，如为了梦想坚持不懈、不怕辛苦、有责任感，等等。

例如，有一些孩子崇拜周杰伦，当他们了解到周杰伦身患严重的脊髓炎还是坚持工作时，他们会反思和学习，在遇到挫折的时候能够更加坚持。

孩子可能因为偶像而对某个领域（如音乐、篮球、古典文学，等等）产生兴趣，愿意花更多的时间和精力在上面，这些活动丰富了孩子的生活，缓解了学习压力，也给了孩子结识相同爱好朋友的机会。如果能在这个领域取得一定的成就，孩子将提高自信，获得更高的自我认同。

小提示

中学生的价值观尚未成熟，容易受到身边同伴和媒体宣传的影响，产生从众心理。如果中学生的同伴圈子里很多人都喜欢明星，追星成为一种流行，为了表明自己紧跟时代潮流，为了融入同伴群体、保持与同伴的一致，中学生会努力了解大家都关心的明星的各种情况，也加入追星大军。在这个过程中，一起成为某个明星的"粉丝"让他们有更多的"志同道合"的朋友，他们会觉得自己并不孤单。

心灵加油站

偶像——我成长的力量

我今年高二，我的偶像是篮球明星姚明。很小的时候爸爸就带我打篮球，在爸爸的影响下，我喜欢上了篮球，也喜欢上了姚明。记得2002年的时候姚明进入NBA，在NBA的第一场比赛他一分都没有得，但姚明是坚韧的，他成长得很快，第二个赛季就已经成为球队的得分王。看着姚明一步步地成长，从一个热爱篮球的大男孩成长为NBA篮球巨星，我觉得充满了力量和勇气。尽管现在的我很平凡，但我相信，只要像姚明一样努力，终有一天，我也会散发属于我的光芒。

心灵加油站

偶像的力量是无穷的①（陈彤）

我心情不好的时候，喜欢看明星故事。不是因为他们能娱乐我，而是因为他们具有励志作用。

我格外喜欢大器晚成的故事。像朱军，三十多岁时还在外边混着，帮人家打饭；张艺谋，考大学的时候差点因为岁数超标不让上，三十多岁还在做摄像；还有那个演《大染坊》的侯勇，基本也是坎坷得不得了，卖过肉铲过土甚至还扛过大包，眼看着就得一辈子默默无闻，最多做一个跑龙套的种子选手，结果一炮走红。这种故事看多了，心里就踏实，就觉得急什么呀，咱不是比他们还小吗？努力还来得及。

……

总在报纸上看到批评追星族的报道，其实我觉得完全可以正面引导他们。为什么没有人想过明星除了具备娱乐作用，其实还有励志用途呢？比如说那些下岗再就业的人，可以告诉他们早年梁朝伟摆过地摊，刘德华还在夜市上刷过盘子。你惨，你还能比他们惨？张国荣没出名前在小酒吧唱歌，经常遭遇倒彩。有一次，他一时高兴把手中的鲜花扔到台下，谁想到竟然被扔了回来——这么丢脸的经历不是也得扛着嘛。

当然我觉得明星故事除了有励志作用，还有一个作用是不可低估的，那就是教育人们不要势利眼。有的人跑了一辈子龙套，你怎么能想到他老了老了，却老当益壮呢？前两天看一本书，是关于旧上海演艺圈的事。谁也没想到，当时的一个三流女演员后来能成为国家领袖的夫人。假如能早一点想到，当初何必要和人家争角色呢？我扯远了——我是说看明星故事，你会懂得很多人生道理。

规律 ❺ 盲目追星给中学生的发展带来负面影响

有的明星并没有什么突出的优点，只是依靠长得漂亮、或者炒作而受到媒体关注，吸引了一群追星族。这样的明星有可能自身素质比较低，没有受过专业训练，能力也并不突出，不能给孩子起到正面的榜样作用。

例如，有的明星会特别专横，对工作人员和记者很无礼，甚至蛮横地拒绝粉丝签名合照等要求。有的孩子盲目崇拜明星，把明星的这种行为当做个性，加以欣赏甚至学习，这对孩子好的个性养成十分不利。

追星需要关注明星的一言一行，无疑要花费孩子很多的时间和精力，有的孩子为明星痴迷，甚至做出过激的行为。此外，观看演唱会、球赛，参加歌友会，购买纪念品等都要花费大量的金钱，给父母带来沉重的经济负担。

例如，杨丽娟从16岁开始喜欢刘德华，后来辍学疯狂追星，父母多次劝阻无效后，借钱帮她追星。2007年杨丽娟在父母陪同下来到香港，参加刘德华参与的一次聚会，因为刘德华没有单独跟她见面并给予签名，她的父亲留遗书自杀："你应该见杨丽娟，为她签个名，救救她，除了你，她已隔绝了这个世界，只有你，才是她心灵的呼唤。"

---

① 陈彤. 偶像的力量是无穷的. 视野, 2009（19）：046

养育策略

策略 ① 理解孩子的追星行为，不盲目专横禁止

偶像崇拜是中学生重要的心理特征之一，是孩子探索自我的一种体现，体现了孩子对成功的心理渴求。当家长发现孩子有追星行为时，不要大惊小怪，更不应该简单地斥责打骂，用同理心理解孩子的追星行为。

从积极的方面来说，适度追星，可以成为一种激励孩子成长的力量，孩子会以明星优雅的谈吐、美丽的外表作为模仿对象，也能以追求明星的理想人格品质作为奋斗目标。此外，追星可以帮孩子缓解学习压力，把多余的精力和郁闷、烦躁宣泄出来，这有利于孩子的心理健康。

中学阶段的孩子有自己的主见，也比较叛逆，最反感家长干涉自己。孩子对自己崇拜的明星很看重，如果家长专横地命令孩子不准追星，孩子不仅不会接受，反而容易产生逆反心理，瞒着父母做出一些不理性的行为。所以父母不要在没有了解的情况下盲目反对孩子追星。

例如，有的孩子可能会很生气地跟家长辩驳，为明星辩护，甚至可能因父母对明星的"偏见"负气出走。

当然，如果孩子在追星过程中做出一些过激的行为，家长一定要引起重视。比如，有的男孩，看着自己心目中漂亮性感的女明星，容易产生性幻想；有的女孩过于迷恋某男星，做出非某"星"不嫁的表示。孩子"追星"如果到了如醉如痴、神魂颠倒的地步，家长要想办法干预，必要的时候寻求专业人员的帮助。

策略 ② 引导孩子理性追星，学习明星身上的优秀品质

面对孩子的追星行为，家长最应该做的不是"堵"，而是"疏"，因势利导，引导孩子从明星身上找到优点进行借鉴，让孩子所追的"星"成为他人生道路上的楷模，将追星的热情转化为奋斗的动力。面对追星的孩子，正确引导便能使之向好的方向发展。

家长可以帮助孩子分析明星成功的原因也就是他的核心竞争力，比如歌唱得好，戏演得逼真，球踢得好，引导孩子学习明星的这些优点。家长可以邀请孩子一起观看有关明星的访谈节目或是了解明星成名的背后故事，让孩子更多地了解明星光鲜表面背后的生活和成功的重要因素。

例如，看了有关王力宏的访谈节目后，孩子了解到，王力宏在创作的时候常常十几天都不出家门，天天靠泡面度日，孩子从中学习到偶像努力工作的态度。

同时，也要告诉孩子，他所认识的明星不是一个全面的人，只是明星呈现在荧幕前的一部分，明星的真实样子并不一定是他所看到的那样。明星的形象是经过美化的，不要无限放大明星的光环。

家长要跟孩子交流家庭的状况，让孩子知道家庭能够承担的追星花销是多少，希望孩子可以体谅家庭的经济状况。避免孩子为了追星无尽地向父母索要，影响了家庭的正常开销。

例如，当孩子知道父母每月工资只有几千元，就不会总是想买前排上千元的演唱会票了。

策略 ❸ 顺应中学阶段孩子的偶像崇拜心理，向孩子介绍优质偶像

追星是自我同一性发展的中学生偶像崇拜的结果。由于各方面的经历不足，孩子可能盲目地喜欢一些明星，这些明星各方面素质可能并不高。父母可以根据自己的经验和别人的建议，向孩子介绍一些形象更加正面、品质更优秀、专业水平更高的明星作为偶像。

例如，家长可以在家放某个优质偶像的歌，看他的节目，吸引孩子发现还有比他目前喜欢的更好的明星。

扩大孩子的知识面和眼界，让孩子明白，并不是只有明星才值得崇拜，还有很多优秀的、值得敬佩的人，他们身上的品格和智慧更值得崇拜。家长可以给孩子推荐一些人物传记，让孩子去阅读，从而确定新的、更值得推崇的偶像。

例如，给喜欢军事的孩子买一本《巴顿将军传》或《拿破仑传》，给喜欢信息技术的孩子推荐《马云传》或《李彦宏传》，给喜欢文学的孩子买一本《我是冯骥才》，给喜欢艺术的孩子推荐陈丹青的人物传记。

策略 ❹ 让孩子在生活中增强自我价值感体验

孩子追星的很大一部分原因在于追星让他们获得身份认同感和价值感体验。有的家长在平常跟孩子相处中，不注意孩子的这种需求，使孩子在家中无法获得这种体验。

● 有些家长在跟孩子相处时，总是不相信孩子，爱打击孩子。孩子在成长的过程中，感受不到来自父母的信任，自我价值感体验很少。

例如，有的家长爱抱怨，说"我们家孩子太让人操心了，不好好学习，就知道玩儿，还爱顶嘴……"罗列孩子的一堆"罪状"；孩子想做什么事情时，有的家长爱打击孩子的积极性"别瞎折腾了，你说你以前做的哪件事做成了？你肯定不行……"

对于这种总是批评、否定孩子的家长，在跟孩子的日常相处中，要注意从另一个角度看待孩子，寻找孩子的优点，及时给孩子正面评价，相信孩子。

例如，如果孩子爱跟大人顶嘴，说明他有自己独立的见解，敢于在权威面前坚持自己，这是

很难得的品质；如果孩子喜欢打扮，说明他对美有更高的要求，那他长大以后可能会更注重自我修饰，成为一个有品味和追求的人。

● 有些家长在跟孩子相处时，不尊重孩子的意见，不把孩子的话当回事。

例如，大人在谈事情的时候，孩子插嘴，说自己的看法或主见，有些家长这时会不耐烦地说："去去，到一边去，小孩子懂什么！"或者说"你安心学习就好，别管这些闲事！"

对于不尊重孩子意见的家长，应注意倾听并保护孩子的观点。尤其对青春期的孩子来说，愿意说自己的想法是很难得的。孩子的意见，不管对不对、合理不合理，一定有他的理由，家长要认真倾听，给予充分重视，并酌情采纳。在家庭生活的方方面面，多征求孩子的意见，并在征求意见的基础上，让孩子参与实施。

例如，对于家庭存款是储蓄还是购买基金股票、假期去哪里旅游、过年是去爷爷家还是姥姥家，不管大事还是小事，都可以征求孩子的意见。

例如，让孩子代替自己陪老人去医院体检，让孩子跟自己一起选购新的家具，旅游前让孩子负责订宾馆、机票等。

大众传媒与信息选择

应该是这样的：A……

电视

应该是这样的：B……

网络

应该是这样的：C……

报纸

我到底应该相信什么？

　　方方每天放学一回到家就打开电脑浏览网页，吃饭时一定要看电视，即使是走在路上也要听歌或是听广播，只要一闲下来就用手机登陆QQ、微博、人人网等。方方妈妈总是劝方方做点儿别的事情，比如运动或是跟同学出去玩。方方却说，跟世界保持同步才最重要。方方还说，电视、电脑、广播是他的眼睛和耳朵，一天也不能少。方方每天跟别人聊天的内容也都是从各处搜集来的新闻，甚至方方看到一件衣服都能说出这是哪个名人在哪个场合穿过。

　　大众传媒带给我们丰富的信息。中学生受到信息狂潮的重大影响，他们一方面为获得众多信息而兴奋，沉浸在诸多娱乐方式和交流方式带来的快乐中；另一方面为对铺天盖地的信息应接不暇，感到迷茫，不知道自己到底该相信什么，更有甚者，在一些不良信息的误导下误入歧途。信息社会中的中学生，需要学会信息选择。

成长规律

规律 ❶ 中学生自主选择权增大，好奇心强，大众传媒成为影响中学生发展的重要因素

知识库

大众传媒

大众传媒的概念首次出现于1945年11月在伦敦发表的联合国教科文组织宪章中，指传播机构利用现代化的传播媒介向未组织起来的个人和群体传递信息的过程。现代传播媒介主要包括报纸、广播、电视、电影、杂志、书籍、互联网等。

相对于人生的任何一个发展阶段，中学阶段，大众传媒所发挥的影响力是最突出的。

中学生的信息选择权增大，到了中学阶段，家长对孩子的控制和干涉少了很多，中学生可以根据自己的个性、喜好和需求来选择看电视、看报纸杂志、或是上网。并且中学生对外部世界充满好奇，迫切希望获得新知识，了解新信息，他们成了大众传媒最热心的读者、听众和观众。从生活方式到处世方式，从价值观到情感交流，小到穿衣戴帽，大到世界观、人生观的形成，大众传媒为他们提供了众多的信息及分析、解释的道理。大众传媒潜移默化地改变着中学生的人生观、价值观和行为方式。

据报道，广州地区在一次针对大众传媒对青少年影响程度的调查中发现，59.2%的学生认为他们的社会知识和信息主要来源于广播电视、报刊、网络等大众传媒，他们课余最喜欢做的事情是看电视、读书报、上网等以大众传媒为工具的

活动。

中学生接触最多的三种媒体是电视、报刊书籍和网络，他们关于外界的大部分信息是从大众传媒中获得，当他们需要信息时，也倾向于从大众媒体中寻找答案。

例如，当几个孩子为了某个问题争论时，他们往往倾向于查书或到网上搜索。当搜不到的时候，才会向老师、家长等权威请教。

例如，孩子在决定穿什么衣服的时候，更多考虑的不是自己的身材更适合怎样的衣服，而是电视上、报纸中最近流行怎样的衣服，什么样的衣服倾向于被大家认为很酷。

规律 ❷ 中学生的认知能力尚在发展中，分辨能力不足，价值观等极易受到大众传媒的影响

根据皮亚杰的认知发展理论，中学生的认知发展处于形式运算阶段，思维发展到抽象逻辑推理水平，逻辑思维能力和推理能力有了一定的发展，但发展尚不完善。这导致中学生还不能很全面地分析问题，对于是非对错的分辨力不足，很容易受到大众媒体的影响。并且中学生缺少经验，容易相信大众传媒中传达的人物、事件和信息，容易受到不良信息的影响。所以对正处于人生观、价值观建立阶段的中学生来说，大众传媒的影响不可忽视。

时效性是大众传媒的一个突出特点，不可避免地，大众传媒总是很容易传递出流行文化。流行文化固然有其时代性和先进性，但也可能夹杂许多恶搞和低俗的成分。中学生判断水平较低，分辨能力较差，容易受到误导。

例如，中学生可能受电影、电视剧的影响，

知识库

皮亚杰的认知发展理论

皮亚杰是近代著名的儿童心理学家，他将儿童的认知发展分为四个主要阶段：

1. 感知运动阶段（0~2岁左右）
2. 前运算阶段（2~6、7岁）
3. 具体运算阶段（6、7岁~11、12岁）
4. 形式运算阶段（11、12岁及以后）

形式运算阶段的特点是思维发展到抽象逻辑推理水平，思维形式摆脱思维内容的局限，思维是理性、系统且抽象的。具有形式运算思维的人能有计划地思维，对观念和假设概念进行操作。形式运算帮助个体思考生活中遇到的可能事件，形成稳定的同一性，获得对他人心理观点和行为原因更丰富的理解；能很好地帮助个人决策，包括权衡可选择的行为过程及对自己和他人可能造成的后果。

认为抽烟喝酒是件很酷的事情，于是开始尝试。

大众媒体往往将自己宣扬的东西定位为潮流，中学生为了表明自己紧跟时代潮流，更愿意接受大众传媒的影响。

例如，每当热门电视剧播出后，中学生总是最热衷于学习里面的经典对白，甚至是"雷人雷语"。

此外，由于大众传媒常常宣扬消费主义的价值观，夸大物质享受带来的快乐，带有一定的拜金主义，不少中学生也把金钱多少看做衡量自我价值和成功与否的标准。大众传媒中还常常充斥着暴力和色情的内容，有的孩子会不加甄别地把这些应用在日常生活中。

例如，有的孩子受黑帮电影《古惑仔》的影响，自己组织起小帮派，向弱小的同学索要"保护费"。

规律 ❸ 长时间看电视会减弱中学生的信息选择和思考能力，中学生的价值观易受到电视节目的影响

电视凭借其视觉性、趣味性、通俗性等特点，成为中学生闲暇时重要的娱乐选择，已渗透到中学生生活的方方面面。作为中学生最喜爱的大众传媒之一，电视对中学生的影响是非常大的。

电视是快节奏的媒体，通过直观形象传播信息。中学生在看电视时，很多信息转瞬即逝，他们的思维容易被快速进行的电视情节和画面所带动，而不去停下来思考这些画面或情节是否合理、逻辑或观点是否正确，中学生对电视信息的思考时间在无形中被剥夺了。长此以往，中学生容易沉溺在电视节目所传达的观点中，失去思考和辨别的意识，价值观被电视潜移默化地影响着。

此外，电视节目的质量参差不齐，有些节目包含一些不良信息，这对中学生价值观的构建十分不利。例如一些电视节目中有色情、暴力、恐怖等低俗内容；一些节目一味地追求"搞笑"、"刺激"、"煽情"，思想贫乏，品味恶俗；一些节目误导中学生追求高消费、高档次。受这些电视节目的误导，中学生容易产生个人主义、暴力行为、拜金主义等消极价值观，严重影响了中学生正确价值观的构建。

规律 ❹ 报刊、书籍留给中学生在阅读中反思的空间，报刊的质量对中学生尤为重要

报刊、书籍是传统的大众传媒，虽然网络、电视和广播等电子媒体的兴起对传统传媒产生了比较大的冲击，但报刊和书籍仍是有重要影响力的大众传媒，尤其对中学生而言，很多中学生喜欢阅读，报刊和书籍对中学生发展的影响不可

忽视。

报刊和书籍主要通过读者自主阅读的方式来传递信息，在阅读过程中给读者提供了反思的空间。虽然报刊和书籍对读者造成的感官冲击没有电视那么强烈，但是给读者留下的理性印象却比电视更加深远。因此，报刊和书籍的质量非常重要。好的报刊、书籍可以让中学生在阅读的过程中有所思考，有所收获，而劣质报刊、书籍则会对中学生的价值观建立起着不良的引导作用。

然而，为了吸引读者，增加发行量，一些报刊刻意报道假新闻，报道暴力事件或娱乐明星的私生活和绯闻。这些低劣报刊缺乏有益内容，没有文化品质，对中学生的价值选择造成了消极的负面影响。

例如，有的中学生看到报刊中明星的奢华生活，觉得十分向往，认为像明星那样一掷千金的生活就是自身价值的实现。

规律 ⑤ 网络的隐蔽性使中学生缺乏约束，中学生容易因网络的各种信息而感到困惑和迷茫

网络的影响已经渗透到了社会生活的方方面面，尤其是中学生的生活，中学生在网上浏览信息、玩网络游戏、聊天、学习等。

网络具有很强的隐蔽性。网络不像现实生活中有家长、老师、朋友的督促，在网络中，中学生可以不被现实生活中的行为准则和社会规范约束，可以自由地释放自己，可以以任何身份与别人任意地交流。

例如，有的中学生认为在网上聊天时撒谎、说粗话是无所谓的，有的中学生认为在网上可以毫无顾忌地做任何事情。

网络信息纷繁复杂，各种思想、各种价值观良莠并存，一些暴力、淫秽、迷信等负面信息大量存在。中学生还没有形成完整的人生观、价值观体系，价值判断和选择能力比较弱，容易被网络的不良信息所误导，产生错误的价值观，甚至

受到一些错误言论的影响，采取一些过激行为。

例如，网上曝光一些事件，有的孩子不管其是否真实，就在论坛、贴吧里大肆抨击，甚至在现实中对认识的人冷嘲热讽。

此外，中学生处于自我同一性发展的重要阶段，他们思考很多问题，寻求很多问题的答案，包括"我将来要做什么"、"我应该如何适应这个社会"、"什么是对的"、"什么是我应该做的"等。所以面对繁杂的网络信息，中学生容易产生混乱和迷失，不知道到底应该相信什么，感到无所适从。

例如，现在有一些人通过微博、QQ群及手机短信等形式传播一些不实的、骇人听闻的消息，叫做网络谣言。像新疆籍艾滋病人通过滴血食物传播病毒、无糖口香糖致癌、女大学生求职被割肾、四川蛆橘事件等，后来很多信息被证明是假的。中学生面对这些真真假假的信息，不知道该相信什么、不该相信什么，感到迷茫和困惑。

规律 ⑥ 大众传媒拓展了孩子的交往空间，为孩子提供了充足的学习资源和便捷的学习途径

大众传媒对中学生的发展尤其是价值观建立方面有重要影响，一些不良信息对中学生正确价值观的建立十分不利，但不能因此否认大众传媒对中学生发展的积极作用，大众传媒所传递的健康的、正确的信息，有益于中学生的学习和正确价值观的培养。此外，大众传媒还为中学生提供更多交流和学习的方式。

大众传媒可以拓展孩子的交往空间，给孩子提供更多接触、交流和了解的途径。

例如，孩子可以通过在网上发表自己的日志、聊天等方式，结交各年龄段的朋友，深入交流和沟通，以此扩大自己的视野，增加对社会的了解。

大众传媒使得知识获取变得更加方便和高效。大众传媒消除了时间和空间的阻碍，孩子可以通过大众传媒了解到千里之外博学之士的

见解，即使没有共同的空余时间也可以讨论问题。

例如，孩子在网上可以看到美国大学的公开课，有任何问题都可以通过邮件等方式询问。

大众传媒降低了获取知识的成本。许多电视节目都是免费的，网络上的各种课程价格也远低于课外补习班的价格，同时避免了来回奔波的辛苦。

大众传媒也给相对单调的学习增加了乐趣，大众传媒的趣味性使得获取知识的过程充满乐趣。

例如，孩子通过看美剧提高自己的听力水平，既提高了英语水平，又在电视剧中得到了放松。

养育策略

策略 ❶ 引导孩子在看电视节目时注意思考和质疑，学会选择优质电视节目

在电视节目中保持思考的习惯，从小培养最有效，但这不是说到了中学阶段就无法改变。家长要引导孩子在看电视时注意思考，提醒他不能被电视节目带着走，光顾着娱乐享受，而盲目接受电视节目传递的一切信息，让孩子学会有选择地观看电视节目，有选择地接受电视节目所传达的观点和信息。

对知识类、教育类节目，如《动物世界》《走进科学》《子午书简》《探索发现》等，家长可以在节目结束后跟孩子一起讨论、交流，如讨论动物习性、动物进化等相关的问题，讨论某本书所传达的思想和情感，讨论某个宇宙现象、表达对宇宙的敬畏和对科学的敬仰……在节目的讨论中启发孩子多思考、多学习。

对综艺娱乐类节目，家长可以跟孩子交流看过之后的感受，首先要肯定综艺节目给人带来快乐和放松的价值，然后提出一点综艺节目的不足之处，引导孩子也说一点他觉得不好或者不合理的地方，慢慢地，孩子会带着审视的眼光观看这类节目，不容易沉迷其中，也不容易被不良节目内容所影响。

家长跟孩子一起看电视的时候，应尽量选择那些能给孩子正确价值引导的节目，让孩子在观看节目的过程中慢慢树立正确的价值观。如一些

了解现实社会的新闻类节目、教育类节目或是融知识性与趣味性于一体的艺术类节目。让孩子慢慢喜欢上这些优秀电视节目，而不是为了单纯的娱乐享受选择电影、电视剧或娱乐节目。

当然，即使孩子养成了对电视节目思考和质疑的习惯，也要限制孩子看电视的时间，不能让孩子长时间看电视，这样不利于孩子对所看信息的思考、消化和吸收，并且长时间看电视容易造成眼睛疲劳，引发近视。

策略 ❷ 订阅优质报刊，推荐好书，跟孩子一起阅读，创造家庭阅读氛围

报刊和书籍给孩子充分思考和反思的空间，有利于孩子获取知识并积极思考。很多中学生都喜欢阅读，因为这会让他们拓宽视野，增长见识，在跟同学聊天时有话题，受到大家的欢迎。

家长应给孩子订阅一些优质报刊。报刊质量很重要，优质报刊所含的不良信息很少或基本没有，家长不必担心孩子会在阅读优质报刊时接触到良莠不齐的各色信息，且孩子能在阅读报刊时学到知识，开拓眼界，对孩子的发展很有好处。家长可以在了解孩子兴趣的基础上，通过请老师推荐、调查报刊评价、试读报刊等方式，为孩子订阅一些优质报刊。

一些优秀的适合中学阅读的报刊，如科普类的《新发现》《环球科学》，文学类的《意林》、

《格言》，人文地理类的《世界知识画报》、《世界博览》、《中国地理杂志》，军事类的《环球军事》、《现代兵器》，时政类的《中学生时事政治报》、《中国报道》、《半月谈》，等等。

除了报刊之外，书籍对中学生正确价值观的培养也十分重要，家长可以在了解孩子兴趣的基础上，给孩子推荐一些书籍。尤其是人物传记，中学生需要读人物传记。读传记可以让孩子在自我同一性构建的时期，拥有一个正面的、有激励作用的榜样，帮助孩子找到人生方向，确定人生目标，在遇到挫折的时候从偶像身上获取力量。家长在周末的时候多带孩子去书城或图书馆，让孩子感受阅读的氛围，或者帮孩子办一张借书卡，鼓励孩子去图书馆。

在为孩子订阅报刊、推荐书籍的同时，家长可以订阅一些自己喜欢的报刊或买几本自己喜欢的书，跟孩子一起阅读。设置家庭阅读时间，全家人一起安安静静地阅读，还可以在阅读后相互交流，在家中形成阅读氛围。

策略 ❸ 提醒孩子上网时约束自己，尊重他人，并注意保护个人信息安全

有的孩子觉得现实中有很多不能做、不敢做的事情，而网络没有限制，于是披着"马甲"在网络上胡言乱语，发泄情绪，甚至造谣诽谤。家长应告诉孩子，网络并非法外特区。虽然网络是虚拟的，但对每一个上网的人而言，承担的责任和遵守法制的意识是真实的。在网络上，也要约束自己，对自己的言论和行为负责。

例如，家长可以给孩子看网络红人"秦火火"、"立二拆四"的案例。"秦火火"、"立二拆四"等人在网络上散布大量虚假信息，如铁道部已向在"7·23"动车事故中意大利遇难者茜茜协议赔偿3000万欧元（折合人民币接近两亿）、张海迪拥有日本国籍、李双江之子并非其亲生的……后来"秦火火"、"立二拆四"等人，因涉嫌寻衅滋事罪和非法经营罪被警方刑事拘留。

家长还应提醒孩子在网上也要尊重他人，包括尊重他人的观点和隐私。评论别人的东西，用词要礼貌，对于自己认为错误的东西，要理性表达，不要以为没人认识自己就随意辱骂。在网上分享一些东西的时候，要先考虑是否透露了对方重要的个人资料，并在发布之前征求对方的同意。如果孩子自己的一些不想公开的信息被同学或朋友分享、公布，让他跟对方郑重提出，让对方立刻删除，而不要采用报复的手段，一怒之下将对方的信息公布出去。

此外，提醒孩子在上网时，谨慎保护个人资料。为避免个人信息被盗用，在一些社交网站、论坛等地方，一定不要透露以下信息：

- 自己的真实姓名；
- 家庭住址、学校地址；
- 电话号码、身份证号或完整的出生日期；
- 信用卡或银行账号。

策略 ❹ 提高孩子对网络言论的警惕性，学会甄别信息

网络信息庞杂，各种各样的言论和观点充斥其中。家长要帮孩子学会甄别信息，不要对所有观点都盲目接受，提高警惕性，学会甄别信息，以免被鼓动利用。

帮助孩子理性看待网络信息和言论、不盲目冲动，要靠家长的理性认识和理性处理。家长可以针对正在发生的某个社会事件，跟孩子就这个问题讨论交流。

首先，家长要收集这个事件的背景，对这个事件有个整体的认识，搜索网上针对这个事件的几个主流观点，分析每个观点的漏洞和偏颇之处。信息收集完毕之后，跟孩子就这个问题做一个研讨。先让孩子谈谈他对这个事件的看法。

孩子谈完之后，首先对孩子关心社会事件表示肯定，赞扬孩子的社会责任感。然后，给孩子

分析一下，他所持观点存在什么问题和不足，再拿出网上一些其他的观点，并分析这些观点的相对片面性。

最后总结，告诉孩子，每个人的认识都是有局限的。事件的前因后果我们不可能像当事人那样了解，网上的这些观点大部分是在没有全面、深入了解事件的基础上，根据个人经验和个人思考做出的个人评论，不够客观，也说不上绝对正确。告诉孩子，谨慎对待，不要全盘接受别人的看法。

策略 ⑤ 给孩子提供更多真实交流、实践、体验的机会，丰富孩子的生活

由于大众传媒的丰富性和趣味性，有的孩子的娱乐活动过分依赖于大众传媒，除了看电视、浏览网页就是玩游戏，缺少真实的活动体验。

中学生各方面能力有了一定的发展，他们比小学生更适合参加各种活动。家长应该给孩子提供各种体验的机会，让孩子在活动中学习，因为"读万卷书"不如"行万里路"。

家长可以带孩子出去旅行，不是那种跟着旅行团拍个照就走的旅行，而是慢慢地行走、体验、感受。让孩子在旅行中观察风土人情，领略山川大河，了解轶闻趣事，在旅行的经历和见识中培养孩子正确的人生观、价值观。

鼓励孩子参加暑期社会实践等活动，如素质拓展、法律宣传、环境保护、志愿服务、社会调查等，让孩子在活动中增加与人的接触，收获乐趣。

家长多鼓励孩子与同伴的交流和交往，不要只依靠网络等虚拟的方式交流，可以给予孩子一些关于交往礼仪方面的指导，让孩子在日常交往中感受到快乐，避免孩子过分依赖虚拟的交往。

例如，家长可以鼓励孩子跟朋友一起做运动或一起报名参加某个活动，帮助孩子感受真实情境中的友谊和交往的快乐。

合理使用网络

方方从小品学兼优，升入高中后成绩也一直很稳定。因为上学期期末考得很好，爸爸奖励他一台电脑。后来方方渐渐迷恋上了网络，一回家就上网，有时至深夜不睡；到周末更加变本加厉，经常是通宵达旦十几个小时，有时连饭都不愿吃。方方白天上课经常睡觉，作业不交，学习成绩也直线下降。因为爸爸长期在外忙生意，妈妈以为方方不吃不睡是在努力学习，心疼不已。直到老师打电话告诉妈妈方方在校的情况，她才恍然大悟。爸爸知道后一怒之下把网线拆了，把电脑锁起来了，但方方上网已经是成瘾了，在学校借同学的手机上网，放学后偷偷上网吧。

现代中学生成长在一个互联网时代，网络已经成为他们日常生活中不可缺少的一种资源；但是，中学生由于心理尚不成熟，自制力较差，很容易迷上网络，导致网络成瘾。家长需要帮助孩子合理使用网络，避免网络成瘾。

成长规律

规律 ① 网络的不合理使用可能导致网络成瘾

这是一个互联网时代，我们的生活处处离不开网络。我们的孩子正是出生并成长在这样一个特殊的时代。"2010中国少年儿童发展状况"的调查数据显示，经常上网的少年儿童占20.4%，偶尔上网的为51.1%，合计71.5%[①]。网络已经越来越成为青少年成长过程中必不可少的一种资源。诚然，丰富的网络资源能为青少年的学习和个人成长提供极大的便利。但是，网络带来的负面影响也越来越受到关注。如果中学生不能有节制地使用网络，就容易受到网络内容的吸引，导致网络成瘾。

据民盟北京市委提交的一份关于网络游戏与未成年人教育的调查报告显示，北京市中学生网络成瘾者比例达14.8%，其中初中生为11.8%，高中生为15.97%。

知识库

网络成瘾

网络成瘾也称为网络过度使用或病理性网络使用，是指对网络的一种过度依赖，表现为对现实生活失去兴趣、上网时间超过一般限度，以此来获得心理满足。网络成瘾者一般有明显的社会、心理功能损害。

由于网络成瘾的危害性，网络又被叫做"电子海洛因"。

知识库

网络成瘾的表现与特征

身体方面： 视力下降，肩背肌肉劳损，睡眠混乱，免疫功能减弱等。

精神方面： 上网时精神振奋，全神贯注；下网时精神萎靡，担忧抑郁，有狂躁、交流障碍、社交恐惧倾向。

人格特征： 喜欢独处，敏感，防御机制僵硬化，性格内向封闭，易陷入虚幻的世界中。

规律 ② 中学生网络成瘾的三大首因是：网络游戏、网络交友和网络色情内容

网络世界是一个丰富多彩的世界，网络中充斥着各种各样的信息，也提供各种各样的娱乐形式，网络的隐匿性和虚幻性使在现实生活中无法实现的东西在网上得以满足。网络的这些特征使得好奇心强、自制力差的中学生容易沉溺其中，导致网络成瘾。

研究表明，对中学生来说，网络游戏成瘾、网络色情成瘾和网络关系成瘾是最严重的三种网络成瘾方式，不合理的网络游戏、色情内容和网络交友对中学生造成的危害最大。

据一份针对北京市6个城区的调查显示，有40%多的青少年对"网恋"表示积极主动的态度，22%的人承认浏览过色情网页，14.3%的人玩过暴力游戏。

---

① 孙宏艳，赵霞. 中国少年儿童十年发展状况研究报告（1999-2010）. 北京：人民日报出版社，2011

📚 知识库

网络游戏成瘾、网络色情成瘾和网络关系成瘾

网络游戏成瘾是指过度沉迷互联网游戏，导致花费在网络游戏上的时间越来越长，进而产生身体不适、情绪障碍等问题的一种网络成瘾方式。

网络色情成瘾是指沉迷于网络色情文学、色影影像及成人聊天室等内容，导致真实情境下人际交往和情感交流减少，并带来心理、社会功能损害的一种网络成瘾方式。

网络关系成瘾是指过度使用聊天室、网络论坛等网络的交际功能，沉迷于在网上建立、发展和维持亲密关系，而忽略了现实中的人际关系的发展和维持，导致个体心理、社会功能损害的一种网络成瘾方式。

导致网络游戏成瘾的几方面因素：

● 中学生喜欢的网络游戏一般色彩华丽，情景逼真，并根据场景和剧情的需要配以背景音乐，使中学生有身临其境的感觉，带来充分的愉悦感。

● 现实生活中每个人都有较为固定的社会身份，但在游戏中，中学生可以选择一个自己理想的人物身份，满足自己的完美主义需求。

● 中学生在网络游戏中并不孤独，他们可以组队，互助合作，分享游戏中的困难和快乐。

● 网络游戏往往是"永无止境"的，网络关卡很多，你永远不知道你后面将面临什么，未知的世界对中学生来说是一个巨大的诱惑和挑战。

网络上有大量的色情图片、影像内容，对于性需求最强烈而又阅历不足的青少年来说，具有强大的诱惑力。缺乏性知识是中学生网络色情成瘾的主要因素，相当一部分中学生把网络当成了性启蒙、性教育的场所，沉湎其中，导致成瘾。

网络交友成瘾与中学生特有的交友心理有关。在青春期，中学生对同伴交往有非常强的需求，同时他们的自我意识、独立性、自尊心都明显增强，内心世界不愿轻易向别人袒露。而通过网络聊天的途径，可以很容易地隐瞒真实身份、年龄甚至性别等特征，使交往双方回避了在现实交往中的压力，从而可以畅所欲言，满足自己的心理需求。

规律 ❸ 中学生特殊的人格特质易导致网络成瘾

网络信息十分丰富，带来各种各样的娱乐享受，同时网络具有隐匿性和虚幻性，使在现实生活中无法说出和实现的东西，在网上得以满足。中学生自制力差、好奇心强、容易孤独，网络的这些特点恰恰满足了他们的需求，对他们有巨大的吸引力。

研究发现，一些消极人格特质与网络成瘾有关：

● 容易焦虑、抑郁、自我控制能力较差的青少年更容易网络成瘾；

● 性格内向、敏感、害羞、延迟满足感能力差的孩子，尤其是男孩，更可能网络成瘾；

● 具有T型人格（指一种好冒险、爱刺激的人格）的孩子更易网络成瘾。

拥有这些人格特质的孩子在真实生活中常常遇到挫折，而网络内容的多元化和丰富化恰好给予他们一个展示自己、获得成就感的机会。于是他们更加享受在网络中的生活，久而久之，无法自拔，导致网络成瘾。

知识库

T型人格

T型人格，也叫海盗人格，是一种好冒险、爱刺激的人格。依据冒险行为的积极与消极的性质，T型人格又可分为T+型和T−型。如果冒险行为是朝健康、积极、创造性和建设性的方向发展，就是T+型人格；如果是破坏性和消极的刺激行为，就是T−型人格，如酗酒、吸毒、犯罪等反社会行为。

知识库

网络成瘾的危害

影响身心发展。网络成瘾的孩子会出现情绪不稳定、注意力不集中、情绪低落、思维迟缓、孤独、焦虑、植物神经功能紊乱和睡眠障碍等现象，严重的可能导致猝死或自杀。

影响学业发展。中学生在网上花费大量的时间和精力，容易导致上课注意力不集中、学习障碍等问题，严重的还可能导致厌学、逃课等问题行为。

容易诱发青少年犯罪。中学生由于自制力和判断力较差，不能甄别网上信息的优劣，他们容易受到一些黄色、暴力等的不健康信息的影响，加上青少年好奇心和模仿能力较强的特点，容易误入歧途，诱发犯罪。

规律 ④ 父母教养方式与网络成瘾有关

家庭亲子关系对于中学生的健康成长有着重要影响，紧张的亲子关系是导致中学生网络成瘾的直接原因。研究表明，网络成瘾倾向者与非网络成瘾倾向者的父母教养方式存在明显差异，网络成瘾的中学生父母教养方式表现出更少的情感温暖、理解，更高的拒绝否认和惩罚严厉。

家长的过分严厉惩罚及过分干涉可能会引起中学生的逆反心理，也可能造成中学生情绪的过度压抑、自闭，转而到互联网寻找发泄，导致网络成瘾。家长的拒绝否认让中学生在现实生活中很难体验到成就感，而在网络生活中他们可以以各种虚拟角色充当"英雄""大侠"等，体验成功的愉悦感、满足感，这种心理满足会进一步推动网络成瘾行为。家长的过度保护可能使中学生个性脆弱、顺从、依赖、自卑等，这些个性缺陷正是导致网络成瘾的危险因素。

规律 ⑤ 中学生的同伴关系质量影响网络成瘾

中学生同伴关系的质量对中学生网络成瘾有重要影响。

如果中学生的同伴关系良好，同伴之间正常的沟通交往可以帮助孩子放松心情，排解压力，有助于帮助孩子培养健康的兴趣爱好，养成良好的生活习惯，不易网络成瘾。如果孩子的同伴关系不良，缺乏跟同伴之间的正常沟通与交流，那么孩子可能通过网络与不认识的人交流或者玩网络游戏以获得成就感，容易导致其沉溺其中，网络成瘾。此外，如果孩子的同伴圈子中有人沉迷于网络，那孩子可能也受到影响。

养育策略

策略 ❶ 家长有效监管，避免网络成瘾

父母监管是预防网络成瘾的重要方式。很多家长在对孩子上网的监管中，往往存在两大误区：一是严厉管教，二是对孩子疏于管理，把责任推给他人。家长要采用合适的方式，有效监管，帮助孩子远离网瘾。

鼓励孩子在家上网，不要去网吧上网。因为父母在家跟孩子一起共处，可以在一定程度上监督孩子上网的时间和内容。此外，孩子在家上网可以减少一些安全问题。

电脑如果安放在书房或孩子的房间中，因为较为隐蔽，孩子可能会浏览色情网站等不健康的信息。电脑最好安放在客厅等相对开放的空间中，这样父母可以有意无意地监督孩子上网的内容，孩子也会有所顾忌，不浏览不健康的网页，不过分沉迷其中。

帮助孩子计划电脑的使用，多运用电脑学习知识，控制用电脑的娱乐时间。家长还要监督孩子，在学习的时候不使用电脑娱乐，不能边学边玩。

例如，家长可以与孩子约定，工作日每天玩半小时电脑，休息日每天玩两小时，并让孩子保证不半夜玩电脑。

知识库

屏蔽不良网页的方法

1. 更改IE设置。打开IE，选择菜单里的【工具】→【Internet选项】→【安全】→【受限站点】，点击下方的【站点】按钮，输入想要屏蔽的网站网址。

2. 安装屏蔽不良网页的软件，如"网络爸爸"。

3. 通过路由器过滤不良网页。点击路由器管理界面的【进阶设定】→【过滤器】。在打开过滤器设置界面中，可通过【URL阻绝】和【网域阻绝】两种方式过滤不良网站。其中，【URL阻绝】可拒绝含指定关键字的网址，【网域阻绝】可拒绝特定的网站域名。

策略 ❷ 和孩子一起上网，引导孩子合理使用网络

通过和孩子一起上网，父母可以亲身体验到孩子上网时的情绪和心态，加深对孩子的理解，增强与孩子的沟通，同时可以帮助孩子准确地分析和认知自己的情绪和心态，及时抒发因上网被高度唤起的情绪状态。

父母可以了解孩子经常访问的网站的情况，从而有针对性地进行引导，为孩子营造一个健康、文明的网络空间。

此外，和孩子一块上网，父母还可以监督和控制孩子的上网时间，使孩子上网更加有节制和有规律。

特别提示

　　如果家长对于电脑不熟悉，不要完全让电脑成为孩子独占的财产，而要虚心向孩子学习一些基础的电脑知识。这样一方面可以增强家长的电脑技能，另一方面也控制了孩子的电脑使用，避免孩子背着父母过分沉迷网络。

策略 ❸ 鼓励孩子参加各种活动，丰富孩子的生活，从预防入手，避免网络成瘾

　　很多孩子沉迷于网络，是因为他感到生活很无聊，去网上寻找刺激。鼓励孩子参加各种活动，让孩子的生活充实和忙碌起来，这不仅能锻炼孩子的各种能力，还有助于将孩子的兴趣集中于社团活动中，可以起到预防网络成瘾的作用，孩子有事情做，就不容易沉迷于网络。

　　● 鼓励孩子多参加社团活动。学校一般都有各种各样的社团，像足球社、篮球社、文学社、外语社、摄影社、登山社、茶艺社、天文社、辩论队、合唱团……鼓励孩子选择1~2个他喜欢的社团。

　　● 跟孩子一起出去旅行或周末一起行动。孩子放假的时候，家长可以考虑将年假调到孩子的假期里，和孩子一起出去旅行；或者周末的时候，和孩子一起到近郊钓鱼捉虾，下班后妈妈和女儿一起去参加瑜伽班之类的健身班。

　　● 鼓励孩子参与社会公益活动，做做义工，如去养老院为老人做点事情，和老人们一起聊聊天；参加社区服务活动，宣传卫生保健知识、环保知识等。

　　● 给孩子提供机会，让孩子参与一些夏令营、社会实践、素质拓展等孩子比较喜欢和感兴趣的活动。

策略 ❹ 父母应注重对自己的教养方式进行反思

　　很多父母在对孩子进行教育时表现出明显的操纵、控制和惩罚的行为倾向，在这种教养方式下长大的孩子，由于在现实中得不到来自父母的理解、安慰和支持等情感上的满足，容易转向虚拟的网络世界，通过网络获得更多自信，通过结交网上的朋友来获得情感支持。

　　父母应反思自己的教养方式，是否给孩子充分的理解、温暖和支持，是否对孩子控制过多，是否对孩子过于忽视。

　　例如，有的父母对孩子要求过高，总是说"你不对"、"你不好"、"你还差得远"，不懂得欣赏和赞扬孩子。父母都希望孩子更优秀，但通过否定和批评的方式表达期望和鼓励，是不恰当的。当孩子取得进步时，真诚地说一句"做得不错"、"我为你骄傲"，让孩子感受到你对他的认可和自豪，让孩子在实际生活中体验成功和赞扬，不必退而求其次地通过网络来获得成就感和满足感。

策略 ❺ 关注孩子的同伴关系质量与生活方式，预防网络成瘾

　　中学生的同伴关系对孩子是否网络成瘾有重要影响。家长在预防孩子网络成瘾时要关注孩子的同伴关系。

　　如果孩子的同伴关系不良，比较孤独，朋友很少，那么家长应该对孩子使用网络多加注意，以防孩子沉溺网络。家长首先要跟孩子交流他同伴关系不良的原因，注意观察孩子跟同学交往的情形，帮助孩子分析原因，改进同伴关系。

　　跟孩子谈谈他的朋友，侧面了解孩子是否有沉迷网络的朋友。如果孩子的朋友中有人沉迷网络，那么家长要跟孩子郑重说明沉迷网络的危害，可能的话劝诫网络成瘾的朋友，并且一定要自制，告诉孩子爸爸妈妈相信他，希望他节制上网。

关注孩子的日常生活，让孩子的生活丰富多彩一些。有些家长希望孩子的生活"除了学习还是学习"，这是违背孩子本性的。如果孩子不能从家庭生活中感受到各种乐趣，就会自己去找"乐子"，这时网络就成了他们的首选。作为家长，让孩子的生活丰富一些、快乐一些是一种责任，也是让孩子远离网络成瘾的有效方法。

策略 ⑥ 网络成瘾需要专业的心理治疗

最好的治疗是预防，网络成瘾一旦形成，是较难治愈的。一旦孩子网络成瘾，要及时进行心理干预。医学研究证明，网瘾不只是一种心理疾病，而是一种内分泌紊乱的神经类疾病。患者心理是病态的，不同程度地存在抑郁症、自闭症、焦虑症、强迫症、偏执症等心理障碍。

家长要及时带着孩子进行心理咨询，根据专业人员的建议，进行治疗。药物治疗、团体疗法、行为疗法都是实践证明较为有效的方法。同时家长要给网络成瘾的孩子更多的理解和爱，帮助孩子敞开心扉，共同面对网瘾问题。

在对中学生网络成瘾者的治疗中，应该加入家庭治疗计划。帮助网络成瘾者的父母意识到教养方式和家庭功能中存在的问题，引导父母改变其教养方式，完善家庭功能。只有这样中学生才能在与他人交往中客观地对待、关心和帮助他人，形成良好的人际关系，从而降低由于现实中人际关系不良而沉迷于网络虚拟关系的可能性。

测试吧

测测孩子的网络成瘾倾向①

家长可以给孩子做一个网络成瘾的小测试，有7道题目，让孩子从A、B两选项中选出最符合自己实际情况的答案。

1. 你觉得自己沉溺于网络吗？

A. 是　 B. 否

2. 你经常不能抵制上网的诱惑或者很难离开网络吗？

A. 是　 B. 否

3. 你每次上网实际所花的时间都比原定时间要长吗？

A. 是　 B. 否

4. 关闭网络时，你会产生消极的情绪体验和不良的生理反应吗？

A. 是　 B. 否

5. 你是否将上网作为逃避问题和排解消极情绪的一种方式？

A. 是　 B. 否

6. 对你的父母、老师和同学，你是否隐瞒了自己的真实上网时间？

A. 是　 B. 否

7. 上网是否已经对你的学习、生活和人际关系等方面造成了负面影响？

A. 是　 B. 否

如果孩子有半数或者以上的题目回答为是，那么孩子就有网络成瘾倾向。

---

① Young, K.S. Internet addiction: the emergence of a new clinical disorder. Cyber Psychology & Behavior, 1998, 1(3): 237−244

消费价值观

初二的方方成功入选了校篮球队，但今天训练时他却没有往常的兴奋。方方注意到队友们全都穿着耐克或者阿迪达斯的球鞋，跟NBA球星一样有范儿，而他穿的却是妈妈从折扣商店买回来的朴素运动鞋。方方曾经穿着这双鞋在年级比赛中所向披靡，也是穿着这双鞋在选拔赛中发挥出色，成为了校篮球队的一员，方方还称他的这双鞋是"战神"。可是跟队友们"国际范"的"战靴"一比，方方的鞋子太不专业了，甚至有些寒酸。方方第一次为此感到难堪，训练时精力总也不集中，老想着自己是不是该买双像队友一样的名牌鞋。

方方的例子并非个别，现实中有的孩子甚至非名牌不穿，而当前更是出现了备受热议的"啃老族"、"月光族"，这些现象形成的很大一部分原因在于消费价值观的不合理。孩子进入中学以后，开始有更多的消费自主权，这个阶段形成理性的消费价值观十分关键，为成年以后经济独立奠定良好的基础。

成长规律

规律 ❶ 中学生消费不够理性，从众、攀比、求异心理突出

研究表明，中学生的消费普遍不够理性，存在从众、攀比和求异心理。

● 从众心理。从众是消费心理学中的一个较常见的心理现象，中学生作为价值观尚未形成完全的群体，消费中的从众心理尤为明显。同伴关系在中学生的生活中占据非常重要的位置，中学生选择同伴的一个主要标准就是拥有共同的志趣和追求。同时，保持观点和行动上的一致，也是中学生拉近同伴关系的重要手段。在团体中，同伴之间有约定的行动方针。若某人违反了既定的方针，就会受到同伴的谴责和孤立，甚至会被排挤在团体之外。在消费方面也是如此，一旦中学生融入某一团体，就必须在消费时保持与团体成员的某种"相似"性。为了得到同伴的认可，中学生往往会"跟风"消费，形成从众心理。

● 攀比心理。进入中学之后，随着自我意识的发展，他们希望获得尊重和认可，希望同伴能接受自己、肯定自己、喜爱自己。同时，随着自我同一性的发展，他们开始寻找自我的定位，这种定位往往通过与别人尤其是同伴的比较来获得，他们不能接受自己比别人差，尤其是外形方面。因此，为了获得同伴的喜爱和认可，为了获得一种比较后的优越感，一种攀比心理形成了。为此，不论家庭条件如何，也要打肿脸充胖子，逼迫父母满足自己的要求。

中国青年报2005年的一项调查显示，在被调查的青少年中，消费时注重品牌的占77.8%，只有1.8%的青少年表示不会受品牌的影响。

● 求异心理。中学阶段是张扬个性的阶段，一些中学生希望自己是独特的，是与众不同的，

体现在消费中就是追求另类。还有一部分中学生也许因为学习上不如别人，心里产生了一种自卑感，想在别的方面寻找自己的与众不同，于是一种求异心理引发的消费心态便产生了。

规律 ❷ 中学阶段是培养正确消费价值观的关键期

消费对于中学生而言，不仅是单纯地满足吃、穿、用等基本的生活需要，还意味着他们在消费中学习到了什么、塑造着什么样的道德，以及通过消费形成什么样的价值观。

有一些孩子，由于家长娇惯，给他们大笔的零用钱，他们不知道金钱来之不易，花钱大手大脚，失去对金钱的准确感知，遇到问题和挫折时依赖金钱去解决，以为金钱是万能的；同时，这样的孩子往往娇气，缺乏毅力，吃不了苦，不能很好地适应社会。所以，中学阶段，需要培养中学生形成正确的消费价值观。

知识库

消费价值观

消费价值观是人们对待自己可以支配的收入的态度以及对商品价值追求的取向，是消费者在进行或准备进行消费活动时对于买什么、如何选择、怎么买、以后还要买什么的总体指导思想和规划。

消费价值观主要分为节俭的消费价值观、侈靡的消费价值观和适度的消费价值观。

节俭消费价值观主张人们在消费时应最大限度地节约物质财富，减少甚至杜绝浪费。

侈靡消费价值观与节俭消费价值观完全对立。它主张消费者大量地、无节制地占有和消耗物质财富，以满足自身的需求和欲望。

适度消费价值观是一种既不主张对物质财富一味节约吝惜，又不赞成对物质财富毫无节制地消耗滥用的消费价值观；是一种使消费者既不为清贫所迫，又不为物质所累的消费价值观。适度消费价值观主张，消费者在消费时不仅要考虑自身效用的最大化，而且要考虑他人利益乃至社会的利益；不仅要考虑当代人的利益，而且要考虑子孙后代的利益。

目前，适度消费价值观一般被认为是理性的、正确的消费价值观。

根据一项调查显示，只有15%的中学生持适度消费价值观，16%的中学生持节俭消费价值观，其余的都持侈靡消费价值观。

规律 ③ 家长骄纵容易导致中学生消费缺乏理性

● 大多数中学生都是独生子女，家里都比较娇惯，不想在物质上让孩子受委屈，大人宁可自己省吃俭用也要给孩子提供好的物质条件，对于孩子的物质要求都是尽可能的满足。于是孩子很难意识到消费背后父母的负担，不能认识到物质享受有什么不对，只懂得追求名牌和物质享受，不能理性消费。

例如，对于很多孩子来讲，价钱就是一个数字，根本不会跟父母辛苦的工作和日常开销联系起来。所以他们没有适度消费的意识。

● 父母的消费行为也会影响孩子的消费价值观。父母的消费行为不仅持续性地传递了父母的消费价值观念，同时也反映出了家庭的经济状况。孩子不仅有意无意地学习到了父母的一部分消费价值观，对自己的消费大体范围也有一定的理解。

例如，父母追求高档消费，孩子一般不会特别节俭。

● 此外，同伴是孩子日常相处最多的人，孩子在与同伴的相处中会不自觉地受到同伴消费价值观的影响。同伴间不仅常常会讨论最近流行什么，该买什么，还经常结伴去逛街购物。在孩子需要做有关消费的决策时，也往往愿意征求同伴的意见。

规律 ④ 中学生的消费易受到广告中名人效应的影响

很多广告利用名人效应进行产品营销。名人一般都具有较高的知名度、相当的美誉度，及特定的人格魅力等，请名人代言产品，更具有吸引力、感染力、说服力，有助于引起人们的注意、兴趣和购买欲。

据中国经济景气监测中心对北京、上海、广州三城市的800余位常驻居民进行的抽样问卷调查显示：51.2%的人认为名人广告会引起自己的关注，10.5%的人认为会刺激自己购买，38.3%的人认为对自己没有更多的影响。

知识库

名人效应

名人效应是名人的出现所达成的引人注意、强化事物、扩大影响的效应，或人们模仿名人的心理现象的统称。

名人效应对中学生的消费选择影响更大。中学生乐于接受新鲜事物，模仿能力强，也关心社会的潮流，广告中的人物常常是知名影星、歌星、运动员，都是孩子乐于模仿的对象。于是，孩子会购买一些名牌产品，尤其喜欢购买自己喜欢的明星代言的产品。

实验室

真的有味吗？

——名人效应实验

实验目的：

探究名人效应是否存在。

实验设计：

美国心理学家曾做过一个有趣的实验，在给大学心理系学生所上的一堂课上，他邀请到一位"据说"是举世闻名的化学家。在课堂上，这位化学家告诉同学们，他发现了一种新的化学物质，这种物质具有强烈的气味，但对

规律 ⑤ 理财意识是消费价值观的延伸，是消费价值观培养的补充

消费是关于如何支出，理财是关于如何保存，消费和理财紧密相关。要培养中学生的适度消费价值观，理财意识的培养也是非常重要的。尤其在当今社会，理财更是每个人必须具有的能力。现在很多年轻人，虽然收入不低，却成为"月光族"。这一方面可能是消费价值观偏差，消费偏高；另一方面，也是他们不懂得理财、理财意识淡薄的表现。

一项青少年理财状况调查结果显示，79%的中学生没有对自己的零用钱开支做过总结，64%的中学生没有预算过自己的零用钱开销，可见中学生理财意识淡薄；大部分中学生家长会固定地给孩子一些零用钱，数量从几十元到几百元不等，但有相当高比例的中学生不到月末就已经出现"财政赤字"，这种情况下，他们一般会再跟家长要钱，可见家长缺乏对孩子理财意识的培养。

有儿童教育专家指出，通过对孩子理财方面的教育，不仅可以培养孩子的理财意识，促进合理消费，还能让孩子学会有目的地做事，发展延迟满足感，这样孩子长大后，无论是理财、事业、还是个人生活方面，都能更合理地运用资源。

人体无害。为了测一下大家的嗅觉，他打开瓶盖，请闻到气味的同学举手。

实验结果：

过了一会儿，课堂上有不少同学举了手。但实际上，化学家所谓的"新的化学物质"只不过是蒸馏水，而这位"化学家"本身是一名普通的德语教师。学生们由于对名人的信服和盲从，轻易地接受名人的暗示。这就是名人效应。

养育策略

策略 ① 帮助孩子建立金钱概念，进行符合家庭经济条件的消费

在购物中向孩子解释钱的价值。让孩子对金钱的购买力有更清晰的认识，建立金钱概念。

例如，跟孩子一起购物，一起选购家庭日用品，让孩子看看妈妈精打细算可以为家庭节省不少开支。

例如，可以带孩子一起去买菜，让孩子感受日常花销，也能让孩子感受到卖菜的人等赚钱很不容易，从而让孩子体会到花钱不能浪费。

允许孩子自己决定如何花钱，他们会从中学习到一些东西。在孩子准备一次较大的消费行为前，家长可以传授一些"选择性花钱"的技巧，比如在买某大件商品前要对其价格、性能等先做一些研究比较，家长也可以列举用这笔钱还可以购买的其他几种商品，然后由孩子选择到底应该买哪个。告诉孩子，如果把消费计划好好安排一下，消费通常是件快乐的事，而无计划地大手大脚常导致多花费20%至30%的钱。

家长可以告诉孩子家庭的收入情况，让孩子清楚家庭条件，确定消费能力，避免孩子过分追求高消费。

例如，家长可以告诉孩子自己的收入、日常开销，让孩子帮助计划家庭的日常花销和存款。

策略 ② 让孩子通过真实的生活体验感受贫穷，学会珍惜自己拥有的物质生活条件

很多孩子在"蜜罐"中长大，家长尽最大能力为孩子提供好的物质条件和生活条件。于是，很多孩子不知道节俭为何物。家长可以收集一些电视、报刊、网络等媒体上有关贫穷地区人们生活工作的报道、图片和录像给孩子了解，或者带孩子去福利院看看那些孤独无助的孩子，以此触动孩子的内心世界。

家长还可以带孩子到农村或者西部贫困地区体验生活，让他亲自去体验贫穷，跟那边的孩子一起上课、做农活、放牛、做饭，看看那些孩子每天是如何生活的。让孩子亲眼看到贫富之间的差距，更真实地感受贫穷，从而反省自己平日的浪费和奢侈，学会节俭和珍惜。

心灵加油站

变形计之少年何愁

《变形计》是湖南卫视推出的一档生活类角色互换纪实节目，结合当下社会热点，寻找热点中的当局人物，安排他们进行互换人生体验，参与节目的双方就在七天之中互换角色，体验对方的生活。

其中一期名为《少年何愁》，讲的是一个追求物质享受、厌学、让父母伤心、让老师头痛的城市公子哥易虎臣和一个单纯倔强、体贴父母、为梦想努力学习的山村少年吴宗宏互换角色的故事。

城市公子哥易虎臣任性、厌学、暴躁、虚荣，妈妈说"我让他干什么，他就偏不干"；爸爸在

雨天给他送衣服，他大动肝火，避而不见；他当老师是空气，觉得老师上课是在咆哮，觉得生活老师是克星，觉得学校生活很无趣；他被全班同学评为"最不受欢迎的人"；他半年内换了十几个手机，同意参加《变形计》是因为爸爸开的条件——iPhone 4s。

这样一个城市公子哥，初到山村，完全受不了这个贫困的环境，爱梳头、爱换鞋、爱洗头……他被山村生活的辛苦所震惊，山村学校的孩子因为家离学校太远，一星期只回一次家，学校没有食堂，学生自己做饭，每天只吃两顿，下课了同学们上山砍柴准备做饭……宿舍的大通铺，床上的老鼠，还有喂猪、冲厕所、清汤寡水，终日洋瓜为伴，这些让他一开始很不适应，他感到委屈，也想离开，但慢慢地，他开始适应，也开始反思。

他听老师讲山村学校的历史，听他讲夫妻教师的故事，那个曾经叛逆的、令老师头痛不已的少年，面对不会唱歌、不会英语、还带着浓重乡音的山村老师，受到了深深的触动，他开始学着倾听，开始换位思考，开始体味到感动。

他听说了山村同学小黑的故事，知道小黑从5岁开始就没有见过爸爸了，听小黑说"我想见他一面，我一定要见他一面"，易虎臣流下了眼泪，他说"小黑太可怜了，但他没有自暴自弃，我因为生活中一点小小的事就跟爸爸妈妈闹别扭……爸爸其实担子是最重的……我手机也不想要了"。

7天的互换体验结束了，易虎臣在7天里改变了许多，他说，他在城市里只知道攀比，如果不买点什么好的，就会被嫌弃，就"out"了。以前那个只会享福的公子哥，已经变成了爸爸妈妈的乖乖仔，他学会了仁爱，学会了很多做人的道理，学会了感恩。易妈妈说："在云南的时候，看到他的那一刻起，我觉得这个孩子把心打开了，很快乐。"

策略 ❸ 引导孩子合理消费，从物质享受转移到精神追求上来

鼓励孩子把钱花在充实自己上，比如买书、参加培训等。这一方面可以提高孩子各方面的素养，另一方面也可以把孩子对于物质享受的追求部分转移到追求精神满足上来。

例如，父母对于孩子取得好的考试成绩的奖励可以从新衣服、吃大餐，转变为书城的购书券或者孩子一直想学习的某种乐器。

引导孩子形成绿色消费的理念，多购买环保的产品，即使其价格略贵。帮助孩子形成节约资源的习惯，从省水、省电、不浪费做起，不仅节约了开销，也避免了资源的浪费。

例如，家长在购物的时候要特别注意看各种环保标志、可回收标志，并告诉孩子这些标志的意义。

策略 ❹ 引导孩子在选择消费产品时注重品质，警惕广告中的名人效应

一些孩子喜欢购买明星代言的产品，有时候不考虑这些产品是否比其他品牌的质量好、价格低，受名人效应影响而进行消费选择。家长可以给孩子看一些明星代言虚假广告的例子，让孩子明白明星代言的产品不一定就是好的，明星很可能没有对产品质量进行过考察。提醒孩子在进行消费选择时要警惕名人效应，多关注产品本身的品质。

例如，某明星代言的某品牌的减肥茶不仅名称未获得有关部门批准，而且夸大了原有的减肥和调节血脂的保健功能。某明星代言的某品牌的洗发露经香港公证所化验发现含有致癌物质。

家长要告诉孩子，品牌并不能体现一个人的品位，只追求品牌是肤浅的行为，要关注某件商品的使用价值，注重性价比。

可以建议孩子分析一下几个品牌的优劣势，让孩子告诉同伴，某个大家总用的牌子，实际上有一些怎样的缺点，这样弱化同伴圈子里对某个牌子的一致追捧，孩子还可能因为新奇的论点得到同伴的好感。

策略 ❺ 培养孩子管理、规划零用钱的能力，建立理财意识，促进适度消费价值观的养成

通过对孩子进行理财教育，可以提高孩子的理财意识，合理消费，从而促进适度消费价值观的养成。

培养孩子从小学习如何使用和管理自己的零花钱的能力，按月给孩子零花钱，这样可以使孩子更好地进行理财。

例如，可以把一个季度或一学期的零花钱一次性地给孩子，讲好超支不补，让孩子自己计划好怎么用这些钱。

让孩子养成记账的习惯。让孩子把自己的每一笔支出项目都列出来，到月底进行各项支出的汇总。这样会发现有哪些钱是必须花的，哪些钱是可花可不花的，而哪些钱是花得冤枉的，是在浪费钱财，经常进行比较、总结，增强孩子的规划意识，这样以后的消费也会更加理性。

例如，可以制作一个家庭的理财记录表，让孩子学习，制作他个人的理财记录表，合理记账，促进合理消费

2012年6月理财记录表

本月收入		
项目	金额	收入日期
爸爸妈妈给的零用钱	300	2012/6/1
爷爷给的奖励	100	2012/6/13
合计	￥400	

本月支出		
项目	金额	支出日期
定期存款	100	2012/6/2
零食	29	2012/6/4
给同桌的生日礼物	52	2012/6/16
文具费	63	2012/6/17
手机费	50	2012/6/22
合计	￥294	

本月结余	106	
上月结余	78	
总结余	184	
本月理财小结		

引导孩子学会储蓄。可以带孩子到银行，并为他们开一个户头，向他们解释储蓄和利息的关系，让孩子养成每月定期储存的习惯。当孩子要求取出一部分钱来买东西时不要拒绝他们，否则他的存钱计划可能就此告一段落。

教给孩子一些理财方法。首先，给孩子买一些理财书籍，跟孩子一起学习理财的基本知识。在基本理财理念形成之后，跟孩子一起进行理财管理。可以让孩子有计划地把零花钱进行分开管理，一部分进行活期存款，以供每日的日常开支；一部分进行一年的定期存款，预计未来几年中国将进入持续的升息阶段，同时也可以保证资金的稳定增值；一部分进行投资，目前适合中学生的投资项目如基金、邮票等，有条件的可以让孩子慢慢接触、尝试。

策略 ⑥ 帮孩子建立正确的金钱观和人生观

金钱是孩子生活中一个重要部分，对孩子进行金钱观的教育，帮孩子建立正确的金钱观和人生观十分重要。

有的家长认为，我们小的时候那么苦，想想什么都没有，现在条件好了，孩子要什么都想满足他。家长的这种观点会纵容孩子，让孩子养成奢靡、浪费的不良习惯。家长应对孩子在花钱方面有所限制，让孩子学会克制欲望。

让孩子知道金钱的重要作用。有钱，的确能使人们生活更舒适，有机会接受更高的教育，等

等，这是事实，没有必要回避。但家长应该强调，要通过自己的劳动获取金钱，不能走歪门邪道。

让孩子了解金钱的局限性。注意教育孩子对钱不能过度崇拜，金钱是物质财富的象征，对人们的生活非常重要，但它不是人生追求的目的和意义。钱不是万能的，有钱可以收买别人，但却得不到别人对自己的真心；有钱可以买一些文凭，却难以提高自己的真实水平。

这就要求家长要从小培养孩子正确的价值观、责任感。等等。人人都不能离了钱，每个人要想使自己的生活质量高一些，就要拥有一定的金钱，所以要有挣钱的欲望，不要羞于提钱。

让孩子学会分享。不能太看重金钱，要有分享意识。给孩子讲讲比尔·盖茨、巴菲特等的慈善捐助故事。让孩子知道，无论是贫穷还是富有，都可以为别人提供帮助，跟孩子一起去参加义工、志愿活动，让孩子有所体会。

在这样的过程中，孩子会逐步认识到，金钱不是评判他人的唯一标准。除了金钱，还有品行、情趣、性格、特长等很多标准。孩子常常天真地进行比较，你家的车是什么牌子，我家的车是什么牌子。你简单地说，他们家有钱，所以他们家的车贵，那么给孩子的是一种引导；你给孩子说明性能、外型、节能、方便、车主对车的依恋感情等其他方面的考虑，这时候孩子接触到的价值观就更多元，金钱就不会成为唯一的标准。在今天的世界里，要让孩子有健康的金钱观，周围成年人的心态和引导方法非常重要。

心灵加油站

比尔·盖茨的金钱观[①]

"财富并不是我的，我只是暂时支配它而已。我不会给我的继承人留下很多钱，因为我认为这对他们没有好处。"——比尔·盖茨

① 比尔·盖茨的慈善心路. 信息时报，B2版. 2008-06-30

　　1975年，一个名为比尔·盖茨的年轻人与他的伙伴创立了微软公司。30多年里，盖茨驾驭着这个软件公司用技术一步步地扩充着帝国版图，改变和影响着整个世界。如今，执掌微软31年的盖茨终于决定引退，并做出一个再次改变世界的决定——捐出580亿美元身家，连人带钱一起投身慈善行业。盖茨"裸捐"的决定让世界震惊，也让世界富豪开始重新审视财富的价值。

　　美国科技创新博物馆总裁彼得·佛瑞斯称，盖茨的伟大在于他两次改变了世界。前一次是以软件推动了第三次工业革命；而这一次，他拯救了无数生命，也改变了世人对财富的观念。

　　走出近乎完美的商业之路，缔造一个叫做微软的商业帝国，开发出世界上使用者最多的windows系统等，这就是这个叫做比尔·盖茨的男人在人生最美好时光做下的事情。盖茨宣布引退时说，淡出微软日常事务对他来说是一个艰难的决定，但他对慈善事业有着同样的热情，并且认为这也是一份十分重要和具有挑战性的事业。盖茨表示，尽管他准备远离微软的日常事务，但他坚信公司的前途将与以往一样光明。

　　盖茨表示："伴随巨大财富而来的是巨大责任，现在是把这些资源回报社会的时候了，而帮助困境中的人们是回报社会的最好方式。"盖茨在接受英国广播公司记者采访时说，他会把总计市值为580亿美元的个人资产悉数移交至"比尔与梅琳达·盖茨基金会"名下。

　　实际上，比尔·盖茨在宣布捐出全部资产做慈善之前已用长达7年的时间，投入超过300亿美元(占他资产的一半以上)，建立了全球最大的慈善事业——比尔与梅琳达·盖茨基金会。在他的影响下，全球第二首富巴菲特也宣布将其85%的财产——370亿美元，投给盖茨的基金会做慈善事业。巴菲特说，交给盖茨他很放心。

　　报刊曾经表示，盖茨继承了卡内基和洛克菲勒的衣钵，而且很容易就会超越他们的慷慨。事实上，慈善这个概念从小就在盖茨的心里埋下了种子。盖茨夫妇经常被问及为什么？为什么要捐出自己的钱？妻子梅琳达说，真正的原因与家族传统有关。

　　有人说，三岁见老。据说，盖茨的善举也是自小有之。当年，一脸雀斑的盖茨非常热爱户外活动，并参加了一个经常进行丛林徒步旅游野营的少年组织"童子军186部队"。那时，他经常上街叫卖自己捡来的坚果，为自己的队伍筹措活动资金。在一般人看来，他完全可以吃了那些坚果，也可以将卖坚果的钱揣进自己的腰包，但小盖茨非常重视童子军的活动，他每次都将卖坚果的钱如数上缴给自己的组织。

　　盖茨的善心据说是因为他从小就受到了家庭传统的熏陶。盖茨的父亲经常志愿参加一些平民事务组织，做义务工作，并积极为西雅图的慈善机构筹措资金。盖茨的母亲非常热心社区事务，经常参加非盈利组织的活动，她认为获得成功只是一切的开始，伴随着的是更大的责任。盖茨的父母并不认为从事慈善事业只是大人的事，所以经常在一家人吃饭时讨论这些问题。父母的言传身教对年少的盖茨产生了深刻的影响。

为未来
做准备

职业生涯规划

我以后想做什么工作呢?

高考
志愿书

　　方方高考考得很好，家里人都很开心。可是，填志愿的事情让全家人都发了愁。面对各具特色的学校和五花八门的专业，真不知道该给方方选哪一个。在这么短的时间里，挨个了解学校和专业又不可能；向老师咨询，老师就说要看方方自己的兴趣。可是，方方有什么兴趣啊，他自己也不知道。当年分文理科的时候选的理科，很大的原因就是高考填志愿的范围广一些。而在书山卷海中苦战了这么多年，以前的爱好全都放弃了，终于拿到了漂亮的高考成绩，志愿却不知道该填哪里了。是学大家眼中的金饭碗会计，还是学看起来很神秘的心理学，又或者是完成小时候科学家的梦想学物理? 填志愿的日子越来越临近，方方一家很是发愁。

　　职业生涯规划关系到孩子未来的职业发展和职业幸福感，关系到孩子能否在某个领域获得成就、能否在工作中获得快乐。有调查表明，98%的中学生都仅仅以"好好学习，考个好大学"为唯一目标，同时70%的大学生对于自己所学的专业都不满意，毕业时为找工作迷茫的大学生更不在少数，不少大学生选择读研的原因也是因为不知道自己想做什么工作。

成长规律

规律 ❶ 自我同一性发展促使中学生思考职业选择，中学阶段进行职业生涯规划很有必要

知识库

职业生涯规划

职业生涯规划是指在对个人和内外环境因素进行分析的基础上，确定一个人的事业发展目标，并选择实现这一事业目标的职业或岗位，编制相应的工作、教育和培训行动的计划，对每一步骤的时间、项目和措施作出合理的安排。

从心理学的角度来说，中学阶段是中学生自我同一性发展的关键时期，他们开始思考自己的人生意义，确定人生目标。关于未来的职业选择是他们思考的一个重要方面，他们希望明白自己的优势和不足，明确自己未来适合做什么。因此，在中学阶段进行职业生涯规划十分重要，可满足中学生身心健康发展的需要。

及早的职业生涯规划帮助孩子选择适合自己的职业发展道路，拥有明确的职业目标，提前向自己的职业角色形象靠拢。此外，尽早开始职业生涯规划还可以通过接受充分的、有针对性的培训，提高孩子的工作技能，提升职业竞争力。

有人认为职业生涯规划是高考之后选择专业时才需要考虑的问题，以至于高考后"着急忙慌"填志愿，但这样可能导致有的孩子选择了不适合自己的专业。与其到大学发现不喜欢自己的专业，经历痛苦、挣扎之后，千方百计换专业，倒不如及早进行职业生涯规划，在高考填志愿时选择一个孩子真正喜欢且适合的专业，在大学四年打下牢固的基础，以便在毕业和择业时做出明智的职业决策。

有人对大学生和所学专业做了这样一个比喻：大学生和所学专业就像是男女朋友，只有真心相爱，大学生才会发自内心好好对待专业课，而如果是家长包办，或是盲目选择的，大学生根本就对专业不了解，想要爱上是很难的事情，更别提学好学精，往往大学四年是混下来的。

特别提示

高中阶段的职业选择对于孩子来讲至关重要，一是文理分科的选择，一是高考志愿的填报，决定着孩子将来要接受的高等教育和专业教育的方向。虽然，进入大学之后，专业可以换，毕业之后，职业也可以改变，但是高中基础知识和大学专业教育对一个人的影响却是最为深远且不可取代的。

规律 ❷ 中学以前是职业抉择的幻想期，中学阶段属于职业抉择试验期

孩子并不是在真正面临专业或是职业的选择时才开始思考自己该从事什么职业的，对于职业生涯的非正式规划很早就开始了。

在中学以前，孩子关于职业的想法都是相当理想化的，因此这段时期被称作职业抉择的幻想期。在幻想期中，孩子并不考虑自己的能力和工作是否匹配，只是凭着自己的兴趣，想象着自己可以成为自己喜欢的角色。这时，孩子理想中的工作往往是日常生活中接触和媒体上提到最多的

职业。在幻想期，孩子喜欢的职业往往有独特的职业服装，比如警察黑色的警服，消防员橙色的消防服，航天员白色的航天服，这使得孩子幻想的职业显得更加明确具体。

例如，载人航天成功了，很多孩子就想当航天员了。

有的孩子说："我的爸爸是警察所以我也要当警察。"

也有孩子受到电视剧的影响，说："《烈火雄心》太好看了，我也要当消防员。"

目前国际上的关于职业规划教育的一个趋势是在中学进行，因为中学阶段属于职业抉择的试验期，应该让中学生在进行专业教育、高等教育之前对自己的兴趣、能力以及各种职业的现状都有更清楚的了解。中学阶段，孩子应在思考自己能力、兴趣等的基础上，尝试将兴趣、价值观与能力统筹考虑，逐渐抛弃掉职业规划中不现实的成分，努力勾画出最符合自己现实和理想的职业规划，为大学阶段专业选择及以后职业抉择的现实期奠定基础。

中学阶段面临三次主要的有关未来职业和发展方面的抉择。初中毕业后上职业学校还是继续上高中，高二选文科还是理科，高考后选择大学以及专业。这些抉择需要孩子对自己的职业生涯进行思考和规划。

规律 ❸ 性格、兴趣和能力与职业的匹配是职业生涯规划的中心

职业生涯规划，需要考虑的因素很多，总的来说，需要考虑职业与孩子自身的特点是否吻合。考虑职业与自身特点的吻合，应注意以下几点：

● 性格与职业的匹配。职业心理学的研究表明，不同的职业对从业者的性格要求不同。如从事教师工作的人要求乐于与人亲近，耐心细致，责任心强，稳定性好；从事广告职业的人要求聪明敏锐，敢于打破常规，富于幻想；从事科学研究的人需要严谨认真，逻辑性强，敢于怀疑，富于批判精神和创新意识。

性格对一个人的成功有着很大的影响。如果一个人从事的职业与他的个性相适应，工作起来就会得心应手，心情舒畅，容易取得成功。如果性格与职业不相适应，这种性格就会阻碍工作的顺利进展，工作时感到被动，缺乏兴趣，倦怠，力不从心。所以中学生在进行职业生涯规划时，一定要充分考虑性格与工作是否匹配。

例如，如果孩子性格比较外向，喜欢与人打交道，那么，让孩子选择计算机专业，将来做电脑编程工作，那他就不适合。因为他难以静下心来，天天跟代码打交道的生活对他来说太枯燥了。

● 兴趣与职业的匹配。兴趣是一个人力求认识、掌握某种事物，并经常参与该种活动的心理倾向。有的人对研究自然知识感兴趣；有的人兴趣倾向于情感世界，活跃于人际关系领域；有的人对智力操作感兴趣……一个喜欢动手操作的人，在技能操作领域得心应手，如果硬把他的兴趣转移到理论研究上来，他就会感到无用武之地。正是这种兴趣上的差异，构成人们选择职业的重要依据。

如果职业和兴趣相吻合，就会对该种职业活动表现出肯定的态度，在工作中调动整个心理活动的积极性，精力十足地投入到工作中，有助于事业的成功；反之，如果职业和兴趣不吻合，就会以一种被动、应付的态度对待工作，很难有好的工作表现，也无法在工作中获得成就感和满足感。不同的职业需要不同的兴趣特征，在进行职业生涯规划时，需要考虑这二者的匹配。

例如，科研工作需要对科学和未知领域的探索兴趣；机械工程师需要对机械、工具的兴趣；投资分析师需要对数字的兴趣，喜欢分析藏在数字背后的规律。

● 能力与职业的匹配。除了性格、兴趣之外，能力与职业的匹配也是十分重要的。能力一

般包括观察能力、语言能力、社交能力、逻辑思维能力、数理能力、实际操作能力、组织管理能力、运动协调能力等。不同的职业对能力的要求是不同的，如会计、出纳等工作要求具备较强的数理能力，工程、建筑等职业要求具备空间判断能力，运动员、舞蹈演员等职业要具备良好的运动协调能力。否则空有兴趣，但不具备做好这项工作所需要的能力，也没办法做好自己的工作。因此，在进行职业生涯规划时，要考虑孩子是否真的具有这方面的能力。

例如，如果孩子十分喜欢艺术，但他的审美能力不足，创造力不够，那他以后从事艺术创作的工作就不适合。

特别提示

在高考志愿填报时，要警惕仅凭兴趣报考志愿。因为"兴趣爱好"和"专业兴趣"之间往往存在落差，爱玩电脑并不意味着对计算机专业感兴趣。所以，家长要和孩子一起找到孩子稳定的兴趣所在，确定最匹配的专业方向。

规律 ④ 父母、同伴和社会热点都会影响孩子的职业选择

父母在很大程度上会影响孩子的职业抉择。

● 父母的价值观会在很大程度上影响孩子选择职业时的标准。父母如果认为从事政治很好，孩子一般就不会选择经商。

● 父母的言传身教及给孩子创造的生活环境会影响孩子的爱好和职业选择。从小玩很多积木和拼插玩具的孩子比拥有各种颜料和画笔的孩子更可能对机械感兴趣，将来选择成为工程师而不是美术老师。

● 父母有时会直接干涉孩子的职业选择，因为社会普遍认同父母有权对孩子的职业选择施加影响。

同伴也会影响孩子的职业选择。由于同伴影响或者同伴压力，同伴有关职业的选择和同伴对不同职业的态度都会影响孩子有关职业的选择。

例如，好朋友们都去了文科班，本来觉得自己理科好一点的孩子也有可能选择文科。校园里的文化是嘲笑选择文科的男生为"娘娘腔"，大部分男生都会选择理科。

当然，社会热点对于孩子择业的影响也不容忽视。社会热点的兴起影响了孩子对于职业的态度，以及对于职业前景的看法，这无疑会影响孩子对自己职业生涯的规划。

例如，苹果掀起了新一番信息技术热潮，顿时想学计算机的孩子多了；次贷危机一来，原本火爆的金融专业也回归平静了；情感类节目一火，顿时心理学成了最热门的专业。

养育策略

策略 ❶ 帮助孩子充分认识自己

进行职业生涯规划，首先要了解孩子的特点，知道孩子喜欢什么，擅长什么，能做什么。家长可以跟孩子一起回答下面测试吧的问题，帮助孩子更加了解自己。

策略 ❷ 通过专业的职业测评，明确孩子的特点和适合的职业

心理学研发出一系列测量人格特点与适合的职业之间关系的量表，其中非常有名的一个是霍兰德职业倾向测试。根据测试，可以更充分地了解孩子的性格、兴趣和能力特长，明确孩子适合的工作。现在许多心理咨询机构都可以提供这种有关职业选择的测评，并且针对测评结果会给予详细的分析和建议。

需要注意的是，家长不能轻信网上的各种类似功能的测试，因为很多非专业测试的目的仅仅是娱乐，得出的结果不够准确，容易给家长和孩子造成误导。

测试吧

测测孩子对自己的认识①

家长可以跟孩子一起，回答以下问题，帮助孩子整理自己，更加了解自己。

1. 你最喜欢读哪方面的书？
2. 你最喜欢什么电视节目或者广播节目？
3. 你最喜欢什么类型的电影？
4. 你在业余时间最喜欢做什么？
5. 你喜欢什么类型的志愿活动？
6. 你最喜欢和朋友讨论什么话题？
7. 在你做白日梦的时候，你脑海中会浮现什么样的想法？
8. 你曾经梦想从事什么样的工作？
9. 在学校你最喜欢什么科目？
10. 什么最容易使你烦躁？
11. 如果你随便画画，你经常画什么？
12. 如果让你管理世界，你最想改变什么？
13. 如果你赢了一百万元大奖，你想怎么花这笔钱呢？
14. 你最喜欢什么类型的人？
15. 在你死了之后，你最想别人记住你什么？
16. 你最喜欢什么类型的玩具？
17. 你比较乐意参加什么类型的社团活动？

---

① 边玉芳. 心理健康. 上海：华东师范大学出版社，2006

18. 在这个世界上，你最尊敬谁？为什么？
19. 什么样的任务能带给你最大的成就感？
20. 什么事情你一上来就能做得很好，尽管你以前从没做过？
21. 什么事情往往会让你力不从心？
22. 做什么事情的时候你最犹豫？
23. 你做过的事情中最成功的是什么？

跟孩子一起思考以上问题的答案，从中挖掘信息，也许下面的问题，就能找到答案。

1. 我的主要兴趣在于：
2. 我最相信：
3. 我最大的价值在于：
4. 我能把下面这些事情做好：
5. 我的弱势是：
6. 哪五个词能最好地形容我的个性：
7. 为了生活得更好，我觉得自己需要：

知识库

霍兰德职业兴趣理论

美国约翰-霍普金斯大学心理学教授霍兰德（1985）提出职业兴趣理论，提出6种基本职业类型。

1. 社会型

（1）共同特征：喜欢与人交往，不断结交新的朋友，善于言谈，愿意教导别人；关心社会问题，渴望发挥自己的社会作用；寻求广泛的人际关系，比较看重社会义务和社会道德。

（2）典型职业：喜欢与人打交道的工作，包括提供信息、启迪、培训、开发或治疗等事务，如成为教育工作者（教师、培训师、教育行政人员）、社会工作者（咨询人员、公关人员）。

2. 企业型

（1）共同特征：性格外向，喜欢竞争，敢冒风险，有野心和抱负；为人务实，喜欢以利益得失、地位、权力、金钱等来衡量做事的价值，做事具有较强的目的性；追求权力、权威和物质财富，具有领导才能，喜欢管理和领导角色。

（2）典型职业：喜欢要求具备经营、管理、劝服、监督和领导才能的工作，喜欢能够实现社会、政治或经济目标的工作，如项目经理、销售人员、营销管理人员、政府官员、企业领导、法官、律师等。

3. 事务型

（1）共同特征：尊重权威和规章制度，喜欢按计划办事，细心有条理，喜欢接受他人的指挥和领导，自己不谋求领导职务；喜欢关注细节，较为谨慎和保守，缺乏创造性，不喜欢冒险和竞争，富有自我牺牲精神。

（2）典型职业：喜欢要求注意细节、精确度、有系统、有条理的工作，喜欢具有记录、归档、根据特定要求或程序组织书记和文字信息的工作，如秘书、办公室人员、记事员、会计、行政助理、图书管理员、出纳员、打字员、投资分析师等。

4. 实用型

（1）共同特征：愿意使用工具从事操作性工作，动手能力强，做事手脚灵活，动作协调；偏好于具体事务，不善言辞，做事保守，较为谦虚；缺乏社交能力，通常喜欢独立做事。

（2）典型职业：喜欢使用工具机器、需要基本操作技能的工作，喜欢从事与物件、机器、工具、运动器材、植物、动物相关的职业，适合有规则和需要技能的行业。如技术型职业（计算机硬件人员、摄影师、制图员、机械装配工）、技能型职业（木匠、厨师、技工、修理工、农民、一般劳动者）。

5. 研究型

（1）共同特征：喜欢思想而非实干，抽象思维能力强，求知欲强，肯动脑，善思考，不愿动手；喜欢独立且富有创造性的工作；知识渊博，有学识才能，不善于领导他人；考虑问题理性，做事喜欢精确，喜欢逻辑分析和推理，不断探讨未知的领域。

（2）典型职业：喜欢智力的、抽象的、分析的、独立的定向任务，尤其是那些要求具备智力或分析才能，并将其用于观察、估测、衡量、形成理论，最终解决问题的工作，如科学研究人员、大学教师、工程师、电脑编程人员、医生、系统分析员等。

6. 艺术型

（1）共同特征：有创造力，乐于创造新颖、与众不同的成果，渴望表现自己的个性，实现自身的价值；做事较为理想化，追求完美，不重实际；具有一定的艺术才能和个性；善于表达，怀旧，心态较为复杂。

（2）典型职业：喜欢的工作要求具备艺术修养、创造力、表达能力和直觉，并将其用于语言、行为、声音、颜色形式的审美、思索和感受的工作，如艺术方面（演员、导演、艺术设计师、雕刻家、建筑师、摄影家、广告制作人），音乐方面（歌唱家、作曲家、乐队指挥），文学方面（小说家、诗人、剧作家）。

策略 ❸ 给孩子提供各种了解职业的机会，并带孩子去大学中体验大学氛围

了解孩子的性格、特长和能力是一个方面，要帮孩子选择适合的职业，还需要了解各种职业的具体情况。

● 实地体验。最常见的形式就是实习，可以充分了解工作的内容，感受工作强度等。但是缺点是中学生能够实习的机会比较少，大都是一些比较简单的打杂类工作，与孩子梦想中的职业可能差别较大。

● 现场参观。家长可以带孩子到自己或朋友的工作环境中去体验某个职业的工作内容和环境等因素，也可以鼓励孩子多参加一些参观工厂企业的活动。这有利于孩子对职业有更直观而具体的认识。

● 上网查询。这是现在了解职业最便捷的途径。从网上孩子可以了解到有关职业的各种情

况，比如工资、职业发展前景、培训要求等，但缺点是可能比较抽象，不容易在脑中建构出一个清晰的情况。

● 查阅图书和报刊。图书和报刊中常常会有关于职业的信息，虽然不是很有针对性地介绍某个职业，但往往能够展现出有关职业的关键特点。

大学所学的专业是将来职业选择的基础，因此，了解大学的专业也十分重要。为了在高考志愿填报时正确抉择，家长也应提早了解大学的专业特点和学校氛围。除了帮孩子查找相关资料外，可以带孩子去各所大学走走，让孩子了解真实的大学生活是怎样的，感受大学的氛围。让孩子的哥哥姐姐带孩子游览大学是最好的，因为哥哥姐姐跟他年龄接近，他们刚刚走过他那个阶段，更能知道孩子的心理需求，在游览中给孩子更多他需要的信息。

策略 ④ 职业选择要尊重孩子的决定

高中毕业后，孩子更加成熟了，对自己的认识更加清晰，家长不能以"将来好就业"为由，代替孩子选择专业。在职业选择时，如高考志愿填报等问题上，家长要尊重孩子的意见。

边博士直播间

Q 孩子过几天就要报志愿了，关于志愿填报，我们和孩子有了分歧。孩子喜欢写作，想报中文专业，但我跟他爸爸觉得中文专业以后不好找工作，并且以他这个分数，报好学校的中文系害怕上不了，报一般学校的中文系又有点亏，好不容易考这个分数，不报个好学校多亏啊。我跟他爸爸想让他报经济类专业，凭他这个分数可以上一个不错的学校，以后找工作也好找。孩子跟我们意见不统一，这个志愿到底应该怎么报呢？

A 兴趣、学校和就业前景，是很多家长和考生填报专业时纠结不清的三个因素。家长和考生需要谨慎权衡。

某高校招生办主任这样说过"兴趣是专业选择首要考虑的因素，但在学校的选择上也应该慎重。"兴趣决定着孩子以后能不能积极投身于大学阶段的学习，工作以后能不能有好的职业发展潜力。相比就业前景等客观因素来说，兴趣是主观因素。客观条件的不足可通过主观努力弥补，即使孩子感兴趣的专业就业率没有那么高，但孩子因为感兴趣，所以能在大学中好好学习专业知识，在专业技能方面比其他不感兴趣的孩子要占据优势，容易被就业单位挑中。除了兴趣之外，孩子的性格和能力也是职业选择中非常重要的两个因素。所以，家长可以先综合考量孩子这三方面的特征，确定一些适合孩子的备选专业。

然后，要考虑学校。好大学一般师资强，学习氛围浓厚，不仅重视学生的专业教育，更重视学生综合素质和创新能力的培养。所以，从这方面说，好的学校比一般院校更具优势。但这并不是说在填报志愿时，一定要报名牌大学。如果孩子考进了，却选择或者被调剂进入不喜欢的专业，也会读得很痛苦，进而荒废学业。

从就业前景来说，就业率较高的专业（如经济管理、金融、计算机、土木、建筑、机械、外语类等）一般都会成为当前高校招生的热门专业。但是，热门专业不一定永远"热"，而现在冷门的专业，也不一定永远"冷"。并且一些热门专业并不是人才需求量大的专业；而一些急需的人才（如石油工程、海洋工程、核能等专业），由于专业性强，就业面相对较窄，可因为它是社会急需人才，就业基本不成问题，薪水待遇也都不错。家长和考生需要冷静对待，认真分析，千万不要一听说是热门专业就盲目填报。

建议家长在孩子填报志愿时，首先帮助孩子明确他的兴趣、性格和能力，必要的时候可让孩子做一些职业倾向测试（如霍兰德职业倾向测试），之后确定跟孩子契合的2~3个专业；确定之后，就这两三个专业，认真考察各高校的整体学术氛围和专业实力，保证孩子能在大学接受更好的专业教育和综合素质培养；同时，要分析这两三个专业近几年来的就业发展趋势，包括毕业人数变化情况、专业人才需求变化情况，以及将来就业的工作环境、工作内容和升职空间。通过对孩子自身、大学和就业前景的全面了解，综合比较分析，确定一个适合孩子的专业。

要帮孩子选一个好专业，需要做的工作非常之多。这就提醒家长一定要早作准备，及早让孩子明确职业倾向，尽早收集学校及就业方面的信息，高考之后再"四处打听"就晚了。

最后，要提醒家长，不要因为怕"浪费分数"，非要让孩子报一个跟他分数相当的专业，有的专业录取分数不高，有可能因为是冷门，但冷门不代表就业不好。要降低志愿填报中的分数"功利心"。

心灵加油站

我是笨鸟，你是矮树枝[1]（三秋树）

对别的孩子来说，生在一个爸爸是政府官员、妈妈是大学教授的家庭，相当于含着金钥匙。但对我却是一种压力，因为我并没有继承父母的优良基因。

两岁半时，别的孩子唐诗宋词、1到100已经张口就来，我却连10以内的数都数不清楚。上幼儿园的第一天我就打伤了小朋友，还损坏了园里最贵的那架钢琴。之后，我换了好多家幼儿园，可待得最长的也没有超过10天。每次被幼儿园严词"遣返"后爸爸都会对我一顿拳脚，但雨点般的拳头没有落在我身上，因为妈妈总是冲过来把我紧紧护住。

后来，因为我，妈妈和爸爸离婚了，我在她怀里一反常态，出奇的安静。过了好久，她惊喜地喊道："江江，原来你安静得下来。我早说过，我的儿子是不被这个世界理解的天才！"

我不是一个人在战斗

上了小学，许多老师仍然不肯接收我。最后，是妈妈的同学魏老师收下我。我的确做到了在妈妈面前的许诺：不再对同学施以暴力。但学校里各种设施却不在许诺的范围内，它们接二连三地遭了殃。一天，魏老师把我领到一间教室，对我说："这里都是你弄伤的伤员，你来帮它们治病吧。"

我很乐意做这种救死扶伤的事情。我用压岁钱买来了螺丝刀、钳子、电焊、电瓶等等，然后将眼前的零件自由组合，这些破铜烂铁在我手底下生动起来。不久，一辆小汽车、一架左右翅膀

---

[1] 三秋树. 我是笨鸟，你是矮树枝. 初中生学习，2012（9）：14~15

长短不一的小飞机就诞生了。

我的身边渐渐有了同学，我教他们用平时家长根本不让动的工具。我不再用拳头来赢得关注，目光也变得友善、温和起来。

很多次看到妈妈晚上躺在床上看书，看困了想睡觉，可又不得不起来关灯，于是我用一个星期帮她改装了一个灯具遥控器。她半信半疑地按了一下开关，房间的灯瞬间亮了起来，她眼里一片晶莹，"我就说过，我的儿子是个天才。"

直到小学即将毕业，魏老师才告诉了我真相。原来，学校里的那间专门收治受伤设施的"病房"是我妈妈租下来的。妈妈通过这种方法为我多余的精力找到了一个发泄口，并"无心插柳柳成荫"地培养了我动手的能力。

再辜负你一次

初中临近毕业，以我的成绩根本考不上任何高中。我着急起来，跟自己较上了劲儿，甚至拿头往墙上撞。我绝食、静坐，把自己关在屋子里，以此向自己的天资抗议。

整整四天，我在屋内，妈妈在屋外。我不吃，她也不吃。

第一天，她跟我说起爸爸，那个男人曾经来找过她，想复合，但她拒绝了。

第二天，她请来了我的童年好友傅树。

第三天，小学班主任魏老师也来了。

第四天，屋外没有了任何声音。我担心妈妈这些天不吃不喝会顶不住，便蹑手蹑脚地走出了门。她正在厨房里做饭，我还没靠前，她就说："小子，就知道你出来的第一件事就是想吃东西。"

"妈，对不起……我觉得自己特别丢人。"

妈妈扬了扬锅铲子，"谁说的！我儿子为了上进不吃不喝，谁这么说，你妈找他拼命。"

半个月后，妈妈给我出了一道选择题："A、去一中，本市最好的高中。B、去职业高中学汽车修理。C、如果都不满意，妈妈尊重你的选择。"我选了B。我说："妈，我知道，你会托很多关系让我上一中，但我要再'辜负'你一次。"妈妈摸摸我的头，"傻孩子，你太小瞧你妈了，去职高是放大你的长处，而去一中是在经营你的短处。妈好歹也是大学教授，这点儿脑筋还是有的。"

我是笨鸟，你是矮树枝

就这样，我上了职高，学汽车修理，用院里一些叔叔阿姨的话说：将来会给汽车当一辈子孙子。

我们住在理工大学的家属院，同院的孩子出国的出国、读博的读博，最差的也是研究生毕业。只有我，从小到大就是这个院里的反面典型。

妈妈并不回避，从不因为有一个"现眼"的儿子对人家绕道而行。相反，如果知道谁家的车出现了毛病，她总是让我帮忙。我修车时她就站在旁边，一脸的满足，仿佛她儿子修的不是汽车，而是航空母舰。

　　我的人生渐入佳境，还未毕业就已经被称为"汽车神童"，专"治"汽车的各种疑难杂症。毕业后，我开了一家汽修店，虽然只给身价百万以上的座驾服务，但门庭若市——我虽每天一身油污，但不必为了生计点头哈腰、委曲求全。

　　有一天，我在一本书中无意间看到这样一句土耳其谚语："上帝为每一只笨鸟都准备了一个矮树枝。"是啊，我就是那只笨鸟，但给我送来矮树枝的人，不是上帝，而是我的妈妈。

索 引

测试吧

边博士直播间

特别提示

心灵加油站

图表

参考文献

中文文献

边玉芳. 教育心理学. 杭州：浙江教育出版社，2009.

边玉芳. 儿童心理学. 杭州：浙江教育出版社，2009.

边玉芳. 心理健康教育读本（修订本）. 杭州：浙江教育出版社，2005.

蔡华俭，杨治良. 大学生性别自我概念的结构. 心理学报，2002，34（2）：168-174.

常竹青. 对幸福和成功的理解.（2009-01-11）http://cqzhu.blog.sohu.com/108339144.html.

陈会昌. 7~16岁儿童责任观念的发展. 发展心理、教育心理论文选. 北京：北京师范大学出版社，1985.

崔涌. 青少年网络游戏成瘾问题分析：[学位论文]. 上海：上海交通大学，2007.

樊富珉. 大学生心理健康与发展. 北京：清华大学出版社，1997.

方晓义，张锦涛，刘钊. 青少年期亲子冲突的特点. 心理发展与教育，2003（3）：46-52.

符江. 12.5美元的压力. 高中生，2007（1）：36.

高晓薇. 中学生逆反心理分析及对策. 东方青年·教师，2010（4）：27-28.

葛岩. 初中生学习压力与考试焦虑、自我效能及学习策略的关系研究：[学位论文]. 长春：东北师范大学，2008.

郭振娟，姚本先. 大学生自尊与父母教养方式的相关研究. 中国家庭教育，2001（1）：64-66.

红豆社区. 一个90后北海少年犯的自白.（2010-09-19）http://hongdou.gxnews.com.cn/viewthread-5429399.html.

蒋晴云. 大众传媒环境下青少年价值选择能力的培养研究：[学位论文]. 石家庄：河北师范大学，2010.

孔海燕. 青少年亲子冲突的研究现状. 心理科学，2004，27（3）：696-700.

雷雳，张雷. 青少年心理发展. 北京：北京大学出版社，2003.

李梅. 学生动机中的回避失败倾向与教育对策. 教育科学，2003，19（6）：38-40.

李文道，钮丽丽，邹泓. 中学生压力生活事件、人格特点对压力应对的影响. 心理发展与教育，2000（4）：8-13.

林芝. 渔王和他的儿子. 基础教育，2007（10）：62.

领导力的意义.（2011-06-08）http://naicai.mysteel.com/11/0608/08/5B74EBFA34711F90.html.

卢强主编. 教育心理学（第三版）. 北京：北京出版社，2010.

[美] F·菲利浦·赖斯，金·盖尔·多金著. 陆洋，林磊，陈菲译. 青春期——发展、关系和变化（第11版）. 上海：上海人民出版社，2009.

南希. 科布著. 孟莉译. 青春期心理手册. 北京：中国人民大学出版社，2009.

莫雷. 教育心理学. 北京：教育科学出版社，2007.

青青. 心里的人际楼层.（2007-10-10）http://qqmissjl.blog.163.com/blog/static/29456258200791093548876/.

钱珍. 初中生父母教养方式、学业归因、学业自我效能感与学业成绩的关系研究：[学位论文]. 石家庄：河北师范大学，2008.

劳拉·E. 贝克著. 桑标等译. 婴儿、儿童和青少年（第5版）. 上海：上海人民出版社，2008.

头脑风暴法应用案例.（2012-03-29）http://wenku.baidu.com/link?url=GMJBQ334H0vAhmbOv8y__PXR8spV7nNROGkxM4wYyFpj2jEJXkgMQEvaZmiqG8UEd6ttmroDafivZUy1W-aZMghjrepoA2GoO2gTWF02AJi.

王磊. 青少年异性交往心理问题研究综述. 心理科学，2004，27（4）：916-919.

王美芳，张文新. 中小学中欺负者、受欺负者与欺负-受欺负者的同伴关系. 心理发展与教育，2002，18（2）：1-4.

王树青. 青少年自我同一性的发展及其与父母教养方式的关系：[学位论文]. 济南：山东师范大学，2004.

王新友，李恒芬，肖伟霞. 父母教养方式对青少年网络成瘾的影响. 中国健康心理学杂志，2009，17（6）：685-686.

魏运华. 父母教养方式对少年儿童自尊发展影响的研究. 心理发展与教育，1999，15（3）：7-11.

魏运华. 学校因素对少年儿童自尊发展影响的研究. 心理发展与教育，1998，14（2）：12-16.

吴键. 我国青少年体质健康发展报告. 中国教师，2011（20）：9-13.

肖力华. 挫折教育：家庭教育不容忽视的问题. 惠州大学学报，1997（1）：74-78.

拒绝的艺术.（2010-06-20）http://www.fodizi.net/qt/xingyunfashi/437.html.

徐春娟. 初中师生冲突问题研究：[学位论文]. 大连：辽宁师范大学，2006.

晏碧华，邹泓. 学业情境中回避失败的成因及教育干预. 江苏高教，2008（1）：65-68.

曾昭安. 顽童当州长. 聪明泉（少儿版），2005（12）：002.

张宝歌，姜涛. 初中生师生关系对学业成绩的影响研究. 心理科学，2009，32（4）：1015-1017.

张健鹏. 发牌的是上帝，努力的是自己. 领导文萃，2006（4）：142.

张文新，林崇德. 青少年的自尊与父母教养方式的关系——不同群体间的一致性与差异性. 心理科学，1998，21（6）：489-493.

赵丽霞，袁琳. 学生学习压力的现状调查. 天津市教科院学报，2006（2）：18-21.

赵功强. 绝无仅有的经典细节. 现代青年（细节版），2009（4）：70.

邹泓. 同伴关系的发展功能及影响因素. 心理发展与教育，1998（2）：39-44.

谢弗，基普著. 邹泓译. 发展心理学（第八版）. 北京：中国轻工业出版社，2009.

邹泓，李彩娜，中学生的学业行为及其与人格、师生关系的相关. 北京师范大学学报（社会科学版），2009，（1）：52-59.

邹泓，周晖，周燕. 中学生友谊、友谊质量与同伴接纳的关系. 北京师范大学学报（社会科学版），1998（1）：43-50.

英文文献

Bandura A, Schunk O H. Cultivating competence, self-efficacy, and intrinsic interest through proximal self-motivation. Journal of Personality and Social Psychology, 1981(41):586-598.

Baumrind, D. The influence of parenting style on adolescent competence and substance use. The Journal of Early Adolescence, 1991, 11(1): 56-95.

De Volder M L, Lens, W. Academic achievement and future time perspective as a cognitive-motivated concept. Journal of Personality and Social Psychology, 1982(42):566-571.

Ginzberg, E. Toward a theory of occupational choice. Occupations: The Vocational Guidance Journal, 1952, 30(7): 491-494.

Perosa, L.M., S.L. Perosa, and H.P. Tam. The contribution of family structure and differentiation to identity development in females. Journal of Youth and Adolescence, 1996, 25(6): 817-837.

Smetana, J.G. Parenting styles and conceptions of parental authority during adolescence. Child Development, 1995, 66(2): 299-316.

Teigen, K.H. Yerkes-Dodson. A law for all seasons. Theory & Psychology, 1994, 4(4): 525-547.

Trzesniewski, Kali H., Donnellan, M. Brent, Robins, Richard W. Stability of self-esteem across the life span. Journal of Personality &Social Psychology, 2003(84):205-220.

Van Linden, J. A., & Fertman, C. I. Youth Leadership. A Guide to Understanding Leadership Development in Adolescents. SanFrancisco CA: Jossey-Bass Publishers, 1998.

后 记

　　《读懂孩子——心理学家实用教子宝典》系列终于在大家的努力下完成了。作为这套书的作者，我感觉无比的欣慰和感激。

　　有别于以前写的专著，写作本套书的目的非常"现实"：因为需要。作为一名心理学研究者，多年来我经常接到各种各样的咨询电话，都是家长们在教育子女的过程碰到了问题前来求助的。面对目前家庭教育的各种问题，我一直有为家长们做点什么的想法。五年前和乔树平院长的一席谈话终于使这种想法落到了实处，也就有了今天的这套作品。

　　乔院长是我到北京工作后的良师益友。作为原北京市教委基教处处长、现北京师范大学首都基础教育研究院的执行副院长，她对中国的基础教育包括家庭教育具有真知灼见。乔院长认为好的教育，无论是学校教育还是家庭教育，首要的是了解孩子的成长规律，读懂孩子，理解孩子的所思所想。乔院长的想法与我不谋而合，我们决定将心理学家的研究成果进行总结，对儿童成长的规律进行系统梳理，让家长和教师理解孩子，智慧育儿。

　　当我们决定写这套书后，得到了众多教育和心理学工作者的认同，众多家长更是对此充满期待。我们身边一大批志同道合的朋友们先后参与过这本书的策划、讨论与书稿的审校工作。特别是有二个人的加入使这套书的框架和特点渐渐清晰和明了起来。她们一位是我和乔院长的好朋友杨萍女士，她特别热衷于家庭教育研究并将自己的儿子培养得品学兼优，她常常会有一些很有创造力的想法；另一位是北京师范大学出版社的胡苗主任，她很年轻却对家教类图书非常专业也非常敬业。从此，这"四人小组"开启她们独特的"读懂孩子"之旅。

　　这套书的写作对我而言真的是"痛并快乐着"。这套书从策划到正式出版历时五年，这是我写作时间最长、讨论和修改最多的一套书。虽然以前也曾出版过许多专著，但从来没有一本书是以这样的方式写成的。记得在动笔之前，我们先去幼儿园、小学和中学调研，访谈家长和孩子，了解他们的困惑与需求；在写作过程中我们查阅了众多心理学的相关文献资料；每一次写作出样稿大家会集体讨论，不断修改；多次召开试读会，分幼儿、小学、中学三个阶段，邀请大量的家长给我们的样稿提修改意见。我现在都记不清对书的定位、目录、内容和呈现方式进行了多少次讨论与修改。正是一次次讨论、甚至争论与不断的修改才使这套书有了现在的模样。写作的过程虽然漫长，但我觉得这是我最开心、最有意义的一次写作。书写得很辛苦，但每一次的讨论与聚会却是那么愉快。这不仅仅是我一个人的感受，也是每一位参与这套书写作的人共同的感受，这是因为我们是一个有共同理想和信念的群体，是一群快乐的人，我们认同大家是在共同完成一件非常有意义的工作。我们相信，因为我们的努力，可以为众多年轻的家长们提供帮助。

本书是集体智慧的结晶。本书主要由我与我的学生梁丽婵、郭雯婧、孙丽萍、王卓然写作完成，此外，时晓萍、何妍、张丽、邓森碧、罗雅琛、田微微、崔淑贤、蒋柳青、吴旻、孙英红、田莹等也参与过部分写作与讨论。这中间乔树平院长、杨萍女士、胡苗主任和本书的责任编辑尹莉莉老师付了大量的心血。因此，在这套书即将付梓之际，我要特别感谢乔树平院长、杨萍女士的智慧和付出，感谢我的学生们为本套书的出版付出的艰辛和努力，感谢胡苗主任、尹莉莉老师的辛勤劳动！

尤其幸运的是，本书的写作自始至终得到了北京师范大学校长、我国著名儿童心理学家董奇教授的关注和指导，董校长还在百忙中特别为书写序，对本书给予了肯定。

我还要感谢写作前期参与我们调研工作的400多名家长以及参加试读工作的30多位家长，感谢所有为这套书的出版出谋划策的每一个人。

最后感谢选择读这套书的每一个读者！希望大家提出宝贵意见，我们会在适当的时候对内容作进一步修改，使其越来越有价值。

边玉芳

2013年10月

版权声明

本书作者

边玉芳，北京师范大学认知神经科学与学习国家重点实验室教授、博士生导师，北京师范大学心理健康与教育研究所所长，教育部中小学心理健康专家指导委员会委员。主要从事儿童青少年发展与教育研究，致力于用科学、量化方法对教育问题进行深入分析与探讨。研究方向主要有心理统计与测量、教育评价、区域教育与管理政策研究、儿童青少年社会性发展与心理健康教育等。

到目前为止，作者主持教育部、科技部等国家级、省部级以及其他各类课题30余项，包括国家社科基金"中小学生心理危机及其干预研究"、科技部重大基础性项目"6~15岁中国儿童青少年心理发育特征调查"（学业成就部分）、北京市教委"基于发展性评价的学生成长规律与育人策略研究"等课题，具有承担大型项目的经验，对义务教育阶段学生的心理发展和教育方面有深入研究。

作者在心理、教育相关的各类中英文学术期刊上发表论文百余篇，编写著作及教材二十余本（套）。主编的《经典心理学实验书系》获第三届中华优秀出版物奖、《中国教育报》评选的"2010年影响教师的100本图书"之最佳图书奖、华东地区优秀教育图书一等奖等多个奖项；《教育实验学》获第四届全国教育科学研究优秀成果二等奖；所编写的《大学生心理健康》等教材在全国各地广泛使用，获得一致好评。

北京师范大学认知神经科学与学习国家重点实验室简介

"认知神经科学与学习国家重点实验室"依托于北京师范大学脑与认知科学研究院。研究院是北京师范大学211工程和985工程重点建设基地。

实验室以高级认知功能发展变化为主线，以"学习与脑的可塑性"为核心科学问题，围绕学习的一般规律和机制以及特殊领域学习的认知与脑机制开展认知神经科学研究。

实验室的定位是为我国基于脑科学的教育质量提升、认知障碍矫治和人力资源开发等提供依据，促进我国亿万儿童青少年智力和心理的健康发展，提升我国人口素质和综合国力。

实验室拥有一支高水平的认知神经科学与学习创新研究团队，团队成员学科背景包括神经科学、信息技术、磁共振影像数据处理、心理学、磁共振医学和磁共振物理学等。

实验室在语言认知、数学认知、社会认知、心理发展与脑发育等方面布局了科学研究，承担国内外重大科研项目90余项，取得了重要的学术成绩，在国际上产生了重要的学术影响。

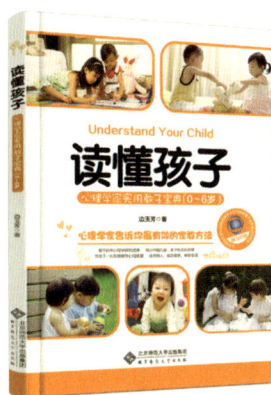
0~6岁

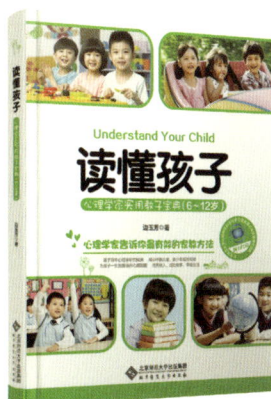
6~12岁

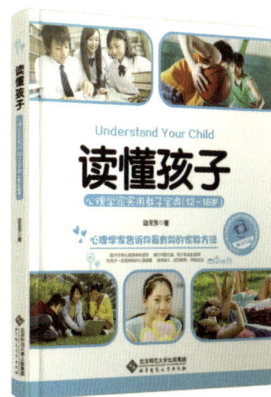
12~18岁

《读懂孩子——心理学家实用教子宝典》

丛书介绍

　　《读懂孩子——心理学家实用教子宝典》是一套心理学专家写给家长的家教读物，历时五年编写而成。本套图书基于心理学的研究成果，向家长介绍0~18岁孩子发展的规律，剖析不同年龄段孩子容易出现的各种情况，以心理学的视角解读孩子产生各种行为的原因，同时，基于孩子身心发展的规律，提出建设性意见。目的在于让家长明白孩子的成长情况，转变教育观念，学会遵循规律，科学地培养孩子。

　　本套图书共三册，每册约200页，介绍30~40个儿童在该年龄段最重要的成长主题，以图文并茂、轻松活泼的方式向家长传递约200条成长规律，240条养育策略，同时穿插大量生动鲜活的家教案例和"知识库"、"实验室"、"测试吧"、"特别提示"、"心灵加油站"和"边博士直播间"等各种小栏目，全面提升图书的现实针对性、知识性和可读性。

本书介绍

　　《读懂孩子——心理学家实用教子宝典（12~18岁）》，全面介绍12~18岁孩子各方面的成长特点、发展规律与相应的教子策略，帮助您全面地了解您的孩子、更好地理解您孩子的发展历程，提升您的家庭教育能力。这里涵盖了家长最关心、渴望了解的问题。例如，如何理解青春期的孩子，如何帮助孩子顺利度过青春期，如何做好亲子沟通，如何促进孩子高效学习等。心理学专家、优秀教师、成功妈妈将从不同的角度，为亿万家长答疑解惑。希望本书能帮助您读懂孩子、智慧育儿。

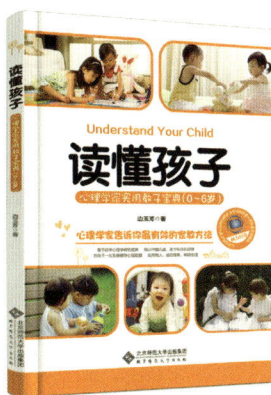
0~6岁

6~12岁

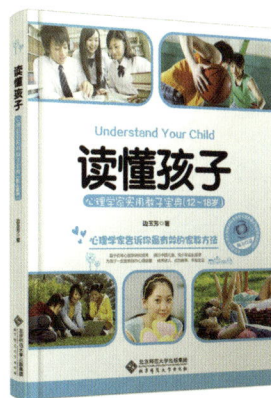
12~18岁

《读懂孩子——心理学家实用教子宝典》

丛书介绍

　　《读懂孩子——心理学家实用教子宝典》是一套心理学专家写给家长的家教读物，历时五年编写而成。本套图书基于心理学的研究成果，向家长介绍0~18岁孩子发展的规律，剖析不同年龄段孩子容易出现的各种情况，以心理学的视角解读孩子产生各种行为的原因，同时，基于孩子身心发展的规律，提出建设性意见。目的在于让家长明白孩子的成长情况，转变教育观念，学会遵循规律，科学地培养孩子。

　　本套图书共三册，每册约200页，介绍30~40个儿童在该年龄段最重要的成长主题，以图文并茂、轻松活泼的方式向家长传递约200条成长规律，240条养育策略，同时穿插大量生动鲜活的家教案例和"知识库"、"实验室"、"测试吧"、"特别提示"、"心灵加油站"和"边博士直播间"等各种小栏目，全面提升图书的现实针对性、知识性和可读性。

本书介绍

　　《读懂孩子——心理学家实用教子宝典（12~18岁）》，全面介绍12~18岁孩子各方面的成长特点、发展规律与相应的教子策略，帮助您全面地了解您的孩子、更好地理解您孩子的发展历程，提升您的家庭教育能力。这里涵盖了家长最关心、渴望了解的问题。例如，如何理解青春期的孩子，如何帮助孩子顺利度过青春期，如何做好亲子沟通，如何促进孩子高效学习等。心理学专家、优秀教师、成功妈妈将从不同的角度，为亿万家长答疑解惑。希望本书能帮助您读懂孩子、智慧育儿。